AUTENTICIDADE

MITOS E VERDADES NA CONSTRUÇÃO
DA SUA MARCA PESSOAL

Editores
André Luiz M. Tiba e Luciana M. Tiba

Produção editorial
Estúdio Reis Editores

Preparação e revisão
Pedro Japiassu Reis
Ana Luiza Couto

Projeto gráfico e diagramação
Gerson Reis

Capa
Q-pix – Estúdio de criação – Renato Sievers

Foto da capa
Thiago Bruno

Dados Internacionais de Catalogação na Publicação (CIP)
Angelica Ilacqua CRB-8/7057

Bender, Arthur
Autenticidade : mitos e verdades na construção da sua marca pessoal / Arthur Bender. - São Paulo : Integrare, 2022.

320 p.

Bibliografia
ISBN 978-65-89140-05-4

1. Marketing pessoal 2. Branding (Marketing) 3. Carreira 4. Empreendedorismo I. Título

22-6069 CDD 658.8

Índices para catálogo sistemático:

1. Marketing pessoal

INTEGRARE EDITORA E LIVRARIA LTDA.
Rua Tabapuã, 1123, 7º andar, conj. 71/74
CEP 04533-014 – São Paulo – SP – Brasil
Tel. (55) (11) 3562-8590
Visite nosso site: www.integrareeditora.com.br

CRIADOR DO CONCEITO E AUTOR DO BEST-SELLER PERSONAL BRANDING

AUTENTICIDADE

MITOS E VERDADES NA CONSTRUÇÃO DA SUA MARCA PESSOAL

Integrare business

*Dedico este livro a todas as pessoas que cultivam
um espírito libertário e que fazem das suas
dificuldades a fonte da própria transformação.
Pessoas que sonham com um pouco mais da vida e que
têm atitude para o enfrentamento da sua realidade.
Pessoas que se inquietam com as normas, com
as regras que já não fazem mais sentido e com
a mediocridade do mercado.
Pessoas que não se entregam. Que não se moldam.
Que não se acovardam. Que não têm limites.
E que por isso fazem este mundo ser melhor.*

*E à minha netinha Martina Bender, que trouxe
mais luz e alegria à nossa família.*

ADVERTÊNCIA

Se você passou toda a sua vida se sentindo como uma pessoa de personalidade forte, mas incompreendida pelos outros, este livro foi escrito para você.

Se alguma vez já lhe disseram que você é temperamental ou uma pessoa difícil de conviver, e você não concorda com isso, este livro foi escrito na medida para você.

Se você se irrita facilmente com as pessoas que não o aceitam da forma como você é ou gostaria de ser, este livro foi escrito especialmente para você.

Se você se chateia com a burrice alheia e as pessoas não conseguem compreender a sua determinação em ajudá-las a mudar, este livro foi escrito para você.

Se você se acha uma pessoa acima da média, mas tem a sensação de que foi sempre preterida nas promoções ou que vive sofrendo injustiças no mercado, este livro foi pensado para você.

Se você, na sua carreira, já passou por diversas empresas, foi demitido em várias delas e acredita que, na maioria das vezes, foi injustiçado, este livro foi feito para você.

Se no campo das relações as coisas não têm dado muito certo, mas você acredita que está sendo autêntico, que está sendo você mesmo, este livro é perfeito para você.

Se você se acha uma pessoa talentosa, batalhadora, mas que, por algum motivo, as pessoas à sua volta não a percebem assim, este livro foi escrito para você.

Se você se entende profissionalmente como "o cara", sabe do seu talento, sabe da sua competência, mas as coisas nunca saem como você queria, este livro é para você.

Se você é um empreendedor que está prosperando, um profissional *C-Level* ou um executivo fodão, que já chegou lá, mas que nota que, por onde passa, deixa lágrimas e ressentimentos nas pessoas, este livro pode ser para você.

Ou...

Se você é um cara que já chegou lá, mas que agora quer se manter lá, no topo, perpetuando valor, este livro pode ser de grande valia para você nessa construção.

Se você é uma pessoa que está buscando mais conhecimento em *personal branding* para construir a sua marca pessoal, porque quer elevar o seu valor no mercado, este livro é perfeito para você.

Se você quer ter uma marca pessoal forte, valiosa e sustentável, mas autêntica, este livro foi pensado para lhe ajudar a chegar lá com menos atrito, sem os mitos, com mais leveza e mais sabedoria.

Se você quer viver do seu nome como empreendedor e quer que a sua marca pessoal abra portas, atraia bons clientes e o faça prosperar, este livro foi escrito para você.

Enfim...

Se você tem personalidade, tem atitude e quer fazer diferença no mundo construindo uma obra que possa ser o seu grande legado de vida, eu não tenho dúvida nenhuma de que este livro pode ser o manual que você tanto esperava para colocar a sua vida no rumo certo.

Seja qual for o seu caso, eu desejo que este livro promova as melhores reflexões. E que, delas, venham as mudanças, os ajustes, as ideias, os projetos e aquela vontade louca de se reinventar com o melhor dos propósitos.

Sabe por quê?

Porque todos nós nascemos para ser vencedores. Ninguém nasceu para ter a vida trancada. Ninguém nasceu para o eterno sofrimento, para ser um injustiçado. Ninguém nasceu somente para o conflito, nem para ver sempre os seus sonhos desabarem. Todos nós nascemos para dar certo. Acredite.

Então, este livro se propõe a ajudá-lo a fazer um acordo com você mesmo. Um pacto de vida. Um contrato pessoal que o leve de forma mais segura e sustentável em direção ao seu sucesso profissional e em direção à coisa mais importante de todas nesta vida: a realização pessoal.

Não prometo nenhuma bajulação a você, como fazem os livrinhos de autoajuda barata. Nem prometo nenhuma compreensão doce, como faz o seu terapeuta ou a sua família.

O que eu posso prometer é que não vou ver você como um "floquinho de neve frágil" que se desmancha ao toque. Pelo contrário. Prometo duras reflexões e algumas boas ironias – que lhe ajudarão a tomar consciência dos enfrentamentos necessários para você chegar aonde sonha e/ou dar a sua grande virada de vida.

Se você não for morno ou monótono e tiver alguma coragem para enfrentar o que precisa ser enfrentado, seja bem-vindo. Eu estarei ao seu lado em cada reflexão, em cada lágrima, em cada sorriso, em cada descoberta. É uma caminhada que faremos juntos e que venceremos juntos. Eu e você. Porque este livro tem uma parte de mim.

Seja bem-vindo ao começo da sua nova vida.

SUMÁRIO

PREFÁCIO

Quando recebi o convite do meu querido amigo Arthur Bender para escrever o prefácio do seu mais novo livro, estávamos juntos em Porto Alegre. Era uma noite bem fria para os meus padrões baianos, na sua casa e com toda a sua linda família (esposa e filhos). Nessa ocasião, eu acreditava que o convite seria para comer uma boa costela gaúcha e tomar um bom vinho juntos.

Após as devidas justificativas, de que churrasco na casa dos Bender é sempre aos domingos, tradição que o Arthur não deixa passar, o meu querido amigo começou a preparar uma galinha ao estilo indiano cheia de temperos incríveis. Aquele cheiro tomava conta da cozinha, que já era o local do bate-papo inicial da noite. E, é claro, sempre acompanhado com um bom vinho e uma boa prosa gaúcha.

Não poderia ser diferente, o prato indiano surpreendeu e até hoje fico esperando uma próxima oportunidade para poder saborear novamente aquela delícia de "galinha à indiana". Nesse momento, o Arthur Bender mostrou um novo traço da sua marca pessoal junto ao meu imaginário: a de também ser um excelente cozinheiro e anfitrião.

Tive o privilégio de conhecer o Arthur Bender por meio do meu sócio Anselmo Endlich. Desde o primeiro momento a conexão foi muito grande e o alinhamento de ideias, maior ainda. Contratamos o mestre do posicionamento das marcas para fazer um trabalho na nossa iniciante WINE, empresa que fundei junto com o Anselmo e que hoje é o maior Clube de Vinhos do Mundo e o maior e-commerce de vinhos da América Latina, sem falar que somos o maior importador de vinhos do Brasil. Sim, tudo isso com a ajuda e a orientação estratégica desse incrível profissional.

Após ler os dois livros do Arthur, que passaram a ser bíblias para mim, *Personal Branding* e *Paixão e significado da marca,* indico-os como ferramenta obrigatória para gestores, empreendedores e todas as pessoas que querem entender a importância de um posicionamento eficaz de marca e o valor de cuidar da sua própria marca pessoal.

Esta nova obra-prima, que estamos tendo a oportunidade de receber, traz um olhar profundo e muito didático a respeito de pessoas que um dia agiam, ainda agem ou vão seguir agindo guiadas somente pela personalidade forte e temperamento apimentado (como o tempero da galinha indiana).

Posso garantir que agir assim, se acreditando autêntico, tem o seu valor, mas cobra um certo preço. Um preço caro de se pagar. Eu posso falar com conhecimento de causa, porque personalidade e temperamento forte FIZERAM parte do meu dia a dia por muitos anos. Se eu tivesse a oportunidade de ler este livro antes e aprender mais sobre essas armadilhas, certamente teria melhorado muita coisa em mim.

Porque ser autêntico não quer dizer saber mais que os outros, ligar o fod@-se para tudo e para todos ou falar que "quem quiser vai ter que me engolir do jeito que eu sou". Ser autêntico também é entender que temos que conviver, aceitar, aprender a nos posicionar e construir juntos. E essencialmente aceitar que a minha autenticidade precisa respeitar a autenticidade dos outros.

Uma marca forte, pessoal ou empresarial, passa por uma construção coletiva e por um entendimento de que estamos neste mundo para nos relacionar, comunicar, aprender, trocar, dividir e somar e, fundamentalmente, sermos felizes juntos. Porque de nada adianta se iludir com os seus comportamentos negativos acreditando que isso é autenticidade e acabar sozinho, infeliz, ou ter sempre a sensação de viver no atrito e ser sempre rejeitado.

Evitar atritos, sofrimentos e isolamentos tem que ser o propósito número um de todos nós. Não dá para acreditar que se possa obter bons resultados com posicionamentos truncados, atitudes destrutivas e tóxicas de quem tem que fazer tudo acontecer forçando goela abaixo.

O Arthur, neste livro, desmonta vários mitos preconcebidos e que, infelizmente, ainda alimentam uma legião de jovens empreendedores no Brasil e no mundo. Não dá para seguir mais com essa atitude destrutiva de que "sou eu quem sabe tudo porque eu sou assim e pronto". É preciso trazer mais leveza nas relações e viver o seu próprio propósito de forma que cada um tenha uma vida com sentido, mas também que esse propósito faça as pessoas ao seu entorno serem melhores. Bender guia essa lógica com maestria, com muito apuro e cuidado.

Hoje tenho várias novas iniciativas empresariais. E sempre inicio um projeto fazendo um estudo profundo da marca da organização, do propósito e do alinhamento de todo time com o que precisamos fazer para passar, de forma fluida e leve, a nossa mensagem da marca. E nesse processo conseguimos identificar aquelas personalidades altamente temperadas e apimentadas e direcionar essa energia para o bem do grupo. Dessa forma, colocamos o grupo a trabalhar na direção correta e bem iluminada da construção do legado de vida que queremos deixar. Cada um como pessoa, cada um como espírito empreendedor, e o grupo com sentido forte de coletivo, construindo uma organização transformadora.

Tenho certeza de que as próximas páginas vão dar luz e eliminar muitas dúvidas e trazer várias provocações importantes para você. Então, aproveite cada linha, cada parágrafo e cada capítulo. Faça a sua autoavaliação e transforme ou fortaleça de verdade a sua marca pessoal. Porque o seu maior projeto nessa vida é você. E o seu maior patrimônio sempre vai ser o seu legado. Aquilo que fará que você seja eternamente lembrado.

Se eu pudesse estaria comendo novamente aquela "galinha à indiana", tomando um bom vinho e aprendendo ainda mais com a família Bender. Mas por ora vou ficar aqui olhando você degustar este livro incrível e obrigatório.

Tenha uma excelente leitura.

Rogério Salume

É fundador da WINE.COM.BR, o maior clube de vinhos do mundo e o maior e-commerce de vinhos da América Latina. É empreendedor, investidor, conselheiro independente de várias empresas e triatleta.

PARTE 1

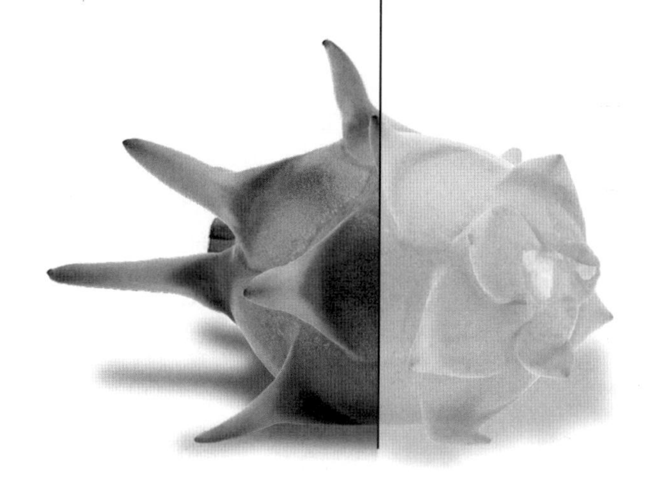

CAPÍTULO 1

O MITO DA AUTENTICIDADE

"O que mata você não é aquilo que você não conhece, mas aquilo que acha, erroneamente, que conhece."

Máxima popular citada por Fred Kofman, no livro ***Liderança & propósito***

De todos os grandes enganos que você pode cometer com a sua marca pessoal, um dos maiores, mais graves e mais comuns, sem dúvida, é acreditar no mito da autenticidade. Não que autenticidade não tenha valor. Não é isso. Autenticidade tem, sim. Não tenho nenhuma dúvida de que ser original é algo valioso. Seria tola a ideia contrária.

Mas não se resume a essa questão. O mito da autenticidade segue uma outra lógica para defender valor que, para mim, é totalmente enviesada e falha, apesar de se valer da ideia de que autenticidade é uma postura valiosa.

O erro está na busca de uma autenticidade ilusória que se limita a te entender somente pelo prisma de você mesmo e desprezando os contextos. E dessa forma, simplória e frágil, te promete sucesso apenas e tão somente por você ser você mesmo.

Ou seja, o mito da autenticidade acaba se resumindo a isso. Em acreditar na ideia de que o valor maior da sua marca pessoal está somente na sua própria aceitação e, sem nenhum esforço ou ajuste – ingenuamente –, afirmar que isso basta para você se tornar uma marca pessoal autêntica e valiosa. Grande engano.

Mais água para quem está se afogando nela.

O mito da autenticidade, repetido como mantra dos gurus da internet batendo na tecla do "seja você mesmo", diz que não importa quem você é ou a sua trajetória. Nem como você se relaciona com as pessoas à sua volta. Nem importa o que você causa nos outros. Ele sustenta que basta que você seja autêntico, que você seja você mesmo e pronto. E que coisas boas vão acontecer para você.

Isso, infelizmente, não é verdade. Acredite. Isso é um grande mito. Um engano perigoso para quem está, muitas vezes, à beira de um precipício nos relacionamentos, ou por conta do gênio ruim ou do comportamento destrutivo; ou que tem um histórico de atitudes que afastam as pessoas. Então, acreditar na ideia do "seja você mesmo" sem uma profunda reflexão sobre quem é você, de fato, funciona como um suicídio moral. Como a recomendação de tomar água para quem está se afogando no oceano.

Sabe por quê?

Porque, infelizmente, as coisas não são fáceis assim. Para vencer com uma marca pessoal forte, autêntica, valiosa e sustentável é preciso muito mais do que ser você mesmo. Autenticidade é sim importante, mas é uma parte do processo. Uma parte importante, mas ainda assim uma parte da consciência maior que um profissional precisa ter para estabelecer o seu posicionamento.

E por que é um mito?

Porque, interpretada de forma enviesada e parcial, leva as pessoas a um equívoco. Enganosamente induz a pensar que não é necessário mais prestar atenção ao mercado e ao contexto e, principalmente, que não é preciso levar em consideração a opinião dos outros à sua volta. Basta que você queira se aceitar como é, e pronto, está tudo nos eixos e a sua vida vai fluir. Não vai.

O mito é reforçado pelo contexto atual. E isso é muito forte. As pessoas passaram a idolatrar a ideia da autenticidade como uma solução mágica para as suas carreiras desastradas e as suas vidas repletas de atritos e desencontros, porque "ser você mesmo" parece um remédio inteligente e uma solução crível para um mundo onde quase mais nada é autêntico.

Então, frente a um mundo que parece ficar cada vez mais fugaz, efêmero, e onde nada é o que parece, a ideia de ser autêntico se encaixa muito bem e funciona quase como um elixir mágico para curar as dores de quem não quer se conhecer e nem quer sofrer enfrentando os seus próprios dramas.

Você fecha os olhos como criança quando está com medo frente ao perigo e, dessa forma, se autoengana, não enxerga o que precisa ser revisto em você, não enfrenta o que precisa ser enfrentado (e lá no fundo você sabe) e simplesmente foge do problema.

Você simplesmente diz assim: *Foda-se! Eu vou ser exatamente aquilo que eu sou. Eu sempre fui assim.* E mergulha de cabeça de volta no centro do seu próprio problema: ser você mesmo sem procurar entender os impactos que você causa nos outros ao seu redor e, também, sem se dar a chance de compreender os reflexos dos outros que impactam você. E o levam onde você está agora.

O convite é sedutor: seja você mesmo!

Convenhamos: a ideia de apostar tudo na autenticidade é muito sedutora. Você não acha? Eu acho. É quase indefensável tentar articular uma ideia oposta ao valor de ser autêntico – ou seja, que o valor de uma marca pessoal não esteja em cada um de nós.

Em uma sociedade preguiçosa para o enfrentamento da verdade, você não precisa fazer muita coisa difícil. Ninguém lhe coloca contra a parede para você ter de explicar as suas atitudes danosas. Não tem muita reflexão chata ou dolorosa nesse processo de descoberta do seu eu especial. Você se olha no espelho, pega uma planilha e anota os seus atributos bons ou maus (o que você mesmo acha) e se aceita. Pronto. Você está sendo autêntico, exatamente como você sempre foi – com erros e acertos. Sem nenhuma dor.

Não precisa pensar no contexto, nas circunstâncias, no seu histórico, nem nos outros à sua volta. Nem no que você causa nos outros. Porque, afinal, o "seja você mesmo" despreza o olhar do outro. Não tem oposição nem enfrentamento. Simples e cômodo assim.

Então não precisa sofrer muito para se apegar a essa ideia. Na verdade, é quase irresistível a tentação de viver sob a inspiração do bordão "não se importe com a opinião de ninguém. Seja você mesmo." Uau!

Criamos histórias sobre nós mesmos para nos agradar.

"Queremos explicações para nossos comportamentos e o funcionamento do mundo à nossa volta, mesmo quando nossas explicações frágeis têm pouca relação com a realidade. Somos criaturas contadoras de histórias por natureza e nos contamos uma história atrás da outra até chegarmos a uma explicação que nos agrade e que soe suficientemente razoável para acreditarmos nela. E quando a história nos retrata sob uma luz mais brilhante e positiva, melhor ainda." Trecho de *A (honesta) verdade sobre a desonestidade – Como mentimos para o mundo e para nós mesmos*, do pesquisador e escritor Dan Ariely.

É o que os psicólogos chamam de viés de confirmação. Temos a tendência de dar uma "lustrada" em nossas histórias para deixar tudo fazer sentido na forma como vemos o mundo. E para tentar nos encaixar ou como vítimas dos outros ou como heróis. Falaremos mais sobre viés de confirmação no capítulo 4.

O que importa agora é que você perceba que tudo parece fazer sentido nesse olhar do mundo que diz para você ser você mesmo frente à falsidade de tudo e a sua bela história de vida lutando contra todo esse mal. (Perdão, fui irônico de novo!) Mas repare na sedução *cool* desse apelo a você.

O mito da autenticidade é *cool*.

Funciona assim: numa era de obsolescência programada, onde nada parece ser o que realmente é, onde tudo é descartável, passageiro, onde reina o *fake*, a idolatria de si mesmo, os *posts* ostentação, as redes sociais se tornam a grande vitrine do "eu me amo". Não tem quem não se sinta inclinado a defender a autenticidade como um valor contra tudo isso.

Os bem-intencionados e os que não pensaram muito sobre isso saíram repetindo a fórmula milagrosa do "seja você mesmo" como a cura para todo o mal que seja dolorido de enfrentar. Gênio ruim, grosserias, gente tóxica, agressiva, gente que explode fácil, estúpida, gente com falha de caráter e tudo que advém disso pode ser abrigado no mesmo saco do "seja você mesmo".

Afinal, ser autêntico pode funcionar como um antídoto a esse cenário que parece se deteriorar cada vez mais em torno das frivolidades dessa sociedade egoica. E quando a gente acha que chegou ao fundo do poço em falta de empatia e na doença de não ouvir mais ninguém, a sociedade vai mais fundo e consolida a ideia de "lacração", o remédio para afastar para sempre qualquer um que discorde de você.

A fórmula mágica atual é a de não só não ouvir mais ninguém que pense contrário a você, mas também de execrar, matar na raiz, de eliminar qualquer tentativa de opinião que discorde da sua naquele momento. Ou seja, a forma de entrar cada vez mais fundo na bolha e só ouvir aquilo que lhe faz bem, que lhe adoça os sentidos, que lhe enaltece o ego, e de se aproximar somente daqueles que concordam com você.

O reforço da câmera de eco nas bolhas da internet.

Então, nesse contexto, autenticidade surge como algo bom. Genuinamente bom para as pessoas. Como um conceito de resgate do verdadeiro frente ao falso das relações. Um resgate do **seu eu** verdadeiro frente ao falso **eu dos outros**. Um elixir. Um remédio. Uma atitude boa frente a esse mundo irreal criado pelos outros. Então, para quem tem problemas de relacionamento, isso funciona como música aos ouvidos. Seja você mesmo. Acabe com toda essa falsidade que a gente vê por aí nas redes sociais.

Um ato que, para alguns, poderia ser considerado até como de resistência. Afinal, se você se assume como é, se você passa a ser guiado somente pela sua própria consciência, se você se desapega de todas essas outras questões e se afasta "das outras opiniões" e do debate tóxico das redes sociais, você se cura.

Por essa lógica, você se torna muito mais você mesmo. Mais genuíno, mais raiz, verdadeiro, mais congruente consigo mesmo, mais fiel aos seus princípios e valores. E, consequentemente, mais valioso perante essa lama toda de falsidade que se vê por aí no mundo atual.

Mas o efeito é o contrário.

Isso mesmo. O efeito é o contrário. Quanto mais você acredita na ideia de que deve ser você mesmo e não ouvir opiniões contaminadas, conselhos duvidosos e olhares de outras vidas que não a sua, mais você intensifica essa posição.

Você começa a acreditar que se basta em si mesmo.

Inconscientemente, você se fecha mais ainda para opiniões contrárias à sua. E, geralmente, vai buscar na internet confirmação para o que você está sentindo. Assim, passa a falar com todos que têm o mesmo problema e que concordam que você deve ser você mesmo. Que isso é ótimo. E cada vez mais você se afunda numa bolha de pensamento falando com gente que pensa igual a você, reafirmando essa posição numa espécie de *looping* interminável.

Você entra num ciclo vicioso terrível: só fala com gente que acredita que você deve ser você mesmo e não escutar os outros. Você se fortalece com essa ideia – mesmo que a sua vida esteja em ruínas e as suas relações sejam todas cercadas de conflitos e de dissabores. Porque parece que faz todo o sentido. E, aí, o mito da autenticidade floresce vigoroso.

Finalmente, quanto mais pessoas acreditam que devem ser elas mesmas sem se importar com os outros, mais gente se fecha para não ouvir ninguém que pense o contrário. Você se empanturra de ser você mesmo e fica cada vez mais encalacrado com o seu gênio ruim e os rastros que vai deixando.

Os meus contra os seus.

O resultado? Muito mais tensão e atrito. Quando todos acreditam que não devem ouvir ninguém para que possam ser eles mesmos, você imagina como se dá essa trama social e no que ela resulta.

Você compreende o potencial danoso disso numa cultura de massas em que ninguém escuta ninguém que discorde de qualquer coisa? Nas hordas de *haters,* desocupados e idiotas digitais, gente mal-intencionada e pessoas de mau-caráter dispostas a aniquilar e queimar na fogueira da internet quem quer que seja que pense diferente delas?

E a autenticidade, que poderia ser um ato de resistência ao falso, de resgate do original, do verdadeiro, da essência de cada um, acaba tendo um efeito contrário e se tornando uma forma de deixar as pessoas mais autocentradas, mais egocêntricas, mais egoístas e mais intolerantes com tudo que não seja referente a elas mesmas.

Porque se todo mundo quiser ser autêntico acreditando que isso é não ouvir nem ser guiado por ninguém, é claro que todos acabam embotados por si mesmos num processo desastroso para o bem do coletivo.

Era o conceito que muita gente sonhou defender.

Porque ele acomoda tudo de uma forma que parece honesta, politicamente correta e bem contemporânea. A gente enche o peito e altiva o olhar para defender a autenticidade. E isso ajuda muita gente.

Gente que não quer fazer nenhum enfrentamento consigo mesmo por comodismo. Gente que apaga o ruim do histórico sem refletir. Gente avessa a processos mais complexos ou dolorosos. Gente que foge da terapia para não se conhecer.

E também serve como uma nova bandeira boa de se defender. Uma "nova onda" bacana, defensável, que permite acomodar os seus erros e grosserias num cantinho, justificar tudo e seguir em frente, sem nenhuma culpa. E você ainda se mostra atualizado, moderno, dizendo que tem personalidade autêntica.

Então o discurso do "seja você mesmo" passa a ser solução para um monte de problemas de gente que não sabe como se reposicionar e justificamos atitudes e comportamentos nessa ideia. Afinal, você sempre foi assim, não foi? Agora está resolvido. Era o conceito com que você sempre sonhou. E nem precisou perder tempo com terapia.

E muita gente aderiu sem refletir.

O mito da autenticidade também funciona como um remédio para a monotonia e o tédio de muitas carreiras perdidas e de profissionais desiludidos com os seus resultados e que querem uma nova modinha que não precise ser complexa de explicar.

Nesse sentido, "seja você mesmo" é perfeito. Ele encerra tudo nele mesmo e pronto. É fácil pegar sem precisar refletir muito. É só aderir.

E você, seduzido pelo conceito (não tem quem não seja), adere no calor da emoção, sem refletir muito sobre a lógica ou a profundidade do que está sendo defendido. E muita gente entra no embalo e passa a criar e repetir frases assim:

"Eu escolhi me assumir."

"Essa é a minha verdade."

"A minha essência é meu guia."

"Tornei-me congruente comigo mesmo."

"A minha autenticidade não está à venda. Eu sou eu mesmo."

"Não me importo com quem não se importa comigo."

"Vivo todos os dias a minha própria essência."

"Eu sou a marca viva da minha autenticidade."

"Que importa a opinião de quem não me conhece?"

"Vivo guiado pela minha autenticidade."

"Não vivo para ninguém a não ser para mim mesmo."

"O que importa para mim é ser autêntico."

"Quando me assumi, me libertei!"

"Só ouço aquilo que me faz bem."

"Autenticidade é tudo."

"Não vivo de parecer. Vivo de ser. De ser eu mesma."

"Vivo de forma autêntica."

"Vivo para mim, não para os outros!"

"Eu escolhi ser, não preciso parecer."

"Só devo satisfação a mim mesmo e a mais ninguém!"

São frases sem maldade, eu creio. Acredito até que algumas são cheias de boas intenções. Que querem inspirar pessoas entediadas em suas sacadas envidraçadas de classe média alta em algum bairro elegante. Mas o conceito se espalha e vai ganhando vida própria com as suas distorções e contradições. E acaba reforçando o mito.

Essa narrativa você encontra em milhares de *posts* nas redes sociais ilustrados por cenas melosas escolhidas em bancos de imagens.

A fórmula é muito semelhante à da autoajuda do passado. Naquela, a lógica estava sobre uma narrativa que mostrava sempre um mesmo pano de fundo: um mundo horrível, gente passando fome, miséria, dor, gente sem perspectiva, e por outro lado mostrava você aí, bonita, saudável, com uma família linda, com estudo, carreira, perspectivas, cheia de vitalidade e a despensa abarrotada de coisinhas boas para aquele jantarzinho com a linda vista da sua sala de jantar.

Não tinha como não se apiedar do mundo, ficar com olhos marejados, encher o peito com a autoestima inflada e dizer: *Eu posso! Eu sou isso e aquilo! Eu vou vencer! Eu sou do tamanho dos meus sonhos!*

A fórmula está surrada, mas ainda engana.

Se você parar e refletir sobre cada uma daquelas frases sobre "seja você mesmo", você vai reparar que, "espremendo", não sobra muita coisa. Ou são obviedades ou são afirmações que beiram a ingenuidade. Ou simplesmente repetições de uma fórmula que sustentou por muito tempo os livros e palestras de autoajuda no mundo todo: você se autoengana achando que é muito maior do que realmente é.

Uma fórmula que diz que você é único com as suas virtudes e os seus defeitos. Quem não seria? E que é isso que o torna especial, lindo por dentro. Que você tudo pode porque você é um ser divino. Privilegiado.

"Que basta sonhar e que você alcança."

"Que você é do tamanho de tudo que conseguir imaginar."

"Que basta se aceitar, ter fé e as coisas acontecem."

"Que pede para você se enxergar perfeito frente a um mundo imperfeito."

"Que a chave de tudo é você ser feliz consigo mesmo do jeito que você é."

E que agora diz que você precisa ser autêntico. E que para isso, basta você ser você mesmo. Que assim você tem tudo para dar certo. E você escorrega e cai no autoengano da autoajuda.

Autoengano e autoajuda.

Conforme Dan Ariely, *"Do lado positivo uma crença injustificadamente alta em nós mesmos é capaz de aumentar nosso bem-estar geral, ajudando a enfrentar o estresse. Pode aumentar nossa persistência enquanto realizamos tarefas tediosas e nos levar a tentar experiências novas e diferentes. Persistimos no autoengano em parte para manter uma autoimagem positiva. Minimizamos nossos fracassos, realçamos nossos sucessos (mesmo quando não se devem inteiramente a nós) e adoramos jogar a culpa em outras pessoas e circunstâncias externas quando nossas falhas são inegáveis".*

Ainda segundo Dan Ariely: *"Do lado negativo, na medida em que uma visão otimista demais de nós mesmos forma a base de nossas ações, podemos presumir de maneira equivocada que as coisas vão se resolver da melhor forma e, assim, não tomar ativamente as melhores decisões".*

"Como em outros aspectos da vida, é preciso obter um equilíbrio entre a felicidade (parcialmente induzida pelo autoengano) e as decisões ideais para o futuro (e uma visão mais realista de nós mesmos). Sim, é empolgante ser otimista, ter fé em um futuro maravilhoso; mas, no caso do autoengano, nossas crenças exageradas podem nos devastar quando damos de cara com a realidade esmagadora" conclui Dan Ariely em seu livro ***A (honesta) verdade sobre a desonestidade***.

Ou seja, tangenciar a verdade para nós mesmos, recontar a história e buscar teorias que se enquadrem naquilo que queremos como solução para os nossos problemas sem dúvida oferece algum "conforto mental".

Aderimos a um olhar do mundo que nos favorece, recontamos a nossa história para nós mesmos e nos ajustamos àquilo para nos reconfortar. Desta forma, nos autoinduzimos a acreditar que estamos no caminho certo.

Eu e os meus motivos.

E vamos combinar: numa sociedade em que ainda mantemos resquícios da cultura retrógrada e binária de que ou somos vencedores ou perdedores, a ideia de se livrar de tudo isso e de ser "eu mesmo" é muito sedutora. E, obviamente, funciona.

Na verdade, é perfeita. Tudo pode virar **Eu** e os meus motivos. **Eu** e o meu jeito de ser. **Eu** e as minhas verdades. **Eu** e as minhas crenças. **Eu** e o meu temperamento. **Eu** e as minhas vulnerabilidades. **Eu** e o meu jeito de ver o mundo. **Eu** e as minhas atitudes. Sem dar bola para ninguém. Sem precisar prestar contas para quem eu não conheço. Sem ter de dar explicações a ninguém. Somente **eu** e os **meus** sonhos. A minha verdade. A minha essência. A minha congruência. A minha identidade. A minha autenticidade.

Minha, **minhas**, **meu**, **eu**, **eu**, **eu**, **eu**. Você entende? Tem como resistir a essa fórmula? Isso é sensacional! Está tudo resolvido. Está decidido, pronto! Eu vou ser eu mesmo! (Isso é ironia, tá?)

Olha que coisa boa: você despreza a crítica contrária, despreza o olhar viciado dos outros, despreza conselhos, não precisa enxergar ou refletir sobre nenhum outro olhar que não o seu. Descarta qualquer opinião que possa lhe ferir o ego. Nada que afete e destrua a sua delicada vida de floco de neve. Nada que lhe desagrade. Nada que lhe frustre ou cause qualquer dor. Isso é o paraíso dos conceitos. Seja autêntico!

E, como toda moda, o mito traz oportunidades.

O mito é reforçado pelos especialistas que acharam um jeito especial para vender mais palestras e mentorias e ganharem mais dinheiro: *eu lhe ajudo a ser você mesmo*. Olha só que promessa maravilhosa! Tem como resistir?

Nas redes sociais você encontra oferta abundante de cursos, mentorias, orientações, *masterclasses*, encontros e *workshops* com muitos especialistas com a mesma tese em torno do mito que lhe promete:

"Seja uma marca valiosa. Seja autêntico!"

"Encontre a sua autenticidade!"

"Redescubra a sua verdade!"

"Viva a sua essência!"

"Seja um empreendedor autêntico!"

"Seja você mesmo!"

"Seja memorável sendo você mesmo!"

"Viva mais feliz de forma autêntica!"

"Transforme-se em você mesmo!" (eu adoro essa!)

"Seja a sua própria versão!"

"Ganhe dinheiro no Instagram sendo autêntico!"

"Seja uma marca pessoal autêntica!"

"Viva uma vida autêntica!"

"Basta ser você."

A *masterclass* da autenticidade. Seja você mesmo!

E dessa forma o mito da autenticidade passa a ser venerado como solução para a carreira e para marcas pessoais. Fórmula para empreender. Solução mágica para todo mundo. Cômoda e mágica. Perfeita para quem não quer enfrentar a si mesmo.

Como uma receita de bolo bastante simples. Você despreza o contexto e o mito torna tudo muito fácil. É só você se aceitar como você é e pronto. Você nem pensa muito nos seus passivos e fragilidades. Você só precisa aceitar de bom grado tudo o que você tem. Tudo o que a vida lhe deu. Agradece por ser você mesmo, levanta as mãozinhas para o céu, rola aquela lágrima no cantinho do olho, alegra-se e vai.

A promessa é: lhe ajudamos a ser você mesmo em três sessões de mentoria *online*. Uma metodologia incrível que faz você se apaixonar por você mesmo e ver defeitos e fraquezas como virtudes da sua identidade. Pronto. Você já se ajeitou na vida.

Você passa a ser guiado pela lógica do "eu sou assim", mas agora embasado por uma teoria defensável. Dessa forma, magicamente, você está mais valioso e pronto para uma sociedade que idolatra sucessos fáceis. Grandiosos, memoráveis e com receitas rápidas, oportunistas e fáceis.

Então o mito da autenticidade se reproduz em terreno fértil sem ser questionado. É a poção mágica que resolve tudo. O grande elixir da congruência.

E quem se atreveria questioná-lo?

Não dá para tentar ir contra essa maré. Você passa a se amar muito mais, eleva barbaramente sua autoestima, aceita-se inteiramente, não olha mais para os lados, não ouve mais nada e, pronto. É a receita para o sucesso da sua marca pessoal. Quem teria coragem de ser contra isso?

Mas a verdade é bem outra.

Somente ser você mesmo não basta. E me perdoe por frisar isso já no primeiro capítulo. Mas ser "você mesmo" (sem ter consciência plena de você na sua totalidade com as suas forças, fraquezas, virtudes, talentos e vulnerabilidades) não é, nem nunca foi, uma receita para o sucesso. Também não é nenhuma garantia de realização pessoal. Pode acreditar.

Por quê? Eu explico.

Primeiro porque as pessoas pegaram a parte que lhes convinha da ideia original de manter-se fiel aos seus princípios, aos seus valores e à sua identidade. O mercado pegou (e os preguiçosos adoraram) somente o que lhe convinha pegar da tese valiosa e a tornou frívola e rasa, para não dizer outra coisa.

É óbvio que não ser falso é um valor e a atitude correta a se tomar. Ninguém minimamente razoável tem como contestar isso. Ser falso é péssimo para a audiência e para si mesmo. (É só olhar a trajetória da maioria dos políticos.)

Tentar ser quem você não é e tentar construir uma imagem falsa lá fora (embora se encontre ainda com alguma frequência), é uma ideia estúpida porque não é ética e não é moralmente sustentável. Desmorona rápido e destrói quem tentou.

É uma ideia que não fica em pé, porque é manca, falha. Não tem base. Não é lógica. Além de ser desconfortável, como uma roupa de número menor, é também muito frágil do ponto de vista lógico, numa sociedade envidraçada, em que é muito fácil ser desmascarado. Acho que com isso nós todos concordamos.

Não vivemos sozinhos.

Mas tem um segundo aspecto – que vamos trabalhar em quase todo o livro – que é fundamental para a reputação e para a autenticidade, que é o erro grosseiro de desprezar o "olhar do outro" e de só se agarrar à ideia do "seja você mesmo, seja lá quem você for".

Essa é uma visão míope do processo de autoconhecimento como valor para a sua transformação. Dessa forma, você se aceita (talvez), mas não toma consciência de si mesmo. Você apenas finge se conhecer.

Pois a fórmula fácil da autenticidade simplesmente desconsidera o contexto e por isso se torna uma cilada. Uma visão enganosa em termos de sustentabilidade e que desafia o mínimo de razoabilidade, por um único e grandioso motivo: não vivemos sozinhos.

Não há mundo sem o outro.

No livro ***Shinsetsu: O poder da gentileza***, de Clóvis de Barros Filho, ele diz o seguinte: *"o outro que está sempre presente se confunde com a própria humanidade. Um outro genérico, portanto. Fla-*

grado em toda parte. Percebido como qualquer um, por mais distraído que seja. Ou qualquer 'eu'.

Em relação ao mundo, o outro não é um adendo. Ou justaposição. Aqui está o mundo e ali ao lado estão os outros. Tampouco uma sobreposição. Do tipo 'aqui está o mundo e agora eu vou introduzir aqui e acolá um pouco de outro'. Como se estivesse distribuindo açúcar de confeiteiro num bolo de aniversário. Vivemos num mundo único. Onde estão a natureza, as coisas, o outro e o eu. Junto e misturado. Não há mundo sem o outro. Não há outro sem o mundo".

O perigo de achar que podemos ter as nossas verdades.

Sem o olhar do outro, você perde um dos mais preciosos valores para vencer como profissional e como pessoa: a empatia. Você se agarra ao seu gênio como algo inquestionável e passa a cobrar das pessoas que, se quiserem, que se ajustem a você. Afinal você é único e é assim. Sempre foi assim. Essa é a sua essência. Isso é ser autêntico. E esse é o seu grande valor.

As pessoas começam a defender o que chamam de as "suas verdades" e esse se torna um terreno pantanoso onde muita gente irascível se fortalece e onde a intolerância brota como erva daninha.

Você se agarra a isso como a sua verdade e fica cego ao resto. E acaba num raciocínio falacioso, numa armadilha de marca pessoal que compromete não só o valor da sua imagem, da sua reputação, mas que traz inúmeros dissabores e severas consequências para a sua vida.

> ***"Sem o outro não haveria aquilo que chamamos de eu."***
>
> Clóvis de Barros Filho

Ainda no livro ***Shinsetsu***, Clóvis de Barros Filho argumenta: *"Por um lado, o homem é social. Animal político para Aristóteles. Só na presença do outro realiza sua humanidade. No isolamento não há o* *humano. O outro é indispensável. Sem ele não há colaboração, cooperação, parceria. Na falta de alguém mais, não se chega a lugar algum. Quase tudo que o homem pretende alcançar requer equipe, trabalho em grupo, mais gente.*

Muito do que cada um pensa sobre si provém do discurso alheio. Do olhar do outro. De comparação. Contraste. Sem o outro não haveria aquilo que chamamos de ***eu****".*

E isso é a mais pura verdade. Autenticidade só resiste a um olhar mais profundo se considerarmos que existe um "outro" nas nossas vidas para atestar que somos autênticos. Exatamente como reputação. Só faz sentido quando entendemos o valor do outro nas nossas vidas.

Mas a gente se esquece disso quando se torna autocentrado demais. Quando a gente só vê a si mesmo. Quando a gente passa a acreditar que nós temos – sozinhos – o poder de alterar tudo sob o escrutínio das nossas próprias lentes da vida. Quando o nosso umbigo passa a nos guiar e a nos turvar o raciocínio.

O mito da autenticidade e o valor do autoconhecimento.

Arrisco dizer aqui que esse engano pode ser a razão de boa parte dos problemas de carreira de muita gente que se acredita autêntica e que sofre no mercado e não se dá conta da própria armadilha. Talvez dos seus próprios problemas de carreira, meu caro amigo leitor. E, talvez até de parte dos seus problemas pessoais. Não se ofenda, por favor. Calma.

Eu explico melhor.

A tese da autenticidade, ou seja, de você ser você mesmo, em princípio é virtuosa e muito bem-intencionada e o recado maior é: não se despersonalize. Certo?

Significa: Não perca a sua identidade. Seja você mesmo. Isso quer dizer: não se importe demais com opiniões e críticas e não seja, portanto, um "maria vai com as outras", perdendo a sua personalidade. Então, a ideia é virtuosa: não se diminua, não se desmereça, nem se perca com a opinião dos outros. E sim, encontre e valorize a sua forma genuína de ser, sendo você mesmo. Essa é a tese. A tese original e muito bem-intencionada.

Também é o ponto de vista defendido por muitos profissionais que trabalham com marcas pessoais, terapeutas e mentores. Todos buscando deixar os seus clientes, pacientes e mentorados realizados com o encontro interior de cada um. Uma espécie de reencontro com a sua essência. Uma solução muito próxima da que você encontraria num terapeuta ou psicólogo buscando a compreensão e as saídas dos seus problemas através do autoconhecimento.

Em tese, é ótimo. Eu afirmaria com convicção que se conhecer e encontrar a sua identidade (o seu *self*) é essencial e poderoso para qualquer transformação que se queira na vida. É um dos passos mais estratégicos do planejamento de *personal branding* que eu recomendo.

Mas não sou só eu quem diz isso. A tese do valor de se conhecer remonta séculos e está na base da filosofia clássica: *"Conhece-te a ti mesmo e conhecerás o universo e os deuses"*. Frase atribuída a Sócrates e que continua pertinente em pleno século XXI. O que significa que a trajetória do autoconhecimento é uma estrada sem fim e que essa busca por se conhecer, se não é a maior das buscas do ser humano, seguramente é a mais importante da vida. Da minha e da sua vida.

Isso é fundamental. Mas, ainda assim, não resume tudo.

Então, autoconhecimento sem dúvida nenhuma é fundamental. Valiosíssimo. É parte vital e estratégica de um bom plano para a sua marca pessoal. E isso seria ótimo se pudesse resumir tudo, mas não é. É parte fundamental. Mas, ainda assim, não é tudo.

Por quê? Porque mergulhar em si mesmo, olhar para dentro, encontrar a sua identidade, a sua singularidade, compreender melhor os traços da sua personalidade, conseguir ter clara a sua narrativa de vida é um processo de descoberta maravilhoso. Não tenho nenhuma dúvida quanto ao valor desse encontro pessoal. Do valor de ter consciência de si mesmo.

Pense nos reflexos sobre você mesmo.

Mas lembre-se da frase do General Sun-Tzu (500 anos a.C.), quando ele diz: "*Se você conhece o inimigo e a si mesmo não precisa temer o resultado de cem batalhas. Se você se conhece, mas não conhece o inimigo, para cada vitória, sofrerá também uma derrota. Se você não conhece nem o inimigo nem a si mesmo, perderá todas as batalhas*".

E atente para a ideia de se conhecer, mas também para a de conhecer o inimigo. No caso, é ter consciência do contexto e dos impactos que você causa nos outros e, obviamente, os reflexos sobre si mesmo.

Esse é o ponto. O ponto central para compreender por que a autenticidade buscada de uma forma equivocada e simplista pode se tornar uma armadilha impiedosa para muita gente que luta contra os seus próprios demônios, acreditando que tem gênio forte e que é injustiçada pelo mundo.

Conhecer-se melhor, ter consciência de si mesmo, compreender os seus ativos e passivos é parte fundamental de quem se predispõe a se ver como um empreendimento que pode dar certo (deveria dar) e que, para tanto, exige um plano. Tudo inicia com autoconhecimento.

Mas o processo de autoconhecimento não pode se limitar "ao meu olhar generoso sobre mim mesmo". Para ser correto e eficaz, ele precisa de duas grandes fontes: o meu olhar sobre mim mesmo e a consciência dos impactos de ser quem eu sou – nos outros.

Você e o contexto. Você e os outros à sua volta.

"Os outros" significa compreender sua marca pessoal (você) inserida no contexto em que ela está. A sua família, os seus amigos, os seus colegas de trabalho, os seus clientes, os seus fornecedores, os seus parceiros, enfim, a sua audiência do mundo real e do mundo virtual. Todos à sua volta. O seu mercado. Quem lhe compra (ou lhe atura, se você for uma personalidade problemática). E considerar um aspecto extremamente importante nas relações: o impacto que você causa e as consequentes implicações da ideia do "seja você mesmo".

E é aí que entram esses "outros", com os seus olhares, as suas crenças e visões, as suas singularidades (todas legítimas como a sua), os seus comportamentos (às vezes, diferentes dos seus), e o mais importante: o impacto (às vezes, o incômodo e o atrito) que você causa neles com as suas atitudes, os seus comportamentos, as suas verdades e a sua autenticidade. E, obviamente, aqui entram também todos os reflexos (coisas boas e coisas ruins) das interações entre você e "esses outros" na sua própria vida.

Nesse "caldeirão quente da vida" tudo se desenrola para o bem ou para o mal. É nele que a sua autenticidade se encontra com a autenticidade dos outros e que faz que germinem interações maravilhosas – que nos complementam, sustentam, alimentam, impulsionam, nos ajudam ou que, ao contrário, funcionam como barreiras, anteparos ou interações que nos são tóxicas, doentias, fonte de todos os nossos problemas.

Tomando consciência do quadro maior e da presença além de você.

Então a sua autenticidade descoberta precisa ser, de alguma forma, confrontada com as circunstâncias, com o contexto e com as outras pessoas no seu entorno, na sua vida. Você e os outros. Você e o seu contexto.

Sem isso você tem apenas uma parte do mapa no plano. Acredite. Com essa primeira parte do mapa você se conhece, mas se não conhecer o que você causa nos outros, ou as impressões que os outros têm de você, todo o mapa pode se transformar numa visão enganosa. E esse equívoco pode ser a razão maior dos seus problemas e conflitos pessoais na carreira. E, por que não dizer, a razão maior dos seus problemas de realização pessoal.

E acredite em mim: em 2001 criei no Brasil e passei a difundir o conceito de *personal branding*. Isso me permitiu trabalhar com profundidade em mais de uma centena de planejamentos e estudar profundamente o comportamento e a vida de celebridades e personalidades: o problema quase sempre está na dissonância cognitiva (percepções distintas) entre como você acha que é percebido pelos outros e como realmente os outros percebem você.

Esse é o ponto central da falácia da autenticidade como solução para as marcas pessoais e o elixir para resolver a sua vida. Você acha que se conhece. Mas, na verdade, só conhece a faceta que você quer enxergar.

Você acha que se descobriu, mas só se conhece através das suas próprias lentes, do seu prisma, do seu olhar comprometido, o que pode ser altamente enganoso. Porque, se você não sabe como o percebem, você certamente também não compreende (ou nem enxerga) os impactos que causa. E, com essa visão limitada – e tendenciosa –, acaba não compreendendo as consequências desses impactos, que na maioria das vezes se voltam contra você.

Essa visão parcial da realidade pode levar você a uma vida equivocada.

O mito da autenticidade leva a construir uma visão errônea de si mesmo porque insiste nesse olhar parcial e, o mais importante: não considera o contexto no qual você está inserido nem o reflexo – a percepção dos outros sobre você. Dois componentes fundamentais para que você possa entender o seu papel na sociedade – onde e como você se encaixa – e conseguir refletir com profundidade sobre si mesmo.

Ou seja, quando eu reconheço (pelo menos consigo entender que outras pessoas possam me enxergar diferente do que eu sou ou do que imagino ser) o olhar do outro sobre mim, eu consigo entender melhor o comportamento social e como eu me encaixo nele.

Por incrível que possa parecer, essa visão dos outros sobre você é especialmente valiosa para que você possa se compreender melhor. Acredite. Dessa forma, você pode estabelecer melhor os parâmetros pelos quais, às vezes, você é julgado e como também julga os outros. E isso serve incrivelmente para poder se conhecer melhor.

Ainda me valendo da lógica do Clóvis de Barros no livro ***Shinsetsu***: *"o outro pode ser um remédio amargo que temos de engolir. Ele se impõe. Já estava por aí quando fomos paridos. Parece ter direito adquirido. Fomos forjando nosso eu em relação a ele. Não só pelo que íamos percebendo de semelhante ou diferente. Mas também pelo que iam falando a nosso respeito. Permitindo-nos ter algo a dizer sobre nós mesmos.*

O outro nem sempre convém. Nem sempre alegra. Nem sempre é amável. Nem sempre nos aperfeiçoa. Mas, como dizem, é o que temos para hoje. Condição da existência de cada um. É o que é. Nesse instante, alguém acaba de furar a fila no caixa da padaria. Sem o outro, não haveria trigo, pão, caixa, fila no caixa e furadores de fila".

O que você precisa compreender definitivamente.

A visão crítica dos outros (de como os outros o percebem) não é uma agressão sobre você (como alguns pretensos defensores da autenticidade apregoam) e, embora possam existir pessoas lhe criticando só para lhe destruir – geralmente são exceções –, isso nunca vai ser a regra. E o perigo aqui é usar da autenticidade para se justificar e cair na vitimização como fuga do seu próprio enfrentamento.

E como diz Fred Kofman no seu livro ***Liderança & propósito***: *"A vitimização é como uma droga que, ao mesmo tempo, nos relaxa e nos excita. Ela nos relaxa, pois o que quer que tenha acontecido não é nossa culpa. Ela nos excita, pois nos sentimos no direito de culpar os outros. A indignação correta da vítima inocente é viciante como heroína. Ela, porém, nos impede de olhar no espelho e nos perguntar: o que preciso fazer para deixar de ser coautor dessa situação?".*

Nós todos, como seres humanos, precisamos uns dos outros para sobreviver e prosperar. As nossas interações reais e virtuais acontecem. Querendo ou não, você não tem como fugir disso. E interações são experiências que geram percepções, compromissos, aprendizados, paixões, estranhamentos, conexões, sentimentos humanos. E é disso que somos compostos.

A visão crítica dos outros não é uma trama sórdida do mundo para lhe desqualificar, sabotar ou diminuir. É só o olhar dos outros sobre você e como eles lhe veem. E o mais importante, como reagem a você pelo fato de o perceberem dessa forma. Pense nisso. Aqui está todo o cerne da questão – que pode transformar a ideia de autenticidade em mito ou em verdade: o "como" você encara os impactos que causa nos outros e os reflexos sobre você.

Ignorando o contexto e a percepção externa sobre você e, muitas vezes, agarrando-se com unhas e dentes ao mito da manutenção da sua autenticidade, você acaba criando uma aura enganosa da sua própria personalidade, justamente naquilo que incomoda os outros. Ou seja, você cria uma armadilha mental para se autoenganar.

E os resultados podem ser desastrosos. Acredita? Não?

Então segue comigo que vou mostrar como isso acontece com quem vive repleto de problemas e conflitos e se considera um "autêntico" não compreendido.

capítulo 2

OS AUTÊNTICOS

"Não está chovendo em você.
Está apenas chovendo."

Fred Kofman – *Liderança & propósito*

Ao longo da minha vida passei a colecionar casos de gente assim. Estudo com carinho cada um desses casos a que tive acesso ou em que fui envolvido pela vida. De gente que culpa os outros pelos seus fracassos, que não faz autocrítica, que não entendeu ainda qual é a lógica do jogo, nem se deu conta de que as suas digitais geralmente estão lá, espalhadas por todas as suas desventuras.

Elas, cegas por serem elas mesmas, culpam o lugar, as pessoas, as intrigas, a época, o destino. Nunca a si mesmas pelas suas dificuldades, pelas suas quedas e fracassos.

O triste disso é que são profissionais que poderiam estar fazendo sucesso, obtendo reconhecimento, vivendo realizados. Pessoas honestas, trabalhadoras, que têm empenho e competência, mas parece que nunca terão paz de espírito e nunca chegarão lá. Sabe por quê? Porque nunca tomaram consciência de quem são, dos impactos que causam nos outros e os evidentes reflexos que se voltam para atrapalhar a própria carreira, as relações e a trajetória.

Então, essas vidas parecem histórias de ficção quando contadas por elas mesmas, justificando os seus fracassos. São histórias cheias de tramas, de pessoas invejosas, de trapaças, de malfeitos, de perseguição. Já ouviu um amigo contando a sua história assim?

Um universo que sempre conspira contra.

Tem gente que se diz verdadeira, íntegra, mas que se decepciona com um mundo que não parece assim e que as leva sempre para um conflito ético, moral ou de comportamento em que elas se tornam as vítimas.

A alegação para isso? É sempre assim. Elas são verdadeiras, mas são sempre mal interpretadas pelos outros nas atitudes. Sempre existem pessoas no entorno, como colegas, parentes e amigos que invejam as suas conquistas e que fazem de tudo para derrubá-las. São pessoas sempre cercadas de gente maldosa.

Ela está do lado do bem. Sempre. Mas as pessoas acabam distorcendo o que foi dito por ela e a julgam de forma equivocada. Sempre existem pessoas à sua volta que elaboram alguma trama para lhe derrubar ou para fazer que tudo ande para trás.

Sempre tem alguma treta. Já reparou?

Desencontros, palavras ríspidas, brigas, tensão, mágoas, explosões. E no meio disso sempre está a pessoa que acaba sendo prejudicada e que ou volta à estaca zero ou é obrigada a trocar de lugar e partir para novos desafios. Uma história sempre cheia de conflitos (gerados sempre pelos outros) em que, geralmente, ela se torna a vítima.

A cada atrito, há mais algumas cicatrizes atribuídas à sua má sorte e às injustiças do mercado corporativo. Ou são as empresas ruins pelas quais ela passou que não prestam. Uma sina. Ou são os patrões que não aceitam gente mais competente que eles. Ou foi aquele chefe estúpido. E sempre haverá um chefe estúpido e invejoso no caminho. Ou foi a ambição desmedida das pessoas à sua volta ou, ainda, o azar que sempre a persegue. Coisa de destino. Carma a cumprir.

Os que, assim mesmo, ascendem.

Algumas delas, com bagagem e talento de sobra (e alguma margem de manobra no caráter), mesmo deixando muitos feridos pelo caminho, por incrível que possa parecer, conseguem ascender. Irão se tornar empreendedores, chefes, diretores, assumirão posições de destaque. Mas, repare, geralmente se tornam profissionais tóxicos. E esses são os mais difíceis de se curar, pois têm consigo o argumento de que estão subindo na hierarquia e, se estão galgando postos mais altos, isso deve ser sinal de que estão fazendo a coisa certa. Eles acham. Vou falar deles mais adiante.

A vida profissional é um pântano.

Outros, a imensa maioria, sem tanta "sorte" de subir na hierarquia das empresas nem de ter sucesso empreendendo (ou sem estômago para manobrar desafetos com desvios de caráter), acabam ficando amargos, revoltados ou desiludidos, culpando a vida corporativa pelas injustiças que sofreram ao longo da vida.

Criam na mente a crença de que existe uma força contrária do universo, uma conspiração cósmica, um traço de destino cruel ou uma amarração negativa das pessoas contra elas para que as coisas não deem certo. Então, sem fazer qualquer tipo de autoavaliação ou de tentar entender o porquê das suas mazelas, elas se reafirmam nos seus traços, aprofundam-se no seu jeito de ser, acentuam marcas de personalidade forte e se afundam ainda mais sendo elas mesmas.

Conhece gente assim?

Tem gente que não quer crescer, à qual falta empatia e que ainda tem gênio ruim. Esses não têm jeito mesmo. São expelidos de todos os lugares e, infelizmente, como marcas pessoais serão sempre rejeitados por onde passarem.

Mas tem uma boa parte que são profissionais talentosos, que poderiam estar crescendo pela bagagem, pelo conhecimento, pela experiência, pela competência técnica mesmo, mas que esbarram nessa incapacidade de entender as relações entre o eu – que busca o seu espaço legítimo e a forma autêntica de ser – e os outros à sua volta.

Repare que geralmente são pessoas que têm presença, que se impõem, que têm personalidade, que defendem ideias e que teriam tudo para liderar. Outros no grupo, geralmente, reconhecem competência nelas, mas também a personalidade forte. Elas não passam sem a gente perceber no grupo. E o traço da personalidade forte, às vezes, acaba eclipsando a competência. E parece que essa mesma personalidade que as faz se destacar – que as tira do anonimato e da monotonia do perfil corporativo, que as faz serem percebidas com mais nitidez – é a mesma que as derruba.

Motivos para isso.

Inveja? Despeito dos outros? Colegas competitivos demais? Ambiente tóxico que repele as pessoas de bom caráter? Não sei. Duvido que seja. A verdade é que os laços nunca se fortalecem com essas pessoas dominadas pelos seus gênios e que se dizem autênticas. Nada é sólido na vida delas. E, no sofrimento, se reafirmam em si mesmas. Julgam-se injustiçadas e só enxergam como remédio a reafirmação da personalidade que julgam forte.

A vida delas é como se fosse um pântano. Alguns momentos de caminhada em terreno firme – a alegria por uma nova parceria, uma mudança de cidade, de mercado, uma nova empresa – e a qualquer hora surge o passo em falso e elas se afundam de novo. Uma hora ou outra algum atrito surge (legítimo ou ilegítimo) e tudo se desfaz. Quase como sina de vida.

Conhece gente assim?

Profissionais que poderiam estar indo muito além dos seus sonhos, mas que patinam de posição em posição, de emprego em emprego, de atrito em atrito, de discórdia em discórdia. Gente que poderia estar vivendo muito bem, trabalhando com paz de espírito, concentrada em fortalecer o seu conhecimento, a sua técnica, a sua autoridade, mas que, equivocada com a sua própria percepção, tropeça a toda hora, perde o foco profissional em meio aos seus conflitos, anda para trás e credita os seus infortúnios ao mundo e nunca a si mesmo.

Problemático? Eu? Nem fodendo.

Alguns não percebem, mas, em retrospectiva, fecharam quase todas as portas atrás de si. Gente que deixa rastros de discórdia (lágrimas e sangue) em todo lugar que passa. Gente que vive ressentida com o último emprego, com a última empresa, ressentido com o último patrão, com o último sócio, com os últimos ex-amigos. Gente que não vive sem atrito e que cria uma legião de desafetos à sua volta. E, com isso, torna-se o mais cruel sabotador de si mesmo.

Gente que se acha fodona em tudo que faz, mas que não consegue ser feliz, que se acha autêntica, mas que não consegue se encontrar. Gente que acha que tem personalidade forte sobre todo mundo e não percebe que, na verdade, é puro gênio ruim afastando as pessoas.

Gente que se acha o "pica das galáxias" dos negócios, mas que vive infeliz, solitário e triste. Enriqueceu, mas que deixou um rastro de destruição e perdeu todos os amigos. O cara que se acha o fodão do mercado, que já chegou lá, esfrega na cara dos outros que ganhou milhões, mas nem ele mesmo se suporta sozinho de madrugada, na frente do espelho. As pessoas o acham um babaca com dinheiro. Tão pobre que só o que tem na vida é o dinheiro. Nada mais.

> *"Você não vê o mundo como ele é.*
> *Você vê o mundo como você é."*
>
> Anaïs Ni

A maldição de um mundo cada vez menos empático.

Dissonâncias cognitivas. Uma verdadeira maldição. Acreditamos que somos uma coisa e somos percebidos de modo totalmente diferente por aqueles à nossa volta. E aqui reside a raiz do problema da maioria das pessoas que se dizem autênticas, reafirmando as suas convicções e os seus traços de personalidade forte. Acabam sendo vistas simplesmente como problemáticas, agressivas, desajustadas, ou sem noção, ou de gênio ruim, mesmo. Esses indivíduos (os poucos bem-sucedidos e os muito malsucedidos) vivem sempre sob uma espécie de distorção da realidade que as prejudica severamente na compreensão de si mesmos.

Autoengano e distorção da realidade.

Os sintomas são sempre paradoxais e envolvem crenças pessoais sobre si mesmo, comportamentos e resultados. Quer um exemplo? Achar-se muito capaz e competente, mas nunca ser reconhecido por ninguém em lugar nenhum. Opa! Tem alguma coisa distorcida aqui. Não acha?

Quer outro? Tomar a sua personalidade como forte, mas se sentir sempre excluído dos grupos pelos constantes conflitos com pessoas de "personalidade fraca", mas que o vencem e seguem em frente, enquanto você patina. Tem alguma coisa estranha aqui.

Mais um exemplo: enxergar-se como um protagonista com personalidade forte e ser percebido pelos outros à sua volta como antagonista de si mesmo. Ser a razão dos seus próprios fracassos. Ou ainda: sentir-se sempre vítima das circunstâncias que o perseguem, quando os outros o veem como insuportável criador de problemas. Enfim. Distorções de realidade que reforçam o autoengano e que geram sofrimento e fracasso profissional e pessoal.

Por que isso acontece? Porque estamos num outro campo: o das percepções. De nós sobre nós mesmos e sobre os outros. Dos outros sobre a gente. E de tudo que isso pode representar num mundo onde ninguém consegue ter tempo de se aprofundar em nada, onde a atenção é um insumo precioso e pouco encontrado, e que todos acabamos comprando os sinais que nos dão. Então, eu interpreto você pelos sinais que você me dá.

> *"Eu sou o que eu acho que você acha que eu sou."*
>
> Do livro ***Foco***, de Daniel Goleman, se referindo ao efeito reflexivo de "*Self* do Espelho".

O filósofo George Santayana levou isso ao extremo, conforme Daniel Goleman no livro ***Foco***, ao observar que o que as outras pessoas pensam ao nosso respeito não tem muita importância, exceto pelo fato de que, depois que sabemos disso, *"modifica profundamente o que pensamos sobre nós mesmos."* Filósofos sociais chamaram esse efeito de "*Self* do Espelho", como imaginamos que os outros nos veem. A nossa noção de *self*, nessa visão, surge nas nossas interações sociais; os outros são os nossos espelhos, nos refletindo para nós mesmos. A ideia foi resumida como: "Eu sou o que você acha que eu acho que eu sou".

Então, nesse campo das percepções as coisas podem ter muitas facetas, muitas interpretações – todas muito lúcidas pelos seus ângulos particulares –, mas ninguém consegue definir com clareza o que é real e o que é simplesmente percepção. Aquilo em que acreditamos que é e o que a nossa mente distorce pelos nossos interesses. Aquilo que é genuíno e o que é interpretado e distorcido pelas nossas lentes. Aquilo que acreditamos que somos e o que é resultado dos sinais e das experiências que proporcionamos aos outros. Sinais e experiências que são interpretados por diferentes lentes de quem está à nossa volta na família, no trabalho, no mercado, nas redes sociais.

Então, quando o QI se torna a base, ou seja, quando se está em igualdade de condições, é muito difícil a técnica fazer você sobressair para vencer. Esse é o campo onde se joga um novo jogo. O jogo das percepções. E, nesse campo, muitas vezes, percepção se torna a nova realidade.

Distorções no topo da pirâmide: você sem noção.

Conforme Daniel Goleman no seu livro ***Foco***, "*A diferença entre como vemos a nós mesmos e como os outros nos consideram é uma das melhores avaliações que podemos ter da nossa própria autoconsciência. Existe uma relação intrigante entre autoconsciência e o poder. Há relativamente poucas diferenças entre as avaliações próprias e as dos outros nos níveis mais baixos das hierarquias ou dos colaboradores individuais. Mas quanto mais alta é a posição de alguém, numa organização, maior é a diferença. A autoconsciência pode diminuir com as promoções na hierarquia da organização.*

Uma teoria: essa diferença aumenta porque, conforme as pessoas ganham poder dentro de uma organização, encolhe o círculo daqueles que se dispõem ou têm coragem suficiente para falar since-

ramente sobre seus problemas. E há ainda aqueles que simplesmente negam seus problemas ou sequer os enxergam.

Qualquer que seja o motivo, os líderes desligados veem a si mesmos como sendo muito mais eficientes do que aqueles a quem estão liderando os veem. Uma falta de consciência deixa você sem noção".

Os muitos enganos com suas facetas cruéis.

Um exemplo que uso com frequência, porque conheço muitos líderes assim: você se diz franco e acredita que isso é valor, pois você se compreende assim e, quando age dessa forma, acredita que está sendo genuíno. Então você procura ser sempre o mais franco possível. E você vai se tornando franco demais. Passa do ponto e não percebe.

Você se apega à sua transparência e se orgulha de tê-la descoberto como o seu traço mais genuíno e autêntico. Seu terapeuta lhe cumprimenta por isso. Você acredita que obteve mais uma conquista pessoal nesse seu encontro consigo mesmo. Você passa a se orgulhar muito disso. Ponto para você.

Aí, você concentra todas as forças nesse traço como a sua força mais genuína, acredita piamente que está sendo muito autêntico e que isso é um valor da sua personalidade. Você começa a acreditar que o mundo precisa disso, de mais gente como você, que diz a verdade. Gente que não se dobra ao cinismo das relações sociais, que não se evade quando se podem apontar culpados, gente que não se cala com injustiças, que realmente tem personalidade autêntica – como você.

E, muitas vezes, a sua demasiada franqueza começa a ser percebida como grosseria e agressão verbal. Pode chegar a assédio moral. E sem querer você se torna fonte de ressentimento, de mal-estar, de insensibilidade, de constrangimento. E você cria no seu entorno uma legião de pessoas ressentidas trabalhando contra você, com o intuito de lhe sabotar como vingança à sua verborragia ferina, à sua falta de filtros, que é percebida como falta de educação. Você, no entanto, entende – enganosamente – que é a sua virtude e o seu traço de autenticidade, o que tem de mais genuíno. E você acaba criando patrimônio negativo: atrito, mágoas e ressentimentos lhe puxando para baixo.

> *"Nós vemos e acreditamos com muito mais facilidade naquilo que desejamos que seja verdade."*
>
> Luc de Brabandere

No livro ***O lado oculto das mudanças***, Luc de Brabandere fala da total falta de objetividade dos nossos sentidos. *"Nossos olhos veem o que desejam ver; nossos ouvidos ouvem o que soa mais agradável; e o pior tipo de surdo é o que só ouve uma única voz. Tudo parece convergir para uma conclusão óbvia: percebemos o mundo de forma pessoal e exclusiva. Cada ideia preconcebida, cada estereótipo, cada preconceito são como óculos com lentes que distorcem ou como autofalantes unidirecionais. Eles nos tornam míopes e surdos."*

Dissonância de compreensões de um mesmo comportamento.

Mais um exemplo: o seu pragmatismo pode ser muito autêntico, mas a percepção dos outros pode ser a de que você é um opressor, se você for o chefe, por exemplo.

Como isso funciona?

Você pede alguma coisa a alguém e se a pessoa a quem pediu não faz naquele minuto, você vai lá e faz só para esfregar na cara dela a sua extrema agilidade, o seu comprometimento com as coisas e o seu pragmatismo no fazer. Você nem pergunta por que ela não fez. Você atropela para mostrar. Na sua visão, a atitude é nobre. É para educar o outro, que deveria saber fazer instantaneamente o que você pede.

Você enxerga praticidade como virtude em tudo que faz num mundo de gente lenta, de gente lerda. Aí, você faz reto, direto. Você responde na cara, não faz nenhum rodeio, atropela de frente. Não espera: passa por cima e faz.

Isso é virtude? Pode ser. Tudo depende da intensidade aplicada. Mas você sempre intensifica, pois, para você, é óbvio que é uma virtude. Só quem é muito burro não veria isso. Será?

Na verdade, os seus colaboradores, amigos, o seu companheiro ou a sua companheira entendem como uma ansiedade imensa de uma pessoa que não consegue, de fato, enxergar os outros à sua volta. Todos passam a lhe ver como alguém que não percebe ninguém a não ser a si mesmo, e as suas necessidades precisam ser cumpridas por todos como você imagina que as coisas deveriam ser. No seu tempo. Do seu jeito.

Você acaba tendo certeza de que é um sujeito virtuoso pelo modo que resolve as coisas. E as pessoas enxergam um sujeito que não respeita ninguém. Uma pessoa ansiosa que passa por cima de processos, que não considera o tempo dos outros, que atropela tudo e todos, movido somente pelas suas vontades.

Você leu nas redes sociais que para vencer como marca pessoal é necessário encontrar sua essência e ser autêntico a ela. Você sorri no sofá da sala. É isso! Sou assim porque sou assim! Passou na livraria e viu a capa do livro ***F*da-se***. Leu rapidamente (do seu jeito) a orelha do livro e entendeu a lógica: *É isso! F*da-se o mundo. F*da-se essa gente lerda!* Você aprofunda. Mergulha de corpo e alma nisso. E para não deixar de ser você mesmo, para não perder a sua essência, para ser autêntico, você insiste, intensifica.

Se você não enxerga e os outros também não enxergam estragos nas suas atitudes, então está tudo certo. Você está convicto de que cresce na hierarquia da empresa porque certamente está fazendo o que dá certo.

Você estreita e aprofunda.

Com o passar dos anos, acreditando que você tem uma personalidade forte (e que isso é ótimo), você fica bom nisso. Chega no estado da arte do sujeito prático, reto, pragmático, objetivo. Você vira CEO e diz para a diretoria que não suporta assistir a apresentações com mais de cinco *slides*. Gente chata que só enrola.

Você diz que ninguém pode mandar textos de e-mail com mais de cinco linhas porque você não suporta gente que enrola com textos longos e que não consegue ser objetiva em poucas linhas. Áudios longos, então... Gente chata, lerda e que não é objetiva.

Você não se despede nas mensagens de e-mail porque acha que isso é coisa de gente que perde tempo no escritório. Você não dá "bom dia" nas mensagens de voz porque isso é perda de tempo. Nem dá "tchau". Nem "muito obrigado", que é coisa que amolece o caráter das pessoas.

Você só entra na sala de reuniões por último que é para não ter de esperar ninguém. Você vai direto ao ponto sempre. Para você isso é exemplo. Tira as cadeiras na frente da sua mesa para que ninguém fique tempo demais. Quer falar? Que fale de pé para falar rápido! Você é prático. Não tem tempo a perder. Você dissemina isso. Vira mito. A secretária se encarrega de espalhar isso para toda empresa.

E as suas agressões vão fazendo história. Vira folclore da empresa. As pessoas já falam com você com medo de serem banidas, caindo em desgraça. Só aquele seu olhar de impaciência já fulmina o coitado do lento à sua frente.

Então as pessoas se ajustam, adaptam-se às circunstâncias e só dizem a metade das coisas por medo de que você interrompa e de que elas sejam punidas por isso. O pânico se instala na véspera de qualquer reunião com você.

– Não! Tá louco. Não mostra tudo. Ele não suporta!

– Mas o que a gente corta da apresentação?

– Não sei, mas corta. Só pode ter cinco slides.

– Tira a parte ruim. Só deixa as coisas boas.

Você vai protagonizando a sua sabotagem pessoal.

Você entende o impacto desse desajuste na sua vida, lá no topo.

Entende o que esse engano, essa dissonância de percepções pode causar na sua vida? Você acaba num comportamento de *looping* – circula e volta ao mesmo lugar –, que reforça as suas crenças porque você acredita que, cedendo às críticas e ficando menos intenso, você está se despersonalizando. E assim insiste e intensifica o comportamento. E, quanto mais você insiste, mais atrito e problemas surgem a sua volta. E quando você é o chefe, mais lhe sabotam, dizendo somente aquilo que você quer ouvir – e bem rápido para não lhe irritar.

Quer mais um exemplo? No extremo está um outro tipo de autêntico muito comum nas organizações: o folgado alegre.

Você acredita que só faz o bem e que distribui boas energias.

As suas cultivadas esquisitices de comportamento, a sua gargalhada tradicional nas reuniões, o seu jeito atropelado de falar sobre a fala dos outros, as suas interrupções de ansiedade, os seus muitos impulsos nas conversas, a sua inquietação na cadeira que não para – podem ser todas muito autênticas e reforçar o brilho alegre e descontraído da sua personalidade –, mas isso também pode ser percebido como o traço que mais irrita quem convive com você.

A sua visão é de que a cada dia você se torna mais interessante e único – todo mundo fala muito no valor da singularidade – e, paradoxalmente, as pessoas à sua volta podem estar achando que cada vez mais você se revela como um profissional que não leva nada a sério, que está sempre no seu mundo de imaturidade.

Você acha que é descrito como uma pessoa que é pura energia. Uma usina que sustenta o escritório e que dá vida àquela empresa cinza e chata. Sem você as pessoas lá morreriam de tédio. Ninguém suportaria. Então você é sempre pura alegria.

Nas melhores e nas piores horas, todos podem contar com a sua generosidade em alegrar o ambiente com as suas tiradas únicas, piadas prontas para tudo, as suas incríveis histórias, as suas risadas, as suas perfeitas imitações (com as quais o pessoal morre de rir). Você se acha uma pessoa muito do bem. Descontraído. Aberto. Leve. Para cima. Sem formalismos idiotas.

Mas as pessoas à sua volta interpretam isso como imaturidade.

Você faz ideia da força dessa contradição de percepções que

chamamos de dissonância cognitiva na sua vida? Você acredita que está agindo certo e os outros pensam o contrário. Você puxa para um lado e o mundo à sua volta entende o contrário. Malditas percepções! Mas é a vida. Acredite.

As nossas vidas são reguladas por percepções. Numa sociedade do excesso, onde todos falam e ninguém escuta ninguém, onde todo mundo sabe de tudo, mas ninguém sabe de nada. Numa sociedade ruidosa, onde a atenção é um valor escasso, as percepções acabam tendo um enorme impacto nas nossas vidas. Para o bem e para o mal.

Quer mais um exemplo? O sabido erudito.

Você acredita que tem muita bagagem e quer distribuir aos outros.

A sua genialidade ao falar e o seu conhecimento erudito podem ser o seu maior orgulho e o seu mais genuíno traço de personalidade. Você olha para dentro e o elege como o seu maior diferencial. E você insiste nele em todas as oportunidades. Você escreve um artigo para o jornal ou publica um texto nas redes sociais cheio de referências clássicas, cita autores eruditos, mostra seu conhecimento, sua verve literária da mais alta qualidade, e recheia com citações sobre música clássica.

Você quer mostrar que sabe, que é culto, que é pura erudição. Você não cita autores conhecidos, você cita literatura russa com Tolstói, no outro parágrafo cita Shakespeare, fala de Mozart... e as pessoas acham você enfadonho e empolado.

A cada texto publicado você acha que está ficando melhor. Que deu "tapa de luva na cara" dessa gente literariamente rasa. Mas quem o lê interpreta o seu texto como mais uma prova da sua arrogância desmedida.

Se você for um sujeito importante na universidade, no hospital, no escritório de advocacia, as pessoas podem até não lhe falar. Mas a cada nova publicação reforçam as suas percepções sobre você. Fofocam sobre isso em meio à sobremesa, servida à beira da piscina no jantar na casa dos amigos, nas conversas na Associação antes da reunião, nas ironias das mensagens nos grupos nas redes sociais. E elas definem que esse é o seu pior defeito. E isso acaba abafando todas as outras qualidades que você tem. Já não se fala mais nelas. O traço peculiar se sobressai. Ficou maior que você. Aos olhos dos outros domina a cena. Você insiste nele porque acha que é virtude. Eles refutam.

Podem não lhe falar. Mas pensam isso. Pior: disseminam isso.

Mas você acha que é um traço genuíno e não percebe a forma como você entrega isso aos outros, simplesmente porque você não os vê. E, assim, passa a ressaltar aquilo que os seus públicos mais repelem: a sua arrogância. E você vive no atrito, na contramão, sem encaixe.

Veja mais um tipo que se considera autêntico, mas que as pessoas veem como problemático.

As suas ironias são imbatíveis! Elas fazem o sujeito lerdo crescer.

A sua agilidade mental pode ser o seu traço mais genuíno. Você acredita na força do seu olhar agudo como inteligência. Como um sujeito que percebe o que os outros não percebem (é o que você acredita), você sempre saca tudo primeiro e por isso acredita que vive sempre um ou dois degraus acima dos outros.

Assim, você acredita que não só pode como deve provocar quem convive com você. Pois só assim você os faz perceber (os idiotas e lentos à sua volta) aquilo que você já captou antecipadamente pelo seu raciocínio mais apurado.

Então você ironiza a lentidão dos outros. Provoca. Você os faz refletir sobre aquilo que você já entendeu e até já concluiu. Então você acentua isso. Na sua cabeça, você está cumprindo um dever quase moral: puxar o cérebro desses muitos lentos que lhe rodeiam. Você acredita que cada "safanão" público que você dá é uma forma (quase generosa) de ajudar os mentalmente atrasados. Você acredita que fazê-los perceber o que é óbvio é quase a sua obrigação divina. Uma missão de vida. A sua forma autêntica de ser.

Quando tentam lhe fazer uma apresentação ou desenvolver um raciocínio, você não deixa ninguém terminar uma frase porque você já sabe a resposta. É claro. Sobre o que você não saberia? Então você ajuda o coitado mentalmente lento terminando de dizer aquilo que ele tentava argumentar.

Conhece esse tipo? Que não deixa você expor ou defender nada porque já sabe o que você (pobre coitado) vai falar? Antigamente ele dizia "quando vem com a farinha eu já tenho pronto o pirão". Porque ele não aceita que ninguém saiba algo que ele não sabe. Porque ele não permite que ninguém ouse se aproximar da sua inteligência.

Você o conhece? É você? Desculpa.

Se for sobre finanças, você sempre conta que o problema é que as pessoas "não sabem fazer contas". Você destrói o coitado que está à sua frente fazendo-o voltar à sua insignificância. Se ele faz uma pergunta retórica na apresentação sobre aquilo porque quer estruturar o raciocínio, você dá aquele sorriso irônico destruidor por ele imaginar que você pudesse não saber sobre isso.

Quando o assunto é política, você mostra a sua agudeza cerebral e põe luz sobre aqueles coitados à sua volta que, desprivilegiados, não conseguem compreender de forma profunda o que há por trás de qualquer fato. Não conseguem interpretar nada. Então eles todos dependem do seu pensamento arguto e da sua inteligência privilegiada para traduzir os fatos. Você mostra a sua indispensabilidade e insiste porque acredita que, sem você, eles vão ficar completamente perdidos.

Você acredita que, por ser CEO, as pessoas querem ver isso de alguém nesta posição. Porque para ser CEO não pode ser frouxo, não pode vacilar, não pode não saber alguma coisa, não pode pedir tempo para pensar, não pode dizer que não entendeu. Sua lógica é: se você não entendeu é porque, certamente, foi muito mal explicado.

Porque para ser CEO tem de ser sabido e fodão. E como você chegou lá, passa a acreditar que isso é personalidade forte de CEO fodão. Então reforça, intensifica. Passa a gostar até da sua voz quando você ajuda os mentalmente lentos a se puxarem mais.

Mas as pessoas podem estar percebendo você de modo diferente. Pense nisso.

E podem estar lhe transformando num opressor. Pois lhe encaram como aquele sujeito que não aceita ser confrontado, que esmaga as pessoas, que destrói confianças, que não entende nem ouve ninguém.

A sua orgulhosa língua irônica e afiada, da qual você tanto se orgulha, pode lhe fazer um assediador moral na visão das pessoas que convivem com você. O seu gênio indomável, que – ao seu olhar – lhe deixa mais forte e com uma personalidade interessante, pode ser percebido como o seu traço tóxico pelos seus subordinados na empresa. A sua autenticidade genuína e valiosa vira psicopatia social no olhar dos outros.

Em resumo: você acaba confundindo atitudes fortes (muitas vezes agressivas com os outros) com preservação da sua personalidade. Você se agarra ao mito da autenticidade. E aí isso começa a virar o seu caráter, o seu modo de vida. Você não consegue mais se livrar de um jeito de viver autêntico, que pode ser completamente tóxico e destrutivo (para os outros e para você). E só você não vê isso.

Esse é o seu modo de ver as coisas, você acredita que é totalmente autêntico com a sua identidade. Mas, na verdade, mantém-se sempre envolvido em atritos velados, intrigas de gente magoada buscando vingança, sabotadores à espreita torcendo por um deslize público seu. Ou, o pior de tudo, cercado de bajuladores à sua volta.

Você pode até estar vencendo, acreditando que está subindo. Afinal, se você chegou a CEO deve ser bom nisso. Mas um dia a conta chega.

As muitas distorções de realidade.

Você acredita que é transparente, que não esconde nada, que é sincero e tem certeza de que isso é positivo. Já as pessoas o percebem como alguém sem a mínima noção de respeito aos outros, que agride a todos o tempo todo.

Você se acha verdadeiro e os outros o veem como uma pessoa que deixa um rastro de lágrimas por onde passa com as suas verdades. Sincericídios em série.

Você se acha o cara dos relacionamentos, que envolve e ganha as pessoas, ao passo que elas o julgam como uma pessoa interesseira, invasiva e meio pegajosa com os seus abraços calorosos.

Você acredita que é uma pessoa muito alegre e que os lugares não seriam os mesmos sem você, e as pessoas acham que você não leva nada a sério. Nunca.

Você se acha o cara, aquele fodão, que tem uma resposta irônica e ferina para tudo, e as pessoas o consideram sem noção, que se sente o superior.

Você acredita ser culto e as pessoas pensam em você como pernóstico e uma pessoa muito chata, que fica o tempo todo tentando provar que é o que não é.

Você pensa ser um cara objetivo e direto, ao passo que os outros o acham um grosseiro que passa por cima das pessoas sem as perceber.

Você se considera uma pessoa com alta energia, que motiva os outros. E esses outros acham que você é uma pessoa insuportavelmente motivada, que cansa.

Autoengano: ajustando o mundo ao seu olhar.

Conforme conta Jacob Petry, no livro ***Poder & Manipulação***: *"Na maioria das vezes, apenas ouvimos aquilo que queremos ouvir. Nossa mente está confinada a um canal pequeno e estreito no qual ela projeta nossos próprios desejos através do que ouvimos. Temos uma ideia em nossa cabeça e adequamos tudo a essa ideia"*.

Essa é a raiz dos muitos problemas gerados pelo mito da autenticidade. Você pode acreditar que está sendo você mesmo e acentua essa vontade de que lhe vejam da forma positiva como você se vê. E o mundo (esse sujeito sem noção) não aceita ser moldado por ninguém, nem por mim, nem por você. E aí pode estar a fonte do atrito de muita gente. Um jogo de forças no campo das percepções. Não acredita?

Então, mergulhe comigo e veja se você conhece alguém ou se você se reconhece num clássico personagem dos embates da vida em sociedade: o gênio indomável!

Pegue mais café, vire a página e segure-se!

capítulo 3

GÊNIOS INDOMÁVEIS

"Quando alguém acha que compreendeu algo, a mente edita a realidade com tanta eficiência que às vezes torna-se difícil perceber o equívoco."

Sarah Lewis, no livro *O poder do fracasso*

Além de uma série de consequências negativas na carreira, no trabalho, na família e nas relações, a ideia enganosa de estar sendo autêntico, mas ter a sensação de ser incompreendido, traz também muita dor e sofrimento ao longo da vida, porque cria uma perspectiva equivocada no julgamento de qualquer fato. De quase tudo. E principalmente naqueles que dizem respeito aos seus comportamentos e atitudes e, que, obviamente, envolvem a opinião dos outros. Pronto. Está feita a confusão.

Por quê?

Porque, para avaliar quase tudo (principalmente ouvir críticas sobre as suas atitudes), você saca do bolso sempre as mesmas lentes: as suas. Você nunca experimenta olhar por outra perspectiva. Você não se permite. Você usa sempre as mesmas lentes da sua pretensa autenticidade (da sua verdade) e passa o olhar o mundo por um único prisma. O seu prisma. E, por ele, você contempla o mundo do jeito que gosta, apenas com as suas virtudes e os defeitos que você quer enxergar.

É como se você olhasse o mundo pelo espelho que só reflete você.

É a forma que você vê o mundo para se justificar. Com isso, você reforça sempre um mesmo lado, um mesmo padrão. E, assim, passa sempre a entrar em atritos desnecessários. Pequenos e grandes embates cotidianos que geram mágoas desnecessárias, insegurança e, obviamente, todos os problemas possíveis no campo dos relacionamentos.

Você nem repara, porque o atrito e a tensão já fazem parte da sua vida e porque você nunca se permite olhar o mundo com outras lentes que não as suas. E elas só lhe mostram o que você quer enxergar do mundo.

Dessa forma, você cria um olhar muito próprio das coisas que lhe protegem dos seus defeitos, que repelem as críticas, que tergiversam e afastam aquilo que você deveria avaliar em si mesmo. Lentes "amigas" que só enxergam a sua própria essência, necessidades da sua personalidade e, na verdade, somente o que você quer ver: você mesmo.

Mas os outros enxergam você diferente.

O autoengano que reforça o mito e cria mais atrito.

Sem empatia e considerando somente a sua visão dos fatos, você passa a acreditar somente naquilo que quer acreditar. Você nunca tira as lentes da sua singularidade que lhe dão visão própria de tudo. Não se esforça mais para entender o mundo pelo olhar dos seus interlocutores, não deixa nenhuma margem para outras visões que não sejam as suas ou de quem concorda com você.

Você nem percebe porque já se acostumou, mas você nega a existência de qualquer outra forma de olhar e, desconfiado, perde parâmetros que podiam ajudá-lo a entender melhor o mundo, as relações, o que é valor para os outros e, o mais importante, a razão dos seus próprios conflitos. Pense nisso.

Arrisco dizer que, de certa maneira, é um pouco da doença desses nossos tempos. Uma dificuldade muito grande de abrir mão ou de ceder, mesmo que parcialmente, aquilo que temos convicção e no que acreditamos. Então as coisas se tornam nossas. As minhas crenças, os meus valores, a minha ideologia, a minha verdade, a minha essência, a minha autenticidade. É muito **meu**, **minha** para tudo, e muito pouco **nossa**. Sobra pouco espaço para as coisas compartilhadas, divididas. Sobra pouco espaço para o "talvez", para o "pode ser", para o "eu poderia considerar também". E sobra pouquíssimo espaço para a gente aprender com quem pensa diferente da gente. Vamos nos ensimesmando com as nossas verdades e rechaçando qualquer coisa que não seja aquilo que eu gosto de ouvir: a minha realidade editada.

Mais combustível para apagar os incêndios.

Quando em combate – e a sua vida, às vezes, lembra isso: alguém que está sempre em estado de alerta para o próximo embate –, você faz um grande esforço para se manter sempre autêntico reforçando os seus traços de personalidade, tentando não se abalar com as reações das pessoas à sua volta. Passa a encarar a autenticidade como uma espécie de resistência genuína, de resistência virtuosa, sendo o mais possível "você mesmo". Você estica a corda em sua defesa. Em defesa da sua ética, dos seus valores e princípios.

Honestamente, você acredita que está no caminho certo e que está fazendo a coisa certa, agarrando-se ao que existe de mais sagrado em você: a sua verdade e os princípios que sempre balizaram a sua vida. Dessa forma, você acentua cada vez mais as suas características – justamente as mesmas que sempre o levam para o centro das crises. E isso se torna o mesmo que tentar apagar incêndio com querosene.

A edição da realidade.

Todo mundo percebe, menos você. Porque, se tornando refratário e impermeável às reações e às críticas, você se fecha cada vez mais para opiniões alheias. Não ouve mais nada. Deixa de enxergar. Distorce contextos e fatos e edita a realidade para que ela possa se enquadrar naquilo que você acredita que é o certo.

Você tenta se blindar contra a opinião dos outros e, se blindando, não enxerga mais nada, nem a sua própria distorção, nem mais os estragos causados. E, assim, insiste. Quanto mais persevera nessa atitude genuína, porque acredita que está fazendo o correto, mais atrito gera e mais se envolve em crises. E o mito da autenticidade se torna uma crença visceral na sua vida.

O sujeito do atrito.

Isso afeta muitas pessoas em diferentes estágios profissionais e com graus de intensidade também diferentes, mas com características muito semelhantes. Atinge algumas pessoas bem-sucedidas, em posições de liderança, empreendedores, empresários e alguns famosos. Outros ainda são conhecidos por esse traço de forma caricata, famosos pela disposição em criar litígios no meio empresarial.

E por que conseguiram vencer?

Venceram por terem um conjunto de qualidades que, certamente, superou o efeito danoso do gênio ruim. Então, mesmo com muito atrito, com muita tensão, essas pessoas conseguiram ascender e obtiveram sucesso profissional. Alguns até viraram milionários famosos e continuaram sendo pessoas difíceis ou insuportáveis.

Pode parecer contraditório o que estou falando aqui, mas atente para o seguinte: isso acontece quando esse conjunto de outros fatores positivos supera o "lado ruim". Simples assim. Uma força maior nos faz olhar para eles e minimiza o gênio.

Quando a competência, a bagagem, o tino, o talento, o brilho são tão expressivos que a gente se fixa com tamanha força nesses traços que quase não vemos mais os estragos da personalidade, ela perde força frente ao poder da genialidade, da competência ou do talento.

E porque, quando ouvimos sobre gênios irascíveis e famosos, geralmente romantizamos. Parece que para nós, mortais, existe uma licença poética para "eles" quando eles são geniais. Falamos de alguém mítico, lá no seu Olimpo, longe do dia a dia tóxico nas reuniões e das lesões que essas pessoas causam nas suas equipes. Falamos de alguém que pouco conhecemos além das façanhas empresariais, da genialidade dos negócios e do brilho da história. E aí fica bem mais fácil "fechar um olho" para os desvios de caráter e os atritos que "supostamente" são contados por pessoas que não conhecemos. É como se a gente admitisse: "Tá, o.k. Se a pessoa for realmente genial, a gente aceita que seja um pouco doida, um pouco agressiva, um pouco estúpida até". Mas, lembre-se, precisa ser gênio. Eu e você, a turma não vai suportar. Pense nisso.

O gênio ruim do gênio.

A biografia de Steve Jobs, o mundialmente conhecido fundador da Apple, mostra isso. Um gênio que talvez tenha sido um dos mais brilhantes inovadores da era moderna, que mudou a lógica do mundo com a tecnologia nas nossas vidas, que teve feitos empresariais incríveis, que construiu um legado inacreditável, mas que as biografias relatam ter sido uma pessoa insuportável.

Uma pessoa capaz de despedir empregados da Apple no elevador simplesmente por capricho, por não gostar da cara da pessoa naquele momento. Um profissional capaz de aniquilar pessoas da equipe em reuniões, depois roubar a ideias a e promovê-la no mercado como sua.

Uma pessoa capaz de destruir amigos próximos para defender os seus interesses pessoais. Mas olhe que estranho: mesmo assim, sendo um cara incrivelmente fora da curva – daqueles que surgem raramente no mundo –, a obra é tão grandiosa, com tamanho impacto, que ameniza o negativo que a gente fica sabendo e a gente acaba concedendo, fingindo não ouvir, não ver. Cinicamente, nunca comentando nada de negativo, por perplexidade frente à genialidade do que ele construiu como obra de vida.

Mas não esqueça o que eu ressalto aqui: "genialidade da obra". Ou seja, nesse caso extremo, a obra é tão grandiosa, tão impactante, que ela quase não permite nenhum outro olhar sobre o autor, senão à magnitude da obra.

O efeito que ela causa é tão poderoso que a gente quase não consegue enxergar ou faz que esquece os desvios morais do sujeito, as falhas de caráter do homem, as fragilidades do ser humano perante o gênio. Mas, não esqueça: ele é e continua sendo exceção. Caso raro.

Se a obra é pequena, não adianta.

A maioria de nós sofre do contrário. O temperamento ruim disfarçado de autenticidade, irascível, indomável, tem o efeito contrário. O de sombrear qualquer traço de competência, de genialidade.

Ou seja, o negativo salta tanto aos olhos e, com obra mediana, o negativo encobre o positivo.

Então, o temperamento ruim trabalha contra a percepção de valor do profissional, porque esconde, apaga e diminui a obra. As pessoas ficam tão impressionadas com os efeitos do gênio ruim que não percebem, às vezes, o talento, a perícia, a maestria ou o resultado traduzido em obra.

Essa é a realidade da imensa maioria que é refém do gênio ruim e que se autoengana acreditando que é autêntica. Uma maioria, anônima e sofredora. Mas todos com traços e atitudes muito semelhantes em diferentes estágios da vida. Uns mais leves, suportáveis, outros mais pesados, tóxicos, mas todos com traços bem semelhantes:

Não gosto de brigar, mas...

Dou um boi para não entrar na briga, mas dou uma boiada para não sair. Já ouviu essa frase? Já disse? Tem um indício aqui.

É o sujeito que se diz autêntico e que vive em litígio porque acredita que é um traço da sua personalidade forte. E, a cada atrito, reforça mais o ego com relação à sua personalidade. Geralmente se orgulha dos embates em que entra. Gosta de se gabar das brigas, das vitórias "na raça", dos feitos pela sua força. Levanta a voz, estufa o peito e narra as suas grosserias como se fossem atos de coragem e determinação.

Mas não sou de fugir das boas brigas.

Se você se identifica com esse traço, repare o comportamento. Você é o primeiro a entrar na briga, o que se posiciona de forma contundente, o que não deixa passar nada e, normalmente, o que fica até o final sustentando a posição, porque você acredita que é um ato de resistência legítimo da sua personalidade. O tom sobe, o sangue sempre esquenta. Mas você jamais se rende. Sabe por quê?

Rendição? Isso é para os fracos de personalidade.

A ideia de se render não passa nunca pela sua cabeça e os disparos podem ficar incontroláveis. Normalmente, você encerra a discussão com a última palavra. Se for o presidente ou o diretor, isso pode ainda ganhar rompantes teatrais com aquela sua saída triunfante da reunião. Você se levanta da cadeira e olha de modo altivo para todos. O olhar situa-se entre a ira e a pena que você sente deles. Um olhar de desprezo registra que eles não o venceram e que você só vai parar de discutir para não ter de despedi-los, coitados que são. Você sai da sala vencedor, balançando a cabeça.

E, com os seus óculos da autenticidade, você tem certeza de que deixou para o grupo um recado bem claro: que eles o desagradaram. É o esquema que você criou. Repetido tantas vezes. Um esquema da sua vida.

Se for com os colegas de trabalho, você até pode dizer uns desaforos porque com colegas e amigos as coisas não precisam ter limites. Afinal, quem é essa gente que não aceita as minhas críticas? Quem é essa gente que se ofende quando eu digo verdades? Que povo é esse que foge da verdade? Eu não suporto gente assim.

Já viu cena assim? Conhece esse tipo gênio indomável?

Sua compreensão fica antiaderente como uma película de Teflon.

Nada penetra. Nada o atinge. Você não percebe.

Você até pode bater a porta na saída da sala de reuniões se for o chefe para demonstrar toda a sua indignação. Você pode encerrar grosseiramente a ligação no meio da conversa se você for o cliente e do outro lado for o coitado do fornecedor que depende de você.

Você pode se tornar ameaçador e bater com a mão na mesa se achar que é o mais forte no grupo. Pode ligar o foda-se se achar que você não precisa de mais ninguém.

E esse é o problema do mito da autenticidade. Você fica refratário a tudo e acha que tudo pode em nome da sua sagrada essência.

Você fica antiaderente à opinião de qualquer um que discorde de você ou que lhe conteste atitudes ou explosões de personalidade. Você corre o risco de não enxergar mais nada.

Na sua cabeça, todas as reclamações dos outros sobre as suas atitudes são, obviamente, ataques injustos, e ataques injustos devem ser repelidos com força. No seu entendimento, repelir críticas é manter a personalidade e ser fiel aos seus princípios. Um direito inalienável de ser autêntico de que ninguém pode abrir mão. Seria um covarde se assim não agisse quando criticado deliberadamente. Isso é uma ironia, ok?

Aceitar conselhos por mudanças é capitular vergonhosamente.

Pois o apegado ao mito da autenticidade considera todas as críticas e reclamações às suas atitudes como manobras dos outros para lhe matar a autenticidade e torná-lo despersonalizado. Um fraco, um "Maria vai com as outras". Uma pessoa sem caráter, sem fibra, volúvel. Como se conselhos fossem manobras desonestas para lhe dobrar, para fazê-lo se curvar e perder a alma. Olha que maluco isso!

Passa a ser uma guerra interna, teatro mental de quem se posiciona sempre contra um inimigo imaginário externo. E, nesse sentido, ouvir opinião dos outros é ceder vergonhosamente.

Perder uma discussão é render-se à opinião alheia. Pedir desculpas por uma atitude agressiva (mas autêntica por conta do gênio irascível) é render-se ao outro. É ser frágil. Aceitar estar errado é.... bem, isso é inaceitável para a sua autenticidade.

Uma vida em *looping*.

Quanto mais você sofre com o retorno as suas próprias atitudes (pois as pessoas reagem a você), mais você entende que não pode se entregar à opinião dos outros. Perceba a loucura!

E você se fecha ainda mais na sua visão que nega qualquer outro ângulo. Simplesmente pela obsessão de se manter autêntico, de manter a sua personalidade intacta. Uma autenticidade genuína que não pode ser amainada. Mesmo que a sua vida possa estar sempre em idas e vindas, de rompimento em rompimento, de estresse em estresse, de explosão em explosão.

Então não existe distanciamento nenhum para julgar nada. A vida se torna uma visão de túnel. Você só enxerga uma coisa. Só o seu ângulo estreito. Porque para você só passam a existir você mesmo e a sua autenticidade a ser preservada. Dane-se o resto. Dane-se a crítica. Danem-se o mimimi e o choro dos outros. Que se adaptem!

Quanto mais problemática sua vida se torna (as reações das pessoas costumam ficar mais intensas), mais você passa a ter certeza de que precisa se proteger dessa gente que lhe acusa. Você se tranca em suas muitas verdades que se tornam absolutas. E, cada vez mais se distancia da solução: parar para refletir sobre os impactos das suas atitudes (autênticas) nos outros e o consequente reflexo na sua própria vida.

Tropeços, quedas, rancores e recomeços.

O genioso que se acha autêntico com personalidade forte resulta invariavelmente numa vida em *loopings* frequentes: atrito, críticas, explosão, lágrimas, amizades rompidas, desafetos, relacionamentos desfeitos, ressentimento com o que lhe fizeram de novo, dor e sofrimento. Aí, um recomeço: boa intenção, promessa de tentar mudar, atitudes agressivas, críticas, explosões, nova crise, mais atrito e lágrimas, amizades rompidas, desafetos, relacionamentos desfeitos, ressentimento de como você foi tratado de novo, dor e sofrimento... E assim vai a vida, de recomeço em recomeço num ciclo vicioso que não para nunca. Conhece gente assim? Eu conheço.

Uma vida sempre num plano B porque nada dá certo.

Alguns são profissionais brilhantes, mas que já sofreram toda a sorte de dificuldades na carreira por conta do gênio indomável. Gente que já esteve em times de alta performance e foi derrubada ou se jogou para baixo. Ou explodiu num ato genioso, num rompante qualquer, ou foi mandado embora porque ninguém aguentava mais.

Gente que já realizou belos trabalhos, que teria condições de realizar outros tantos, de escalar novos patamares de realização, mas que hoje vive no segundo time, vive de plano B ou em plano C ou D, procurando novas saídas, mendigando uma nova oportunidade profissional para se recuperar e sobreviver num lugar onde ainda não teve problemas.

Gente que não se dá conta nunca de que o seu gênio pode estar sombreando o seu talento, apagando toda a percepção de suas qualidades, aniquilando a sua obra de vida. Gente que não se dá conta de que, a cada dia, perde todo o seu patrimônio profissional, arranha a sua autoridade porque encobre todo o seu talento e valor com um manto de temperamento incorrigível.

Pouca coisa consegue fluir com harmonia. Sempre vem problema.

Não acredita? Reflita comigo um instante. Repare que a maioria das pessoas que defende a ideia de que é autêntica – a qualquer custo – tem traços de personalidade forte (ou gênio ruim, no popular mesmo). E boa parte sabe disso (ou desconfia) porque já deixou uma legião de desafetos, de inimigos, em todas as áreas por onde passou. A pessoa se esquece de seu temperamento, ou passou a gostar tanto dessa essência, que, na sua versão editada, acredita não ser problemática, mas interessante, forte, diferenciada.

Então passa a achar que é um ativo. Eu tenho personalidade forte, se orgulha. É um traço meu, isso me torna singular. Interessante. E não enxerga mais os reflexos. Então, aos seus olhos a "marca da personalidade" é diferencial. Para o mercado significa: "Atenção! Cuidado! Aí vem problema!".

Tanto é que a própria expressão "personalidade forte", no mercado, já carrega um preconceito e descreve geralmente uma pessoa complicada de lidar, difícil, perfil que geralmente é rejeitado por recrutadores de talentos porque já imaginam que será problema na equipe. As descrições informais são: agressivo, explosivo, de pavio curto, intolerante, temperamental, falastrão, verdadeiro demais etc. Ou seja, profissionais que certamente vão criar tensão e problemas no ambiente de trabalho.

E o jogo de mercado, na prática, dá-se assim:

- Você conhece o Marco Antônio? Já trabalhou com ele, né? O que você acha dele?

E o seu amigo responde:

- O Marco Antônio? O Marco é excelente! Muito acima da média. Sabe muito. Mas...

Você rebate, intrigado:

- Mas, o quê? O que tem com ele?

E o amigo responde:

- O gênio. O Marco é daqueles caras difíceis de conviver. Sabe, personalidade forte?

- Sei bem... é problema, né? Deixa para lá. Se tiver outra pessoa para me indicar, eu agradeço.

Nesse diálogo aqui (muito comum), o "mas" após os elogios técnicos acabou com, quem sabe, uns 20 ou 30 anos de estudo, experiência e competência do tal Marco Antônio. Porque abriu espaço para a dúvida. O "mas" funciona como uma advertência. Ele encobriu "o excelente!" e nem fez o interlocutor escutar o "muito acima da média", que seria um elogio maravilhoso para avalizar uma indicação de profissional para o mercado.

E, dessa forma, fez com que a outra parte nem quisesse se aprofundar nas competências e prestasse mais atenção ao negativo, ao "difícil de conviver" e à "personalidade forte", que o fez desistir da ideia, sem nem questionar o que isso seria.

A morte da chance de mostrar todo o resto.

A pessoa poderia ter perguntado: *ok, ele tem personalidade forte, mas o cara é tão excelente assim? Fale-me mais. Conte sobre a competência dele.* Mas não. Ele nem quis ouvir mais. Aquele traço destruiu a possibilidade de mostrar todo o resto merecidamente muito bom. Fechou a porta para os diferenciais positivos. Matou a oportunidade que poderia ter sido construída naquele momento.

Esse é o efeito destrutivo da imagem composta em torno de um traço destacado de "personalidade forte", pois quando ele emerge na percepção (destacado por alguém ou percebido pelas pessoas) acaba se tornando predominante e, assim, se torna um viés negativo pela qual as pessoas avaliam todas as outras capacidades.

A percepção se torna tão forte em torno desse aspecto que as pessoas se fixam só nele e não conseguem prestar atenção e avaliar as outras qualidades. Dessa forma, a "personalidade forte", que poderia ser um traço positivo de atitude – tão buscado nas empresas –, de inquietação original, de curiosidade para a inovação, de criatividade, de proatividade, de garra, de predisposição para ir além, torna-se enviesadamente negativo, quando passa do ponto.

Não vale a pena o custo de apaziguar uma pessoa de gênio ruim.

Os gestores de pessoas de empresas sabem que empatia, habilidades interpessoais, de relacionamento e espírito de grupo (estas e outras habilidades que hoje chamamos de *soft skills)* são muito mais valiosas do que as habilidades técnicas (*hard skills)*. Sabem também que o esforço de ensinar técnica, de capacitar, é infinitamente mais leve e menos oneroso do que o de transformar em sociável um profissional de gênio difícil.

Assim... os de personalidade forte acabam com histórias semelhantes.

Esse perfil de pessoa tem geralmente relacionamentos muito intensos, mas também muito breves. Pode constatar. Ciclos de euforia e ciclos de ressentimentos com as pessoas e com os lugares. Paixões que crescem rápido, amizades com exageradas demonstrações de carinho e ressentimentos que surgem na mesma proporção com essas mesmas pessoas, quando não acabam com traumas com os próprios amigos do peito. De repente nascem "amigos para sempre" e, passa um tempo, o "amigo" é deletado do círculo de amizades. Para sempre. Tudo sempre intenso. Para o bem ou para o mal.

E quase todos esses autênticos (gente de gênio difícil, mesmo) têm uma coisa muito semelhante na vida: gente descontente ou ressentida, histórias de discórdias, rompimentos, altos e baixos na carreira, glória e desgraça.

E essa montanha-russa gera muita instabilidade profissional, momentos constantemente tensos e dramáticos, que acabam sempre da mesma forma: criando insatisfação profissional e com a vida.

Eu já ouvi muitas dessas histórias: original, autêntica e traumática.

Em todo o lugar por onde passou, registrou algum trauma. Fraturas expostas. Deixou um rastro de inquietação, de gente incomodada e, se não, algum resquício de ódio, algum resto de litígio e choro. A narrativa sempre é feita com ressentimento e algumas lágrimas.

E realmente se torna uma vida original, singular (talvez com sabor de aventura), mas com um roteiro previsível, uma história sempre tensa por conta do atrito causado. Nada nunca é suave. Pouca coisa flui com harmonia.

Muito ressentimento. Esse é sempre um traço marcante. Ressentimento com os outros, com a empresa, com o mercado, com o sócio, com o amigo que o traiu, com as injustiças que os outros fizeram.

Repare nisso. E reflita comigo. Sempre tem uma história de injustiça contra a pessoa que se diz autêntica, de personalidade forte, e que nunca é compreendida como deveria ser.

Se você não se reconhece, certamente você o conhece.

Onde ele ou ela está tem polêmica. Pode acreditar. Se não aconteceu ainda, vai acontecer. A qualquer hora. Por qualquer coisa. Qualquer pessoa à sua volta pode ser a vítima da sua explosão do dia. Política, comportamento, gênero, coisas do trabalho, entregas, relações, desenvolvimento, remuneração, mérito, desenvolvimento pessoal, carreira etc. Qualquer tema. Não importa muito. Tudo pode resultar numa discussão áspera, quando não acaba em grosserias – se o autêntico for contrariado.

Às vezes chamam (pelas costas) de homem ou mulher-bomba. Tudo pode ganhar uma dimensão épica quando se discute com "o genioso autêntico" pois ele pode, de uma hora para outra, detonar o cinturão explosivo. Apertar o botão vermelho. Tudo pode ser radicalizado e levado ao extremo. Tudo pode virar uma guerra em que o outro (mesmo o melhor parceiro) pode se tornar um inimigo momentâneo.

E, nas discussões, o contraditório só existe para ser esmagado. Sem dó. No grito. Porque concordar (dependendo com quem é a discussão) pode parecer rendição pública. Humilhação. E o genioso autêntico nunca se rende. Por nada.

Porque nada é pacífico, nunca é tranquilo, nada pode ser manso ou sereno. Tudo precisa ser debatido à exaustão para que as suas certezas sejam provadas. E a tensão vive sempre à espreita, com a porta entreaberta, sorrateira, pronta para explodir e engolfar todos que estiverem por perto.

> *"Somos propensos demais a nos julgar pelos nossos ideais e aos outros por suas ações."*
>
> Dwight Morrow. Embaixador dos Estados Unidos no México, em 1930

Suas reações me incomodam. Já a minha personalidade forte, não.

Conforme Fred Kofman no livro ***Liderança & Propósito***, existe algo chamado de viés de atribuição: *"é a tendência psicológica que nos faz julgar a nós mesmos de forma mais benevolente do que aos outros, pois enquanto sabemos o que pensamos, sentimos e quais escolhas nos são apresentadas, não sabemos o que pensam e sentem* *os outros, ou quais escolhas enfrentam. Assim, inventamos narrativas para melhorar a nossa autoestima e demonstrar que somos melhores que os outros..*

Para os meus amigos, tudo pode.
Para os meus inimigos, o rigor da lei.

Opiniões sempre fortes para com a atitude dos outros, mas ai de quem ousar tentar fazer uma crítica às suas atitudes ou à sua forma de levar a vida. A explosão é imediata. Ele carrega sempre o pino da granada na outra mão. E com carga potencialmente aniquiladora para quem teve o azar de estar presente naquele momento. Reuniões de trabalho, alinhamentos com os colegas, encontros familiares, festas, reuniões de condomínio, conversas sobre a relação, tudo pode ser contexto para uma explosão inesperada se alguém tentar contestar o genioso autêntico. Já presenciou isso?

Eu já. Muitas vezes. O constrangimento dos outros é geral. As pessoas em volta não sabem o que fazer. Querem sair de fininho. O mal-estar predomina. Só resta na sala a marca de desagradável e de conflituoso do "autêntico". Estava tudo indo bem, até que a pessoa resolve dar uma das suas, e tudo fica muito ruim.

E o mais interessante: o sujeito que se diz de gênio forte e autêntico mostra sempre senso crítico elevado para o julgamento impiedoso das atitudes dos outros, mas uma porta fechada, encadeada, trancada para qualquer tentativa de debate ou julgamento sobre as suas próprias atitudes.

Você o reconhece.

Eu já cruzei na vida com vários deles. Muitos se tornaram amigos que respeito, mas com os quais não consigo mais conviver por conta do temperamento. Já fui amado e descartado depois. Mesmo a distância não cortei o contato. Não consigo parar de gostar de alguns dos quais admiro o talento, mas sei que preciso ficar longe e sempre que possível concordar para manter algum restinho de amizade.

Pois todo mundo sabe que, se não for do jeito dele, seguindo as suas crenças e opiniões e visão do mundo, que se não estiver com as mesmas lentes que ele, ninguém tem chance de se manter próximo.

As alegações do "gênio indomável" são muito interessantes quando analisadas à luz do que venho discutindo aqui com você nestes três capítulos sobre o mito e o embotamento que ele causa nas pessoas. Listei algumas frases típicas do "gênio indomável" para você refletir.

Você conhece o discurso do genioso que acredita ser autêntico.

"Eu não vou mudar para agradar os outros!"

"Eu sei que, às vezes, eu incomodo um pouco as pessoas, mas f*da-se!"

"Se não quiserem, que me mandem embora!"

"Por que não me aceitam como eu sou?"

"Esse pessoal não aguenta ouvir a verdade. Por isso não gostam de mim!"

"Fui despedido porque falei. Eu não falo pelas costas. Eu digo na cara!"

"Chefe medíocre não aguenta crítica. Por isso me sabotam nessa merda de empresa!"

"Eu não vou mudar para agradar quem não me merece!"

"Cara, é minha personalidade. Me respeita!"

"Eu me conheço. Não adianta. Não vou mudar. Eu sou assim!"

"Meu temperamento é forte, mas e daí? Ninguém tem nada a ver com isso."

"Cuidem da vida de vocês e me deixem ser quem eu sou!"

"Eu sempre fui assim."

"Me provocam e depois não querem ouvir!"

"Eu não sou grosso. Só não gosto de falsidades. Isso me deixa louco!"

"Eu sou do bem, mas não me tirem do sério. Aí, sai da frente!"

"Não importa com quem eu falo. Eu sou sempre o mesmo!"

"Por que só eu tenho que mudar?"

"Respeitem o meu jeito de ser."

"Eu tenho pavio curto e se me provocam eu posso explodir. Sou assim e pronto."

"Eu não cumprimento ninguém nem dou bom-dia. Não é por mal. É o meu jeito."

"Eu sei que sou assim. Mas e daí? Ninguém tem nada a ver com a minha vida."

"Eu sou como eu sou. Eu sou aqui como sou lá fora."

"Se quiser conviver comigo, é bom se acostumar."

"Eu não quero parecer. Eu quero ser. Não me interessa o que acham de mim."

Uma amarra invisível que o torna refém de si mesmo.

O apego ao mito da autenticidade distorce a realidade e cria uma pessoa tóxica que faz que, na maioria das vezes, ninguém consiga ajudar. É triste olhar de fora e constatar com clareza qual é o problema. Um "gênio ruim indomável" (às vezes é alguém mal-educado mesmo) que funciona como uma âncora na vida profissional da pessoa. Uma trava que a faz sempre ficar estacionada. Que não permite a ela crescer, ascender. Uma amarra invisível para ela e que a torna refém de si mesma.

Na vida coletiva em sociedade, nos condomínios ou no trabalho, fica pior, porque a presença de uma pessoa conflituosa acaba desestabilizando várias outras, que passam a se sentir ameaçadas ou arrastadas para o centro de conflitos desnecessários. Todo mundo sabe disso. Mas ninguém consegue detê-los, muito menos convertê-los.

Esses profissionais difíceis, de personalidade forte, criam caso, geram crises, colocam tensão nos outros, vivem sob atrito e destroem as suas próprias possibilidades. Ficam previsíveis para os gestores como "profissionais-problema" e, portanto, acabam fechando portas, queimando pontes por onde passaram e ficam sem perspectivas. Viram párias.

Afinal, qual é a atitude certa?

Se você veio até aqui e em algum momento vestiu o seu chapéu ou visualizou na memória um conhecido, um colega, um companheiro, um cônjuge, um amigo, você não está só.

Todos temos algum traço marcante nesse sentido. Se não tão marcante quanto alguns casos descritos aqui, às vezes, sem noção, temos atributos positivos com a intensidade exagerada (veremos isso mais adiante no capítulo 7 – O segredo está na dose) que são vistos como negativos e que podem nos levar ao autoengano na gestão das nossas marcas pessoais.

E você já deve ter percebido que vivemos dias muito mais propícios à geração de conflitos pessoais. Um contexto, sem dúvida, bem mais tenso do que antes. Essa tem sido uma marca desses nossos tempos: nervos sempre à flor da pele e disposição para se engalfinhar com parentes, amigos, colegas, vizinhos ou até desconhecidos por qualquer divergência de opinião, por mais boba e irrelevante que seja.

Conviver: essa competência difícil que todos precisamos aprender.

Sempre tivemos períodos da história mais radicalizados, mais propensos à intolerância, mas parece que agora as coisas se acirraram de uma forma que somos capazes de enxergar a tensão no ar sobre quase tudo. Tem muito mais irracionalidade nas discussões. Mais gente predisposta a explodir por qualquer besteira.

Então a questão das "pessoas de personalidade forte" que acreditam estar sendo mais autênticas ganha mais relevância. A gente nota com mais facilidade "o forte" das personalidades. Elas ficam mais pronunciadas e expostas e, obviamente, correm muito mais riscos de serem interpretadas de forma equivocada. Então, atenção, se esse for o seu caso.

Fazendo essa ressalva, precisamos compreender que a divergência e o atrito fazem parte dos relacionamentos e das interações humanas. Deveriam ser naturais como resultado da diversidade de olhares do ser humano e da vida coletiva em sociedade. Da consciência de que ao meu lado existe o outro – fato de que eu posso gostar ou não que não vai ser alterado. E que esse outro tem tanto direito como eu de interpretar o mundo pelas suas lentes.

É você e suas escolhas.

Então não existe o certo ou o errado. Não existe um manual moderno do convívio perfeito em sociedade e de como manter as relações saudáveis (pelo menos que funcione). Como conviver é uma questão de escolha pessoal da vida de cada um, entendendo que, para cada escolha, haverá consequências. Quem escolhe semear ventos colherá tempestades. Isso é sabedoria popular. Cada um acaba colhendo aquilo que planta. Tem gente que planta e colhe gentileza, atenção, solidariedade, paz de espírito, colaboração, e tem gente que parece que nasceu para o conflito. Nada nunca é fluido. Tudo é espinhoso e dolorido. E isso, obviamente, predetermina um destino. Nos tornamos previsíveis.

Juiz de gênios bons e ruins.

Mesmo assim, eu quero deixar uma coisa bem clara para você, que cutuquei esse tempo todo: eu não sou nem quero ser nenhum dono da verdade. Nem jamais quero deixar qualquer indício, por mais remoto que seja, de que pretendo aqui neste livro me intitular o juiz dos "gênios bons" e dos "gênios ruins" para a sociedade. Porque ninguém nesse mundo tem esse poder. Não tenho a pretensão de fazer juízo moral de ninguém.

Eu jamais tentaria fazer isso. Sabe por quê? Porque preciso ser coerente com toda a minha vida em torno do conceito de *personal branding*, defendendo uma certa rebeldia, um certo inconformismo, uma certa insatisfação, uma certa inquietude contra a normalidade cinza e tediosa do mercado corporativo. Ou seja, eu sempre defendi e continuo defendendo com muita convicção o valor da diferenciação das marcas pessoais – que passa não só pela imagem diferenciada, mas, muitas vezes, por uma "atitude de vida" mais forte, mais pronunciada, como bandeira da sua singularidade.

Esse conceito leva para a necessidade de uma presença de marca (da sua pessoa como marca) que faça diferença. E isso, obviamente, não se obtém sendo "morno", sendo um "normal", sendo um "Maria vai com as outras", sendo uma pessoa sem personalidade. Não. Com certeza.

Mas também não é a autodestruição cega.

O tema de que trato aqui é bem mais significativo. Algo que me toca muito e motivo pelo qual resolvi escrever este livro sobre o tema: o "suicídio profissional". Essa é a única metáfora que encontro forte o suficiente para descrever tamanho desatino. Uma maneira simbólica de apresentar uma situação limite, em que o sujeito cava dia após dia a sua própria destruição, acreditando estar buscando a sua salvação através da autenticidade.

Uma situação absurda em que a pessoa assume que está sendo verdadeira com os seus princípios e valores, mas, na verdade, está reforçando a sua imagem negativa e criando uma reputação de pessoa difícil. Traços que a derrubam perante os outros, mas que ela acredita que são a sua fortaleza como verdades. Uma armadilha do mito da autenticidade que destrói relacionamentos, que afasta as pessoas, que impede que o mercado veja os talentos e o valor e que, por isso, vai matando aos poucos as oportunidades de carreira, minguando as chances no mercado, fechando portas e destruindo a vida profissional. Destruindo a imagem de marca pessoal.

O gênio descontrolado que acaba se tornando refém de si mesmo. O gênio irascível que se acha legítimo e que se torna o antagonista da própria vida. O mal-educado que acaba achando que é autêntico e se vangloria disso como sendo traço de um cara fodão com personalidade. E que mais cedo ou mais tarde vai quebrar a cara.

O cara talentoso, mas que vira um derrotado porque se transforma num ativista do próprio fracasso com as suas atitudes contra os outros. Gente que não percebe que, dessa forma, trabalha contra si mesmo. Que se autodestrói acabando com a sua própria imagem de marca.

Gente que não vê que passou do ponto da "personalidade forte" tão incensada e que se tornou mesmo "insuportável" num mundo hoje, em rede, em que se vive à base de relacionamentos. Gente que não gosta de rótulos, mas que carimbou na testa a imagem de "sou problema" e não consegue mais sair dessa armadilha.

Do que estamos falando, então?

Falo aqui do mito da autenticidade, que transformou pessoas boas e com personalidade forte em pessoas problemáticas. E pessoas problemáticas talentosas em pessoas só problemáticas. E, que, enfim, transformou pessoas boas e com personalidade forte em pessoas percebidas com imagem ruim e ressentidas com os seus fracassos.

Falo aqui do mito da autenticidade que destruiu o brilho de obras lindas de muita gente pelo temperamento descontrolado, pela verborragia, pela intolerância, pela agressividade nas relações, pela falta de empatia, pelo não pensar e só reagir, pela falta de leveza, pela falta de gentileza, flexibilidade, pela falta de compreensão. Em última instância, pela negligência em perceber a importância do outro na vida em sociedade e o quanto esse "outro" impacta nas nossas vidas profissionais e pessoais.

E o porquê de tudo isso?

Você agora deve estar se perguntando o porquê. É difícil responder com exatidão. Talvez psicanalistas e psicólogos possam fazer isso com mais assertividade. Hubert Rampersad, autor do livro ***O DNA da sua marca pessoal***, diz que: *"autoestima é como você se* *percebe a si próprio; branding pessoal é como os outros percebem você."* Ele está certo nesse olhar. E eu acrescentaria que *personal branding* é a sabedoria de tomar consciência de si mesmo, não só a partir do seu olhar para dentro, mas da conjugação do que você pensa sobre si mesmo e de como os outros lhe percebem.

Então, o meu olhar sobre o problema é o de um especialista em *personal branding*. Ou seja, alguém que vê cada pessoa como um empreendimento singular, único, legítimo, com a sua marca (o seu nome e o seu sobrenome), que carrega consigo um significado, maior que a sua técnica, maior que os seus produtos e serviços, entendendo que esse significado é construído sobre a técnica, sobre o conhecimento que garante autoridade, mas que é percebido pelo outro, pelo mercado, através dos sinais e das experiências. E, dessa forma, quem valora é quem percebe, é quem pode contratar, é quem pode comprar. Sempre o outro. Esse mesmo "outro" que o mito da autenticidade manda se danar.

Sou alguém que trabalha no campo das percepções. Que mistura múltiplos olhares que vêm de campos técnicos muito amplos como a administração, o marketing, o *branding*, mas que também se socorre dos conceitos da mitologia, da psicologia, da sociologia, da antropologia, do estudo do comportamento humano.

Assim, pelo filtro do meu olhar, no campo onde eu me permito atuar por mais de 35 anos, talvez não exista um único porquê. Talvez sejam vários. Como nos acidentes aéreos, em que os especialistas dizem que nunca é um único motivo, mas a combinação de vários, compreendendo que estamos no terreno das percepções e não dos algorismos, nem da exatidão das métricas, nem da precisão dos algoritmos. Mesmo assim a gente se intriga.

Por que o comportamento destrutivo de marca pessoal?

E as perguntas que restam são essas: por que algumas pessoas estão se destruindo profissionalmente, destruindo a sua imagem, e não percebem o que todos à sua volta percebem? Por que essas pessoas não se dão conta do seu problema, mesmo sempre tendo uma vida atritada e tensa e, geralmente, cheia de fracassos?

O que falta? Será que falta percepção sobre si mesmo? Mas e aquelas pessoas que afirmam que descobriram a sua essência e que são assim mesmo: autênticos? Falta terapia? Talvez.

Mas conheço vários assim, que fazem terapia por anos e continuam os mesmos. Uns até ficaram mais "legítimos" e "intensos" com os traços de personalidade depois da terapia que apoiou a ideia do "seja você mesmo e não se importe com o mundo".

E as pessoas que se deram conta de que tiveram uma vida de estragos por conta da imagem de temperamentais, por que não se livram dessas amarras se sabem (ou têm indícios) de que as suas atitudes não têm sido fonte de acertos?

Vejo em você o que não consigo ver em mim.

Por que é tão difícil ver o que todos veem com muita clareza? Por que continuam insistindo no temperamento ruim e chamando isso de personalidade forte ou de autenticidade? Por que não se dão conta de que têm atitudes destrutivas e que estão sendo sabotados por isso? Por quê?

É isso que eu quero mostrar para você no próximo capítulo.

Lá eu talvez consiga desvendar com você mais uma camada dessa nossa escavação em direção ao valor da autenticidade. Onde, na base dos equívocos, na origem de tudo, encontramos mais um viés: o de confirmação. Um modo enganoso de tentar se enxergar à luz do que acredita ser e, dessa forma, piorar a cegueira sobre si mesmo. De acreditar que está se autoavaliando e, na verdade, estar aprofundando o autoengano.

Viés de confirmação: a nossa tendência de olhar para o passado e recontar para nós mesmos a própria história. Mas de um jeito muito especial, que sempre nos favorece. Esquecendo propositadamente algumas coisas, polindo outras, aumentando um ponto aqui e outro ali onde nos interessa, contando as coisas do nosso jeito.

Uma forma de justificar os nossos erros passados, de enfeitar um pouquinho a própria história, de dar um novo sentido, mais original a todas as experiências e editar a realidade como gostaríamos que ela fosse. Puro autoengano que alimenta o mito da autenticidade.

Você quer continuar? Não tenha medo.

Pegue mais uma xícara de café forte e venha comigo. Prometo que vai ser esclarecedor para a gente se livrar do mito. Neste capítulo eu confesso um grande fracasso meu que passei anos tentando acomodar na minha vida como uma fatalidade. Mas que nunca foi nada além de um fracasso, mesmo. E sempre teve as minhas digitais nele.

capítulo 4 | VIÉS DE CONFIRMAÇÃO

"A pessoa via alguém que a fazia lembrar-se de si mesma e depois procurava os motivos para gostar do sujeito."

Michael Lewis no livro *O projeto desfazer*

Você já parou para refletir, profundamente, sobre os fatos da sua vida em retrospectiva, incluindo nessa reflexão os seus sucessos e os fracassos? Já se debruçou por algum tempo, seriamente, tentando se enxergar de forma isenta, em perspectiva?

Eu trato aqui do aprendizado que a gente pode ter analisando, da forma mais isenta possível, os fracassos e desacertos ao longo das nossas trajetórias profissionais.

Se você nunca se debruçou com profundidade sobre eles, tente fazer isso. Volte cinco, 10, 15 anos na carreira, se você puder. Relembre pelo menos cinco acontecimentos que você considera que foram desastrosos nesse período. Não tem nenhum? Ótimo. Mas pense mais um pouco.

Todos nós temos passagens negativas que nos trouxeram alguma cicatriz ou que nos fragilizaram em determinado momento da carreira ou da vida. Arranhões morais, quedas, desencontros. Todos temos alguma passagem assim. Mais doloridas ou nem tanto.

Algumas realmente a gente tenta esquecer. Eu sei muito bem disso. Lembrar pode ser doloroso. Mas faça uma forcinha e tente se lembrar de pelo menos três delas.

Eu listo algumas hipóteses de eventos genéricos para lhe ajudar.

Uma sociedade desfeita porque o negócio micou. Um projeto que tinha tudo para dar certo e naufragou. Uma demissão inesperada e dolorida. Uma promoção de cargo na empresa que era perfeita para você e que na última hora foi para o seu colega. Um aumento que estava quase chegando, quase certo e que não veio depois de um *feedback* do chefe, e que você odiou a experiência. Uma reunião importante de diretoria que você liderou e que deu tudo errado. Um grande cliente que dispensou os seus serviços e causou um enorme estrago no negócio. Uma prospecção que você preparou por meses e que, na hora, não funcionou como você planejou, gerando um resultado desastroso. Um relacionamento que parecia duradouro e que terminou sem ninguém mais se falar. Uma amizade de anos que foi desfeita e que virou inimizade. Alguém que lhe cancelou para sempre nas redes sociais sem um motivo aparente. E por aí vai.

Não tenha pressa nessa busca. É preciso calma nessa hora.

Se precisar, largue o livro. Faça outro café. Tome uma taça de vinho. Abra aquela sua cerveja especial. Vá para o cantinho do pensamento. Relembre. Relembre. Aprofunde. Traga as cenas para a sua mente. Resgate as imagens, o rosto das pessoas envolvidas. Isso é muito importante.

Voltou?

Então pegue uma folha de papel e anote quais desses eventos foram os mais marcantes na sua carreira ou na vida. Descarte os que podem ser insignificantes e fique com os de maior impacto na sua carreira ou na vida.

Listou? Pronto.

O passo dois desse processo é você fazer uma espécie de autópsia do que aconteceu em cada um deles. Pegue o primeiro evento. Concentre-se apenas nele. Relembre passo a passo como tudo aconteceu. Como foi a história toda. O que você fazia. Quem você era naquela história. Quem eram os atores envolvidos naquele fato: chefes, colegas, amigos, parceiros. Todo mundo que, de alguma forma, contracenou nessa passagem da sua vida.

Agora vá mentalmente descrevendo para você cada um dos envolvidos e a correlação dos fatos com eles de forma sistêmica. Exemplo: você fazia tal coisa naquela época. Tinha o cargo tal. A sua tarefa era tal. Os envolvidos eram Fulano e Sicrano, que ocupavam tais cargos. A rotina era tal. Você operava de tal forma. O que era valor para você nessa época. O que você perseguia. Quais eram as suas limitações. Como era a sua forma de se relacionar. Como era a qualidade dos seus relacionamentos.

Agora entre de cabeça e resgate a cronologia dos fatos e as

atuações de cada pessoa envolvida com você. Assim: você vinha fazendo tal coisa e pensando em tal coisa. Você fez, agiu, falou, teve tal atitude e isso tudo gerou a seguinte repercussão. Que depois gerou tal situação. Que gerou isso e aquilo. E aí por diante. Seja detalhista.

Entendeu?

Dessa forma você resgatou toda a história do seu fracasso e pode pensar no que aconteceu de fato e qual foi a sua parcela de responsabilidade nos acontecimentos.

Resgatou tudo? Relembrou?

Agora me diga da forma mais realista possível: o quanto o fracasso se deveu a você e o quanto se deveu aos atores ou às circunstâncias em torno do fato?

Não parece a mesma história.

Se você for como a imensa maioria das pessoas (eu e você incluídos), vai ver como é difícil recontar mentalmente a história e assumir toda ou a maior parte da culpa pelo próprio fracasso. Mesmo quando sabemos – lá no fundo – que naquele caso você foi 100% culpado pelo que aconteceu.

Sabe o que acontece? Viés de confirmação. Ele mesmo.

Depois que passa um tempo, a gente vai guardando na lembrança somente algumas partes do fato. A gente vai limpando as bordas, esquecendo intencionalmente umas sujeirinhas, arredondando as coisas, justificando outras, e quase não sobra nada de culpa para assumir. Foi quase tudo para os outros ou para as circunstâncias.

Ajustamos a história para justificar o nosso comportamento.

"Na psicologia, isso é conhecido como dissonância cognitiva", afirma Jon Ronson, autor do livro ***Humilhado – Como a era da internet mudou o julgamento público.*** Ele continua: *"É a teoria de que parece estressante e doloroso para nós ter duas ideias contraditórias*

ao mesmo tempo (como acreditar que somos pessoas boas e saber que acabamos de destruir alguém). Assim, para aliviar a dor, criamos formas ilusórias de justificar nosso comportamento contraditório".

O que acontece?

É como se recontássemos para a nossa mente aquela história e fizéssemos um acordo tácito e muito pessoal com a nossa consciência de que manteremos a história naqueles termos. Do jeito que a recontamos, detalhe por detalhe, com os nossos retoques. E passamos a nos acostumar com o jeito que a ajustamos, a ponto de, depois de algum tempo, não lembrarmos mais os fatos originais que compunham a história verdadeira.

Já aconteceu com você? Relembre as suas histórias de fracassos e você certamente vai encontrar indícios. Todos já fizemos isso. Popularmente, as pessoas chamavam isso de "puxar a brasa para o meu assado". O que na verdade sempre foi, literalmente, mentir um pouquinho (só um pouquinho) para que a história fique "melhor" aos nossos olhos.

Distorcemos os fatos para recontar uma história que faça mais sentido para os nossos interesses. Para que a história não nos faça tão culpados ou que, pelo menos, não nos exponha tanto ao ridículo ou nos coloque como "malvados". Mesmo que tenhamos feito alguma coisa muito ruim, a nossa mente tenta sempre encontrar uma justificativa que possa amainar a nossa culpa. É uma espécie de "arredondamento moral", se é que isso existe. Uma justificativa inventada para que, no final, a história esteja alinhada aos nossos interesses e possa ser recontada publicamente, garantindo-nos alguma glória ou, que seja, um resquício de dignidade.

Esse é um dos lados sombrios do viés de confirmação. Que, num primeiro momento, parece até inocente. *Ah! Era só uma história do passado, nada tão grave.* Mas que nos leva, depois de anos, a "defender verdades" que nunca existiram – se não, somente nos acordos feitos dentro das nossas mentes.

Procurando gente tão inteligente que até pense como eu.

O viés de confirmação também nos leva para outros territórios com o mesmo espírito. Buscar gente que concorde com o que concordamos, gente que pense parecido com o que pensamos. Ou seja, buscamos os iguais para poder reafirmar as nossas teses e visões de mundo como verdadeiras.

Assim, numa entrevista para avaliar um novo colaborador, somos capazes de ir apertando o sujeito entrevistado até ele, sem querer, dizer alguma coisa que se encaixa com o que pensamos. Naquela hora, afrouxamos um pouco o aperto pela "alegria de ter encontrado alguém tão inteligente que até pensa coisas parecidas com o que a gente pensa". Ou seja, "se pensa como eu penso é gente boa". Merece crédito.

Assim, damos mais corda para que cada vez ele fale mais de coisas com as quais eu concordo. Quanto mais a conversa se enviesa para o "meu mundo", mais simpático eu me torno e mais facilito as coisas. *Afinal, gente que pensa como eu penso é gente inteligente.* (Isso é mais uma ironia, ok? Fique ligado!).

Agora me diga: você entende o poder disso nesses nossos tempos conflituosos onde só existem dois lados: o meu lado e o lado errado? (De novo, fui irônico, hein?)

A gente sai procurando os iguais para poder reafirmar as nossas teses – sejam elas quais forem – e nos embotamos todos "na bolha" ouvindo, falando e interagindo somente com quem concorda com a gente. Todos confirmando aquilo que eu entendo como verdadeiro. Todos concordando. A seguir, o escritor Michael Lewis dá mais um exemplo de viés de confirmação nesse campo que acabei de descrever.

Lembra de si mesmo e depois procura os motivos para gostar do sujeito.

Michael Lewis, no livro ***O projeto desfazer***, relata as descobertas do ex-gerente geral do time de basquete Houston Rockets, Daryl

Morey, a respeito dos erros cometidos por especialistas em recrutar talentos para os times de basquete:

"A mente humana simplesmente era falha em enxergar o que não esperava ver e ***um pouco ávida por ver aquilo que esperava*** (o grifo é meu). *O viés de confirmação é insidioso demais, porque você nem percebe que ele está acontecendo"*, afirmava ele.

"Um clássico", disse Morey: *"e isso acontece o tempo todo com os caras: se você não gosta de um candidato, diz que ele não tem posição definida. Se gosta, diz que ele é polivalente. Se gosta do jogador, faz uma comparação física com alguém bom. Se não gosta, então o compara com alguém que não joga nada."*

Michael Lewis continua: *"O problema era agravado, pela tendência dos avaliadores de talento – Morey incluso – de favorecer jogadores que os lembravam de si próprios na juventude"*.

Todos nós já ajustamos alguma história vivida.

Acontece com você. Comigo funciona assim também. Não se envergonhe por isso. Todos temos histórias que tanto contamos que elas acabaram completamente diferentes do original. Ou da verdade dos fatos. A gente foi dando um colorido aqui e ali, tirando umas partes que não interessavam mais, omitindo algumas coisas, ampliando a culpa dos outros, até que – tchan, tchan! Já não é mais tanto um fracasso.

Ou já não é tanto mais o meu fracasso, mas um pequeno revés da vida, quase positivo se a gente forçar um pouquinho para aliviar a barra da gente mesmo. Tanto é verdade que você, num primeiro momento, disse a si mesmo que não tinha cinco fracassos na carreira. Que não lembrava nem de três deles. Foi ou não foi?

Dessa forma, parece que mesmo aquelas atitudes erradas ou atos tolos (que você sabe que foram), na época, passam até a fazer algum sentido e a ganhar uma conotação positiva. Ou, pensando agora, poderiam justificar o seu erro se levar em conta aquele momento, com aquelas pessoas.

Você reconta os fatos e encaixa na história que você criou para si mesmo.

O viés de confirmação. A gente olha para os acontecimentos pregressos e tem a tendência de justificá-los pela nossa ótica atual. A gente recorda aquele incidente ocorrido, sucessos e fracassos, e tenta enquadrá-los no modo como enxergamos hoje as coisas.

Então, se o ocorrido foi um negócio fracassado, a gente tenta encontrar razões externas que possam justificá-lo. Pode ter sido a crise econômica daquele período horrível que determinou o fracasso do meu negócio e não a minha incompetência em gestão. E a gente diz para si mesmo: *O momento não era adequado. Todo mundo enfrentou muita dificuldade para sobreviver naquela época, inclusive eu.*

Buscamos indícios na memória que corroborem a nossa lógica e lembramos que também tinha um conhecido que quebrou pelo caminho. Você alega: *Que período ruim era aquele. Não foi culpa minha. Não podia dar certo mesmo. Qualquer um, mesmo que muito preparado, também quebraria como eu quebrei. Se fosse agora, talvez fosse um sucesso. Eu tinha os meus problemas de gestão, não conhecia muito bem o negócio, não sabia muito de administração. Eu sei. Mas era o momento ruim para uma ideia boa. Que pena.*

Você constrói a argumentação para si mesmo.

Você se justifica dizendo que nos Estados Unidos é diferente. Lá as pessoas reconhecem o valor de um fracasso empresarial. Vira mérito. E você diz que aqui no Brasil é que as pessoas têm uma mente empresarial limitada. Deveriam aprender com os americanos. Mas você só diz isso porque está tentando dizer a si mesmo que não fracassou. Ou que o seu fracasso empresarial – que não chegou a ser bem um fracasso – lá fora seria reconhecido com mérito. Você até teria como ensinar isso num MBA.

Autoenganação.

Na verdade, é tudo balela do seu cérebro, enrolação para tentar encaixar os fatos numa outra lógica com uma narrativa diferente. Você reconstrói toda a narrativa retrabalhando os elementos e as circunstâncias do fato.

A gente acaba pensando assim: *Pode ter sido o lugar onde eu apostei em empreender, mas não a minha inaptidão para aquele negócio.* Você diz: *Não foi tanto minha culpa, mas aquele lugar não era adequado. A cidade era ruim mesmo. Que mercadinho de m*rda era aquele. Não gosto nem de lembrar. Gente mesquinha que não valorizava qualidade. Nada dava certo lá. Lembro-me que a região toda se ressentia de sucesso. E eu, infelizmente estava lá, no meio deles. Era o negócio certo, na hora certa, mas infelizmente no lugar errado.*

E nos acalmamos justificando o passado. Onde você entra nele? Como vítima dos fatos.

A culpa é do outro. Nunca nossa.

Se for um negócio numa sociedade que naufragou, a tendência é olhar pela ótica das fragilidades do sócio. Do outro. Não a nossa. A gente puxa pela lembrança e enumera fatos. Sabe que se esforçava muito. Não parava. Fazia quase tudo. E o outro até que ajudava, mas não como deveria. *Ele não pegava junto como eu. Ah, se ele fosse um sócio melhor, mais capaz, mais ativo, mais participativo, talvez tivesse dado certo... Carreguei aquele negócio nas costas todo o tempo, não tinha como dar certo comigo só trabalhando e eu tendo de sustentar um sócio fraco. Acho que era o negócio certo, na hora certa e até estava no mercado certo, mas não estava com as pessoas certas... E o negócio acabou fracassando.*

Você olha para trás e procura confirmar a sua competência e o quanto a vida pode ter sido injusta com você nesses fracassos. Você enumera esforços, sacrifícios, energia investida.

Lembra essa época? Tem lembranças assim? Eu tenho. Muitas.

Ou se autovaloriza ou se vitimiza.

Trabalhava como louco. Chegava cedo, não tinha hora para sair. Levava todo mundo nas costas. A empresa pedia e eu estava lá, solícito. Para qualquer coisa. Fazia tudo para todos. Mas assim mesmo não me reconheceram.

Fulano só fingia que fazia e está lá até hoje. Ganhou dinheiro porque eu ajudava. As melhores ideias eram minhas. Hoje, está vivendo bem. Gozando a vida de executivo bem pago. E eu estou aqui começando tudo de novo.

Lembranças seletivas. Só fico com o que me interessa.

Você se lembra da empresa pela qual passou e foi despedido. Relembra os chefes e fica com os fatos que geralmente lhe convêm. Você guarda umas poucas coisas boas que a empresa lhe proporcionou. Lembra algumas festas, prêmios, recompensas. Mas o que lhe vêm à mente é a ingratidão da despedida que você não merecia.

Você descarta as muitas vezes que recebeu *feedbacks* negativos pelas suas atitudes. Você dá um novo colorido à sua participação nos erros. Esquece os deslizes. Esquece as atitudes erradas. Esquece as suas artimanhas e boa parte da sua culpa nos fatos. Alivia aqui e ali e diz que sempre apontou onde estavam os erros, que sempre foi o mais comprometido, o mais honesto, o mais fiel. Mas a direção não era boa. Nada boa. Você passa até a encontrar na sua mente indícios da falta de caráter de quem o despediu. *Eu não merecia. Injustiça.*

A sua narrativa ganha outro colorido e outra lógica.

No fim da história você foi recortando, recortando, eliminando umas partes que lhe eram convenientes e só ficou com a lembrança de que você foi a grande vítima deles. Daqueles que foram injustos e tramaram para derrubar você.

Relacionamentos desfeitos, sociedades, fracassos, atritos. Tudo que aconteceu com você deixou marcas, pode ter feito estragos, talvez consequências que perdurem até hoje, mas a sensação é de que não era tanto sua culpa. Afinal, eram as circunstâncias daquele momento, que você nem se lembra mais direitinho dos detalhes. Mas uma coisa você lembra bem: que sua intenção era boa e que aconteceu porque tinha de acontecer.

Você olha para o casamento desfeito pela quinta vez e acredita que é destino ou que, sem querer (pela sua bondade e ingenuidade) escolheu as pessoas erradas porque você só vê a bondade nelas, e não os defeitos.

Talvez um dedinho podre na escolha dos relacionamentos. Destino. Nunca um erro. Essa é a razão. Mas você é uma ótima pessoa. Nunca é o seu gênio enfezado, os seus ataques de ciúmes, o seu jeito grosseiro de falar, nunca a sua personalidade forte, nunca a razão está nas suas atitudes intempestivas. Você olha para incontáveis atritos, mas confirma sempre a sua razão.

Na construção do viés de confirmação, você narra os fatos em primeira pessoa. Você é o ator principal. O protagonista. Tudo gira em torno de você. E, inconscientemente, você reconstrói a história com as suas lentes e passa a acreditar nela para justificar o que você se tornou hoje.

Faz sentido?

Então, a autenticidade começa a ganhar forma na sua cabeça. Como uma bênção por ser você, você mesmo. Você passa a acreditar que é isso. Você acredita que realmente é assim.

O meu fracasso pessoal.

No início dos anos 2000 eu era diretor de planejamento de uma agência de comunicação no Brasil. Eu era um obcecado por planejamento estratégico de marcas e foi bem na época em que eu ainda engatinhava com o conceito que havia criado de *personal branding*.

Havia ganhado três prêmios de planejamento do ano, tinha a confiança e o respeito dos donos da agência da qual eu era o diretor e uma boa reputação como um dos pioneiros no planejamento de marcas no meu estado natal.

Um dos nossos maiores clientes era uma empresa de telefonia mundial. Uma das maiores do mundo. Tínhamos ganhado a conta em concorrência e vivíamos um período ímpar da comunicação das marcas, posicionando novos produtos e reposicionando outros nesse segmento.

Era o lançamento da telefonia móvel no Brasil. E um dos trabalhos de que me orgulhava muito era o de ter planejado a primeira campanha de telefonia móvel no Estado do Rio Grande do Sul, e de eu ter sido o autor do posicionamento. Do posicionamento nasceu uma campanha linda, "Telefonia para um mundo em movimento", com um filme lindíssimo feito pela O2 Filmes, gravado em Buenos Aires, que mostrava estátuas e pessoas livres, que andavam pelas ruas falando nos seus celulares. Tempos jurássicos.

Foi uma época gloriosa de lançamentos e mais lançamentos e muito trabalho de planejamento de conceitos de *branding*. E um dos trabalhos mais relevantes da época foi o planejamento da campanha que apresentava a ideia de escolher uma operadora (e acrescentar o número dela antes do número do celular – que se usa até hoje).

Esse lançamento precisava de extrema assertividade porque era uma mudança cultural complexa. Mexia com um hábito arraigado das pessoas na forma de fazer uma ligação interurbana na época. Grandes operadoras fizeram campanhas com sorteios de carros para incentivar as pessoas a usarem o seu código na busca de captar clientes. Isso gerou uma grande guerra comercial nas campanhas. Todas as teles regionais recém-privatizadas se estapeavam para ver quem ganharia mais clientes.

Nós estabelecemos uma estratégia oposta. Eu defendia, no planejamento, que primeiro e mais importante era as pessoas aprenderem a realizar a operação colocando primeiro o número da operadora, depois o código do Estado e só depois o número do celular.

O temor dos órgãos reguladores era o que chamávamos na época de "caladão" em lembrança ao apagão que havia acontecido com a energia elétrica. E ele se justificava porque inferimos que as pessoas, até pegarem o hábito de fazer a operação sequencial correta, poderiam se atrapalhar e repetir. E, quanto mais repetiam, mais travava o sistema.

A glória.

E foi o que aconteceu no Brasil. Muitas operadoras simplesmente incentivaram o uso e não o aprendizado e travaram todo o sistema. E o Brasil passou uma semana numa terrível confusão nas comunicações por telefonia. Nós não. No Rio Grande do Sul, nos concentramos em educar primeiro. E a nossa companhia obteve, disparado, o reconhecimento dos órgãos reguladores como o melhor resultado de todo o Brasil. Fiquei em êxtase com o que tinha planejado e com todo o resultado.

Depois disso, iniciou-se o processo de concentração desse segmento no Brasil e as operadoras foram sendo incorporadas e compradas e as marcas foram sendo alteradas. Nosso cliente foi incorporado e a comunicação passou a ser nacional, planejada em outro Estado, e por isso acabamos encerrando aquele contrato.

O ápice da glória.

Mas, por conta dos excelentes resultados obtidos no meu Estado, o diretor regional da operadora que nós atendíamos foi levado de volta para a Europa, onde era a base mundial da empresa, e depois de algum tempo foi catapultado a diretor global da marca. O topo do topo no mundo.

O convite à aventura.

E, para a minha surpresa, tempos depois ele volta ao Brasil e me pede para planejar a unificação da marca em vários países na Europa e nas Américas. Um projeto incrível, altamente complexo, que planejei com muito gosto e que foi assertivo. Fui à Europa apresentar.

Uma tarde inteira de apresentação. Toda a diretoria presente. Aprovado. Elogios. A glória.

Lembro que, quando saí dessa apresentação no prédio central da empresa na Europa, senti o gosto muito doce e especial dessa vitória. Uma glória para os meus 38 anos de idade naquela época. Eu me sentia no topo do mundo do planejamento de marcas.

Esse sucesso gerou outros trabalhos nos lançamentos do 3G na Europa, onde também tive a oportunidade de avaliar pesquisas, discutir planejamentos, alinhar conceitos, ajudar a posicionar e realizar diversos trabalhos estratégicos muito relevantes para aquela operadora mundial.

O começo do abalo.

Mas o mercado de comunicação vinha passando também por um movimento de alinhamento e concentração, e todas as agências buscavam associações nacionais ou internacionais para se manter competitivas. E eu enxerguei aí uma oportunidade para a minha empresa.

A minha lógica foi: se havíamos feito um trabalho brilhante para esse cliente mundial, será que não poderíamos tentar atender esse cliente de novo? Agora mundialmente? Mas éramos pequenos para uma tarefa tão grande. Então, por que não procurar a agência mundial dessa marca na sua sede brasileira e propor um acordo operacional? Nós entraríamos com o nosso conhecimento global da marca desse cliente, com os nossos planos e metodologias de pesquisa e planejamento, e eles com a sua estrutura nacional. Perfeito.

Falei com o diretor global na Europa e perguntei a ele se podia tocar essa ideia e se ele a via como factível. E ele disse que sim. Que não tinha poder sobre acordos com fornecedores globais, mas que via com bons olhos, já que gostava muito do meu trabalho de *branding*.

Os indícios do fracasso.

Eu me achei grandão. Resolvi acionar os meus contatos para conseguir ser recebido pelo presidente da agência que comandava a operação na América Latina, América Central e Região do Caribe. O cargo do sujeito já era um indício da minha pequenez num possível acordo.

Depois de um mês de muitos contatos, consegui ser recebido por ele para uma reunião de 30 minutos. Peguei um avião e fui sozinho, achando que daria conta do recado, tranquilo. E esse foi mais outro indício.

Sabe sede de empresa fantástica? Era essa. Enormes espaços, moderna, minimalista, linda, poderosa. Exalava poder, fausto, grandiosidade. Quando cheguei à sala do presidente, uau! Uma sala de um presidente realmente f*dão.

O meu ego não cabia mais na poltrona do avião.

Para a minha surpresa, fui muito bem recebido. E gostei. E o papo foi fluindo. E eu me sentindo um cara brilhante de Wall Street fechando sozinho um acordo fantástico com um tubarão gigante. E ele me pediu para apresentar o que eu já havia feito para esse cliente. E eu prontamente passei a desatar a falar e não parei mais. Confesso que estava me sentindo "o cara".

Ele elogiava o tempo todo o trabalho. Elogiava-me. Pedia detalhes e eu falava. Ele pedia nomes e eu dava. A reunião de meia hora se tornou uma reunião de mais de 3 horas. E eu falei, falei, contei. Quanto mais falava sobre o que eu tinha realizado, mais me orgulhava de mim mesmo. Comecei até a gostar da minha voz. Frases sábias. Tiradas brilhantes. (Estou sendo irônico de novo, tá?)

Saí do escritório do cara com um forte abraço (risadas que homens de negócios dão quando estão fazendo algo grandioso), tapas nas costas e, o mais importante, com a possibilidade de um acordo entre as nossas agências. Palavra empenhada entre dois grandes negociadores. Vibrei. Não me continha em mim mesmo de tanta satisfação. Com meu 1,63m me achei com mais de 1,90m, juro. Peguei um avião e quando entrei olhava para todos com aquele olhar de: vocês não imaginam o negócio que eu estou fazendo e o quanto eu sou bom! Quase não cabia na poltrona. O ego se espalhava pelos lados.

O fracasso chegou.

Os dias passam e nada. Nada de resposta de um possível acordo. Nem e-mail, nem telefone, nada. Silêncio. Até que um dia soubemos que o diretor global da marca a quem eu me reportava na Europa havia saído da empresa por aposentadoria, por pedido de demissão ou havia sido despedido (nunca soubemos ao certo). Perdi o contato e nunca mais consegui notícias desse profissional, que era uma pessoa muito especial. Excepcional profissional e um ser humano incrível.

A lógica do fracasso.

Não foi preciso muita inteligência para ligar uma coisa à outra. O poder do fornecedor era tão grande quanto o poder do próprio cliente em negócios globais. Eu simplesmente estraguei tudo. Confessei para um concorrente que tinha feito negócio direto sem que a empresa dele ganhasse. Tomei o troco. O poder dele foi exercido na matriz em Londres e cabeças rolaram. Por quê?

Porque o que eu havia realizado para o cliente mundial era exatamente o que eles deveriam ter feito e não fizeram. Perderam negócios e perderam reputação. Perderam espaço e dinheiro com o cliente por conta de um "nanico" que tinha realizado o trabalho no lugar deles.

Ou seja, na minha visita cordial eu estava confessando para o presidente da agência mundial da operadora que eu estava sendo contratado direto e, que por isso, eles não só estavam perdendo a oportunidade, mas certamente perdendo também alguns milhões de euros que cobrariam por esses trabalhos. *Game over* para mim.

O impacto do fracasso no meu ego.

Eu me senti um estúpido. Um estúpido ingênuo. Um ingênuo estúpido enganado como criança idiota por um cara que só precisou me estimular com elogios para eu entregar tudo de que ele precisava. Do jeito e com as provas que ele precisava para me tirar definitivamente daquele negócio. Também na minha consciência passei a assumir a culpa pelas possíveis retaliações ao cliente que tinha apostado em mim.

Isso virou um arranhão enorme na minha trajetória. Por dentro doeu muito. E não podia sair contando por aí porque fazer isso era dar mais luz ainda ao meu fracasso como homem de negócios.

Esse desastre pessoal ficou remoendo na minha cabeça por muitos anos. Sofria. Até que fui assimilando. Fui contando a mim mesmo que é assim: às vezes a gente ganha, às vezes a gente perde. Dizia a mim mesmo: os negócios são assim. Podem ser sujos. Tubarões são tubarões. Esses caras não têm lealdade a ninguém. Só querem dinheiro. Passam por cima de todo mundo. Fazem isso com todos que atravessam os seus caminhos. Fui me vitimizando e me justificando. Fui criando as razões de acordo com a minha lógica de vítima de um tubarão dos negócios.

O meu viés de confirmação.

Depois passei a dizer para mim mesmo que talvez não fosse para mim. Comecei a encontrar justificativas no universo. Não era a hora. Talvez tivesse até evitado outras perdas piores se a associação se concretizasse. Quem sabe não era para ser mesmo. Quem sabe até foi sorte não ter acontecido. Balela.

O que eu fiz esses anos todos foi buscar viés de confirmação. Amenizar a minha culpa, não reconhecer a minha responsabilidade, tentar culpar os outros e tentar encaixar a história na minha lógica do "pequeno sofredor injustiçado".

Isso não me fazia aprender nada com aquele fracasso porque eu o recontava numa posição de vítima dos fatos. Vítima das circunstâncias. Vítimas das outras pessoas que são ruins de caráter. Vítima do mundo dos negócios com seus desvios éticos.

E é justamente isso que o viés de confirmação faz com a gente. Não permite que a gente aprenda com nossos fracassos. Assim, não dói tanto. Não nos envergonha tanto para a nossa consciência. Mas assim, também não crescemos.

A autópsia desse meu fracasso.

Vamos aos fatos.

Pimeiro: o tubarão fdp que eu culpo pelo meu fracasso talvez não seja tão fdp assim. Tentando olhar por uma ótica isenta, talvez boa parte de nós fizesse o mesmo se estivesse reunido com um sujeito que veio se apresentar usando como argumento os trabalhos realizados – os quais a empresa dele deveria estar fazendo e ganhando dinheiro. Você talvez fizesse o mesmo comigo.

O cara pede para ser recebido no seu escritório e conta que está lhe dando um *bypass* (popularmente, passando por cima) e trabalhando direto para o seu cliente global sem o seu conhecimento. Ou seja, ele (eu) conta que está fazendo trabalhos diretamente e que está tirando o prestígio e a receita da sua empresa. Na sua cara.

Segundo: o que tem por trás do fato?

Ingenuidade. Ingenuidade de acreditar que um negócio desses poderia ser fechado sozinho, sem o apoio de uma consultoria especializada em fusões ou por um bom escritório de advocacia.

Ir sozinho, sem um plano, sem avaliar todos os possíveis desdobramentos do ato, contando com a sorte, abrir uma discussão de negócios que envolve grandes interesses de clientes globais sem refletir sobre a ótica do outro não é só ingenuidade, é burrice. Movimento de amador.

Terceiro: o que estava na raiz de todo o meu fracasso? De ponta a ponta, desde o início? Eu digo para você: arrogância. Pura arrogância em achar que um sujeito sozinho (eu) poderia resolver as coisas negociando com um CEO de uma empresa global.

Ingenuidade em imaginar que uma grande empresa global poderia se sentir pressionada a aceitar um acordo porque tínhamos ligação direta com um cliente que nos contratava pela competência.

Pensamento míope, ingenuidade e arrogância de achar que eu tinha algum poder nessa negociação por ter realizado um grande trabalho – que eles também poderiam ter realizado.

Na essência, bem lá na raiz do fracasso, o que havia?

Fazendo essa autópsia hoje e me livrando do viés de confirmação, eu acredito que no centro de tudo, na causa raiz, só tinha uma coisa: arrogância. A minha própria arrogância. Não foi porque o mundo dos negócios só tem pessoas não confiáveis. Não foi porque o cara era um fdp. Não foi porque me deixaram (como mártir) tendo que fazer tudo sozinho. Foi porque eu fui arrogante eu não pedi ajuda. Não foi porque houve uma injustiça. Foi porque o negócio foi mal planejado por mim mesmo. Foi porque não avaliei com clareza todos os elementos. Não raciocinei sobre o que estava envolvido, nem avaliei tudo sob o prisma de com quem eu negociaria. E tudo isso é resultado de um único fator: a minha arrogância. Essa é a lição desse meu fracasso. Pronto. Agora é público.

Bem. Depois dessa admissão pública do meu fracasso, eu quero mostrar a você mais um caso de viés de confirmação bem comum que ajuda a construir o mito da autenticidade. Veja se você identifica os elementos comuns em muitas carreiras com problemas.

Queimadores de pontes.

Há alguns anos, entrevistei um executivo que já havia passado por mais de uma dezena de médias e grandes organizações em uma década. Sua carteira de trabalho já estava quase completa e ele nem tinha chegado aos 30 anos. Menos de um ano em cada empresa. O que o levava a uma curiosa situação naquele momento: nunca havia conseguido gozar férias em nenhuma delas, porque nunca dava tempo de completar um ano e passar a merecê-las por lei.

Questionei o porquê dessas passagens rápidas, imaginando alguma ambição de crescimento não reconhecida. Mas não era isso, pela ótica dele.

Ele me justificou com o argumento de que reconhecia alguma falta de sorte nessas escolhas anteriores. Não tinha ainda conseguido estar numa empresa boa. Numa empresa legal, mesmo. Mas que estava otimista na busca por encontrar. O motivo de estar na entrevista era esse. Uma aposta dele num novo lugar que correspondesse às suas expectativas de uma "boa empresa para crescer".

Quando aprofundamos e comecei a questionar mais fundo, ele me disse que reconhecia que em todas elas a razão de ter sido despedido ou de pedir demissão era mais ou menos a mesma: discordância com os rumos da empresa.

Meio acabrunhado, depois de eu muito perguntar, ele admitia que tinha se envolvido em algum atrito – geralmente com superiores – por constatar equívocos da empresa, atitudes erradas de alguns líderes. Outras vezes foram casos mais sérios: desvios morais dos donos ou alguma injustiça com ele ou com os outros. E nesse sentido ele se sentia, na maioria das vezes, como vítima daquelas circunstâncias.

O que na verdade acontecia.

A narrativa que permitia a ele se justificar era essa: ele acreditava ter uma capacidade muito grande de perceber as coisas. Principalmente as coisas erradas. Via facilmente o que os outros não viam: exploração no trabalho, atitudes equivocadas dos donos, até desvios de conduta, e via muito claramente as injustiças. E isso ele não tolerava.

Ele se descrevia assim: "Eu digo e pronto. Não quer aceitar que está errado, não aceita. Mas não é por isso que eu vou me omitir e não falar. Digo na cara. Seja de quem for. São os meus princípios. E eles são inegociáveis. Não consigo ficar quieto vendo injustiça e levar para a casa. Sempre fui assim. Educação com valores, sabe?".

Você compreende o drama?

Os desfechos eram sempre os mesmos. Começava assim, andava pelos corredores da empresa relatando as suas críticas para os colegas. Dizia que não ia ficar omisso. Que não aguentava. A cada nova pessoa que ele contava os fatos pela sua ótica, mais se enchia de razão de que devia levar isso a cabo.

Estava resolvido. Não ia mais aguentar. Iria até o chefe ou a diretoria, ou o dono, o que seja, e iria tirar isso a limpo. Apresentava a queixa, justificava o seu olhar sobre os fatos, ouvia contrapontos, argumentava com mais ênfase a sua visão dos fatos, enquanto a empresa justificava.

Não me faça perder a cabeça.

Nos vários relatos que ele me fez, dizia que parecia não acreditar naquilo. Como eles não reconheciam? Que empresas eram aquelas, às quais a gente mostrava as coisas erradas e pareciam não entender? Ou não queriam admitir. Então, ele geralmente se esquentava e, nesses casos, subia o tom, para eles entenderem a gravidade do que ele estava relatando. E, geralmente, a outra parte também reagia.

Visão de túnel.

A sua ótica era: "Eles nunca sabem ouvir quando é coisa ruim vinda de um empregado. Como tem gente que não aguenta ser confrontado com a verdade! Isso é incrível! Em todo lugar tem gente assim. Que não admite que está errada. Que empresa é essa? Não tem como se calar diante disso. Eu vou lá e falo na cara!".

Esse era o seu olhar em retrospectiva. Ele reconhecia vagamente os atritos, justificava a sua personalidade exaltada nesses casos. Justificava a subida do tom de voz (admitia até algum grito) e, às vezes, até ter se tornado um pouco agressivo.

Mas, de forma contundente, deixava clara a sua ótica: ele era uma pessoa muito justa. Esse era o ponto. Estava certo em todas as ocasiões em que houve atrito e as empresas e todos os seus superiores envolvidos estavam errados.

A realidade dos fatos.

Na época, não o contratei, mas depois ficamos bons conhecidos e ele acabou me confessando que, quando os ânimos se acirravam, o que era para ser uma conversa virava uma discussão em alta voltagem, dramática, tensa, que invariavelmente descambava para um enfrentamento. Quando não se tornava uma sessão de gritos e xingamentos com ofensas.

E a maioria delas se encerrava com rescisão na hora. No calor do momento. Ou porque ele perdia a cabeça e atirava o crachá sobre a mesa ou porque o outro lado encerrava tudo com uma demissão sumária.

O viés de confirmação não deixa você aprender com os fracassos.

Mas a lógica dele é: "Ah! Com gente assim não se pode levar na boa. Eu digo na cara. Foda-se! Não me interessa. Eu sou na empresa como sou na minha casa ou na minha vida. Não tenho duas caras. Eu sou assim. Eu sou autêntico. Nunca vou ser falso com a minha própria verdade".

Então, ele colecionava empregos, ressentia-se das demissões, mas reforçava a sua própria crença de que estava sendo autêntico. Geralmente, desempregado. Mas sempre autêntico. E com uma reputação de pessoa intratável, de pessoa com gênio ruim, de profissional destemperado, que cobraria um preço muito alto pelo resto da sua carreira: uma reputação de "profissional problema". Uma imagem que se alastrava por todos os seus contatos. E que fechava portas, desfazia relações e o deixava infeliz com o fracasso da carreira.

Você compreende o drama?

Pois esse é o grande problema de muita gente: confundir atitudes destrutivas e comportamentos errôneos e difíceis com autenticidade. O mito que diz que você deve ser sempre você mesmo.

Será? Verdade ou mito?

Tudo depende. E é isso que quero começar a mostrar a você nos próximos capítulos. Aí eu garanto que a coisa começa a fazer sentido. Vem comigo?

capítulo 5

VOCÊ RESUMIDO A UMA PALAVRA

"Se você quer construir uma marca, deve concentrar seus esforços de branding para ter uma palavra na mente do cliente em potencial. Uma palavra que ninguém mais tenha."

Al Ries, no seu clássico livro *Foco – Uma questão de vida ou morte para sua empresa*

Em meu livro ***Personal Branding – Construindo a sua marca pessoal***, eu falei muito sobre isso. O livro todo é permeado pela ideia de que somos um empreendimento com marca e que a nossa marca acaba sendo representada por um adjetivo que nos define. Se tiver curiosidade e quiser se aprofundar no assunto, recorra a ele. O livro ***Personal Branding*** é considerado a base conceitual de muita gente que trabalha com marcas pessoais no Brasil.

Martelei isso como um "pregador fanático" em centenas de artigos, em milhares de palestras, *workshops*, em sala de aula, em entrevistas, desde o ano de 2001. Então, isso não é uma novidade. Mas, se você não é um estudioso da área, ou se ainda não é totalmente familiarizado com os conceitos de *personal branding*, acredite.

Um adjetivo capaz de alterar o seu valor no mercado.

A ideia central é que todos acabamos sendo, um dia, resumidos a uma única palavra. Um adjetivo pelo qual os outros nos descrevem sumariamente. E, dessa forma, gostemos ou não da ideia, saibamos ou não de gestão de marcas e *branding*, todos nós, sem exceção, numa hora ou outra, somos descritos assim: com apenas uma palavra.

Um adjetivo (positivo ou negativo) que se pronuncia mais aos olhos dos outros e que, por isso, acaba nos resumindo para os públicos que se relacionam com a gente.

Não acredita? Pois acredite.

Mais ainda. Não se surpreenda se neste exato momento existir alguém em algum lugar descrevendo você para uma outra pessoa e usando esse adjetivo para tentar explicar quem você é. Simples assim. Poderoso assim. Para o bem ou para o mal da sua imagem, da sua reputação e, consequentemente, da sua carreira profissional e vida pessoal.

Coerência, consistência e tempo nessa construção.

A gente descreve as marcas assim. Umas estão muito ligadas com promoção e preço baixo. Outras com luxo e sofisticação. Outras associadas com praticidade, com facilitar a sua vida. Outras com segurança. Com prazer, lazer, saúde.

O *branding* vai fazendo isso: associando marcas com atributos (adjetivos) aos quais a empresa gostaria que seus produtos e serviços estivessem relacionados. E esse é um esforço de toda a vida batendo na mesma tecla. Da orquestração de sinais da marca no mesmo sentido, com intencionalidade, forçando a associação correta. Um esforço que precisa de coerência e de consistência, de continuidade. Experiências que vão sendo criadas e se acumulando nas nossas mentes e que levam os consumidores a fazerem uma associação imediata entre marca e atributo.

Quanto vale isso?

Quanto vale o esforço da construção de conseguirmos o efeito de pensarmos numa marca como Mercedes-Benz e a associarmos imediatamente com potência, *status* e luxo? Quanto vale no mercado o efeito de pensarmos na marca Patagônia e a associarmos direto com postura sustentável? Pense na ideia de que a Apple é um símbolo de *design* disruptivo e de tecnologia de ponta e que as pessoas têm enorme orgulho de andarem ostentando seus aparelhos. Quanto vale isso? Já pensou?

Esse é o poder do *branding*. Abrir uma brecha no ruído da sociedade e ganhar o bem mais precioso do mundo: a atenção das pessoas. Da atenção, criar atração. Criar diferenciação, distinção. Criar sentido de pertencimento. Dar *status*. Criar um significado maior do que a coisa em si.

Isso significa criar legiões de gente apaixonada pelos produtos da marca. Consumidores que são fãs e que, por conta deles, promovem seus produtos fazendo *selfies*, comentando, ostentando. Ou seja, consumidores que se tornam promotores.

Dessa forma, o *branding* faz a empresa economizar milhões de dólares sem precisar promover com descontos para convencer. Faz que a marca não seja escrava da mídia paga, do tráfego pago. Não precisa de um funil pressionando o sujeito. Não precisa de uma *copy* matadora, nem de muitos CTAs (*call to actions*). Não precisa emboscada para vender aos *prospects*. Não precisa empurrar goela abaixo. Sabe por quê? Simplesmente porque já existe o desejo e as pessoas já estão convencidas. Elas já desejam a marca. Elas querem. É só disponibilizar. Esse é o poder do *branding* num mercado que, hoje, torra trilhões de dólares para empurrar porcarias para as pessoas.

Pense na economia de esforços que o *branding* bem-feito proporciona. Não é preciso recontar tudo de novo a cada cliente. As pessoas pensam na marca e fazem a associação de forma imediata. Existe uma história e experiências por de trás de cada associação. Uma rede mental que vai sendo construída organicamente nas nossas mentes em torno do desejo e do valor que a marca proporciona.

Uma série de associações que criam uma reputação positiva.

O processo de *branding* com pessoas segue os mesmos princípios. Faz que as experiências sejam planejadas e os sinais orquestrados numa mesma direção – com intencionalidade e coerência – com a ideia de que você seja percebido com um atributo positivo que lhe favoreça, com uma série de sentimentos que lhe agreguem mais valor. Com uma série de associações positivas que lhe gerem confiança e uma boa reputação.

Com marcas pessoais o processo é semelhante.

Então, como marca pessoal passamos a ser uma espécie de produto descrito pela lente dos outros: o mercado. Ou seja, como as pessoas, com as suas próprias palavras, nos resumem. Exatamente como a gente resume produtos e serviços que consumimos no dia a dia. E não se ofenda comigo, mas como profissionais acabamos sendo percebidos exatamente como você faz com o sabão em pó, com o café solúvel, com a marca do carro, com o restaurante, na hora das suas escolhas. Você raciocina assim:

"Esse tem ótimo custo-benefício."

"Fulano é simplesmente excelente."

"A aparência engana, mas pode confiar que ele entrega."

"Ótimo rendimento."

"É fraco."

"Não vale o que pede."

"É o melhor que existe no mercado."

"Nada se compara."

"Até que resolve, mas..."

"É caro demais para o que entrega."

"Vale cada centavo investido. Pode confiar."

"Não tem ninguém melhor que ele."

"É sem comparação."

"Tornou-se um ícone no que faz."

"É o melhor do mundo."

"Não vai encontrar outro igual. Fulano é inigualável."

E por aí vai. A gente não se dá conta, mas nossas avaliações profissionais são descritas como as citações acima: recheadas por adjetivos que nos qualificam ou nos desqualificam e, dessa forma, determinam o nosso valor no mercado.

Cuide-se com esse cara.

Pode parecer duro demais, comercial demais, mas funciona dessa forma. A gente descreve o restaurante como ótimo, a marca do carro como confiável, o café solúvel como forte ou como fraco, o sabão em pó como bom ou como ruim – quando queremos dizer eficaz ou não eficaz –, aquela roupa como básica ou como sofisticada, a tal cerveja como amarga, forte ou leve, enfim. E fazemos essa mesma descrição – mesmo sem racionalizar – com profissionais e as suas marcas pessoais.

Quem já não se referiu ao advogado tal como "muito seguro"? Àquele porteiro como "muito gentil"? Ou àquele colega como "sem noção"? Todos nós já fizemos isso. Fazemos isso a toda hora. Rotulamos, enquadramos e qualificamos pela lente da nossa percepção, a partir da experiência que tivemos e dos sinais que recebemos. Esse é o campo maravilhoso do *personal branding* e do entendimento de que podemos ser vistos e geridos como empreendimentos com marca.

Na prática, no dia a dia, podemos descrever os outros e sermos descritos assim.

"O Alexandre é genial! Que cara interessante de se ouvir. A gente o escuta falar e não se cansa. Ele tem uma visão incrível de tudo. E como fala bem. É preparado. O papo com ele é cheio de energia, flui. É bom estar num mesmo projeto que ele. Não vi ainda um profissional tão genial nessa área como ele. É fora de série".

Ou assim:

"A Elis é uma mulher difícil de lidar. Que gênio ruim. Como é desgastante conversar com ela e fazê-la entender uma coisa. A gente explica, explica, explica e parece que ela não absorve nada, fica agitada e se contradiz. Ora é isso, ora é aquilo. No fim, a gente não consegue acertar nada com ela. Que mulherzinha difícil".

Ou ainda:

"Ah, o Alberto! É o cara que vai te ferrar. Fique preparado. Converse uma hora com ele e você vai perceber que sempre tem uma má intenção por trás. Uma esperteza com os fatos. Uma certa lógica de levar vantagem, de dar um chega para lá em todo mundo para ele vencer. Se você tiver o azar de estar no caminho dele, pode acreditar que ele vai te ferrar".

Vamos juntando tudo: percepção de autoridade, expressões, adjetivos.

Depois de classificar, catalogar e qualificar, os rotulamos em nossas conversas e interações. Abaixo, frases com alguns adjetivos que usamos para descrever as pessoas que conhecemos:

"O cara é genial, é o melhor que tem, disparado!"

"Que pessoa difícil de se lidar. É um peso sem fim. Nada nunca está bom para ela."

"O cara é esperto, é preciso ficar sempre atento com ele. Cuide-se!"

"Essa mulher é fantástica! Fiquei impressionado. Que capacidade!"

"Isso é um enorme mau caráter. Nota-se só pelo papo de enrolador que ele tem."

"Ele é muito lento para tudo, coitado. Não tem mais jeito."

"Ela é boa no que faz, não tem ninguém melhor. Pode confiar."

"Ele é leve, uma pessoa que é bom ter ao lado."

"Ele é iluminado. É chegar perto dele que parece que tudo ganha vida nova!"

"Ela é foda! Simplesmente foda! É a melhor!"

"Que pessoa boa de se estar. Como é bom se reunir com ela."

"Ele é cheio de vida. Uma pessoa com uma energia incrível que irradia."

"Que sujeito arrogante. O jeito de olhar, de falar, de se portar."

"O cara é o maior grosso. Ninguém suporta. Nem a mulher dele deve aturar."

"Ela é bonita e muito inteligente."

"Ele é prático. Não tem muita enrolação. Ele vai lá e faz. Faz rápido e bem-feito."

"Ele é fraco. Não tem consistência. Não sei como chegou até aqui."

E por aí vai.

E tudo isso vai determinando o nosso valor no mercado.

E as frases vão criando um certo significado e uma certa lógica de valor nas nossas cabeças em associações que o nosso cérebro faz sem que racionalizemos. Simplesmente associamos as coisas.

Fraco = Barato.

O melhor = Valor alto.

Pessoa complicada = Custo alto para aturar.

Prático = Solucionador.

Arrogante = Atrito certo.

Lento = Não vale.

Personalidade forte = Problema de relacionamento.

Perfeccionista = Demorado.

Pensa grande = Ambicioso.

Dessa forma, com muitos erros e acertos, certamente, com preconceitos e múltiplos vieses, vamos assimilando as pessoas sem racionalizar e vamos transformando nas nossas mentes os fatos, as experiências e o que nos disseram em verdade. Vamos reduzindo as características de cada um e simplificando até chegar somente naquela palavra sobre a qual eu falei para você no início deste capítulo. **Uma palavra. Um adjetivo.** Com os sinais que você dá o tempo todo. Com aquilo que é mais pronunciado em você. Com aquilo que resume você com mais intensidade:

Preguiçoso, covarde, mau caráter, qualificado, enrolador, bonito, agressivo, grosso, show, genial, calmo, alegre, rápido, charmoso, escorregadio, leve, inteligente, fraco, arrogante...

E por aí vai.

Vamos sendo resumidos.

E todos nós (eu e você) vamos sendo descritos dessa forma. Adjetivados. Os sinais que damos ao mundo com as nossas imagens e atitudes vão nos moldando, aos poucos, aos olhos dos outros. As pessoas são impactadas por isso, absorvem os nossos sinais e traduzem na sua linguagem, do seu jeito, da forma como perceberam a nossa imagem, o nosso comportamento, o nosso estilo, a nossa forma de agir, as nossas atitudes. Depois, passam a falar umas para as outras. A repetição entre elas vai cristalizando a sua marca no mercado. Você vai, gradualmente, sendo posicionado pelos seus públicos – as pessoas e os profissionais que constituem a sua audiência e o seu mercado. E esse adjetivo que o posiciona passa a lhe resumir como marca pessoal.

Uma palavra que explica você aos olhos dos outros.

E, sendo resumido, essa palavra passa a determinar o seu valor percebido. É como se fosse uma explicação de por que você vale isso ou de por que você não vale aquilo. Ou seja, quando as pessoas nos descrevem como marcas elas precisam fundamentar esse valor para ficar lógico, e aí elas usam o tal do adjetivo que vai nos qualificar. Então a gente diz assim:

"A Silvana é foda! Ela disse que ia conseguir e foi lá e fez mesmo. Estudou, batalhou, se preparou, sofreu horrores, mas foi lá e fez. Conseguiu. Ela é foda, mesmo. Que mulher!"

"Quer mala mais pesada que o Antônio? Esse cara deveria ganhar um prêmio de maior mala da categoria. Não tem para ninguém. É ele. O mala."

"O Rodrigo é aquele cara fera, lá do meu departamento."

"A Mara, aquela moça rápida que agiliza tudo, sempre."

"O Diego, aquele mais ou menos lá que só tranca as coisas."

"Não consigo ver nada na Patrícia. Que mulher vazia."

Não é por maldade. A batalha pela atenção nos faz resumir tudo.

Então, viramos vazios, mais ou menos, rápidos, fera, mala, foda, e por aí vai. E você pode estar se perguntando o porquê de fazermos isso. Maldade? Maledicência? Eu acho que não. Na maioria das vezes não é. É do ser humano. É o jeito que encontramos para agilizar as coisas quando precisamos descrever alguém. Basta um adjetivo e pronto: a gente explicou e o outro entendeu.

Também não posso afirmar com certeza, mas todos sentimos na pele que hoje não conseguimos vencer a imensidão de informações que nos atinge todos os dias por todos os lados. Estamos todos muito sobrecarregados, cansados. Não só com o volume de informação que recebemos constantemente, e falo muito nisso no meu primeiro livro, ***Personal Branding***, e também no segundo, ***Paixão e significado da marca***, mas com uma enorme batalha pela atenção.

Temos muita coisa para fazer, muitas opções quando estamos sempre disponíveis por conta da tecnologia. E esses muitos estímulos (principalmente das redes sociais) nos fazem ficar completamente dispersos, desatentos e distraídos. Envolvidos num sem-número de tarefas simultâneas, sobrepostas, sendo acessados por todos os lados, por todas as mídias e sem atenção e foco em nada. Distraídos e sobrecarregados. Esse é o contexto das nossas vidas.

Quer um exemplo bem real?

Você está numa reunião e um antigo cliente manda uma mensagem e lhe pede uma opinião sobre um profissional que você conhecia anos atrás e que ele quer contratar. Você gostaria de explicar melhor, mas agora não dá. Você sabe que vai sair daquela reunião e tem gente esperando, que tem um monte de coisas atrasadas para resolver, que você tem muitos outros pedidos esperando. Você hesita por uns instantes. Ele manda outra mensagem. Você reconhece que não vai dar para contar toda a história e dar detalhes. Então, você dispara aquela palavra que resume o sujeito. Rápida. Certeira. Pronto.

Foi. Bastou um adjetivo e você criou ou eliminou a possibilidade de contratação, daquela pessoa, naquele momento.

Ok. Hum, hum. Entendi. É isso.

Porque não dá tempo. Somos humanos. Humanos atarefados, geralmente estressados com a administração das muitas coisas que todos temos para fazer. Lidamos com muitas coisas ao mesmo tempo. Então, tentamos sobreviver a essa avalanche de estímulos e demandas.

Nós nos agarramos aos primeiros sinais que nos dão. Ouvimos só um pedaço da frase, mas achamos que dá para concluir. Passamos os olhos sem aprofundar o olhar. Olhamos e não enxergamos muito. Damos um *like* sem ler o texto do *post* até o final porque fizemos uma ligação muito rápida entre a pessoa que postou e o conteúdo que ela sempre posta e já concluímos que é mais do mesmo. Pronto, lá vai curtida.

Clicamos na imagem sem perder tempo em ler a legenda. Passamos a mão rapidamente no *feed* olhando para outra coisa, escutando um áudio de outra pessoa, prestando atenção na conversa do lado, olhando TV, conversando. E, rápida e levianamente, concluímos: Ok. Entendi. Parece que é isso. No cérebro, a gente faz uma associação imediata: se vem daquela pessoa, a gente já, de antemão, mais ou menos sabe o que ela sempre diz. Então, tome uma curtida. Tome mais um biscoito porque eu já sei o que você fala e defende e deve ser mais do mesmo. Então nem preciso ler esse seu texto, e aqui vai o seu biscoitinho.

Na prática, o que acontece.

A gente compra os sinais que nos dão. No mundo *online* e no *offline*, na vida real mesmo. Enxergamos alguns sinais de descuido e relaxamento numa coisa aqui, numa coisa ali, e concluímos rápido que aquela pessoa é meio relaxada. Notamos sinais recorrentes de vaidade e não aprofundamos muito. Não dá tempo. Já taxamos: egocêntrico. Um ou dois sinais de vacilo, concluímos: descomprometida. Sinais contraditórios, confusos, nem perdemos tempo. Não entendemos e vamos em frente. Tá... não sei. Quando der um tempo eu penso de novo nela, mas não a compreendo. Deixo para lá.

Distraídos e rasos.

Assim, tergiversamos em quase tudo. Andamos ao largo. Passamos rapidamente pela borda sem arriscar muito. Não dá tempo, diz ela! Beliscamos somente nas pontas. A maioria vive de *highlights* de *sites* e de perfis de autoajuda. De frases soltas. De uma foto e uma pequena manchete espalhafatosa de *sites* populares. Ninguém lê até a terceira linha do primeiro parágrafo. Achamos que está entendido. Escutamos de passagem a escalada das notícias na abertura do jornal na TV e pronto, estamos informados. Não aprofundamos nada. Como crianças ansiosas que trocam de brinquedo no parquinho para aproveitar todos sem realmente curtir nenhum, loucas para ir para o próximo. E a imensa maioria fica no rasinho, no periférico, no superficial.

Tudo muito amplo, mas muito raso.

Todos acreditam estar muito bem-informados, mas, na verdade, todo mundo sabe de tudo e ninguém sabe de nada. Tudo se tornou muito largo – imensamente largo –, mas também tão raso como nunca vimos. Tudo é muito superficial. Ficamos somente com os sinais que nos saltam aos olhos.

Como reagimos?

Se todos temos muita pressa numa sociedade ansiosa, o que a gente faz? Resume tudo de uma forma absurdamente superficial. Nós nos agarramos ao que o outro nos empresta. Olhamos para os comportamentos, para o conjunto, para a atitude, para o que parece ser. Acabamos comprando os sinais que se destacam mais, aquilo que se torna mais aparente, e acreditamos que já entendemos o que é.

É assim que funciona.

Não sei dizer se isso é melhor ou é pior do que antes, quando não tínhamos muita fonte de informação e julgávamos, também, da mesma forma. Ou se é melhor agora, quando existe a possibilidade de irmos atrás, de conferirmos mais, de avaliarmos e aprofundarmos os rastros deixados. Pois a pergunta que você se faz é: a maioria tem algum tempo para isso? As pessoas se interessam em aprofundar alguma coisa numa sociedade que se acostumou a viver no raso.

Eu confesso que não consigo determinar com exatidão. Mas não tenho dúvida de que se trata de um tema importante que tem grande impacto nas nossas vidas. Embora muita gente possa afirmar que esse terreno é o território da futilidade, do mundo dos fuxicos sem importância, eu defendo que não.

As pessoas lhe interpretam pelos sinais que você dá.

O que posso garantir a você, com certeza, é que isso impacta na sua imagem e na sua reputação. Com toda essa falta de aprofundamento, as pessoas vão pegar o que você der a elas. Deu sinais de grosseria, pode acreditar que você terá sido notado e descrito por esse traço. Deu sinais repetidos de paciência e as pessoas vão começar a achar que você é calmo e equilibrado. Vive obcecado por *selfies* e fotos posadas na frente do espelho? Bem, você sabe.

São os seus sinais. Profundidade, conhecimento, egocentrismo, vaidade, arrogância, sabedoria, equilíbrio, ousadia, você emite os sinais e o público valida sua imagem. Você vira isso. Você vira os sinais que você nos dá. Pronto.

Então você precisa estar consciente de que as pessoas, na dúvida, não vão perder tempo ponderando se você é mesmo digno de um segundo olhar mais profundo ou não. Lembre-se de que todos (como você) têm sempre muita pressa. E se todos julgam com base no pouco que tem para julgar, todos nós deveríamos ter redobrado cuidado com os sinais que nossas marcas pessoais dão o tempo todo.

Você compreende o impacto disso? Está lembrando de tudo que falamos até agora sobre autenticidade equivocada.

Se você não se posiciona, os outros lhe posicionam como querem.

Se por um lado todos são cada vez mais levianos em olhar de forma rasa e concluir, rotulando e taxando todos, por outro lado, nós também não nos damos conta de que se não fizermos gestão dos nossos sinais corremos o risco de sermos posicionados por eles. Ao acaso. Ao sabor do olhar de quem nos vê. Como eles quiserem.

Ou seja, se você não se posiciona e não dá os sinais corretos para que o público possa lhe reconhecer como você gostaria de ser reconhecido, você vai ser posicionado pelo olhar raso dos outros. Você vai ser o resultado da interpretação de quem lhe interpretar. Do jeito dela. Pelo prisma dela. Por isso você deve tomar muito cuidado com as percepções que você está criando em torno de si mesmo.

Não é bem assim.

Esses rastros são nossos sinais repetidos sobre a audiência que vão dizendo ao mundo quem nós somos. É você mesmo se definindo para os outros. E o que importa aqui não é a leitura rápida e superficial dos outros – porque você não tem controle sobre a interpretação das pessoas – mas sim a responsabilidade que você tem com os impactos que causa a si mesmo.

Porque depois não adianta dizer que você não é bem assim, que as pessoas não lhe reconhecem como você gostaria. Porque uma hora ou outra todos nós vamos ser reduzidos a um adjetivo. A escolha que temos é se vamos nos orgulhar e agradecer por esse adjetivo ou se vamos ter de lutar para provar que não é bem isso.

Você escolhe se vai viver dela ou viver se defendendo dela.

A escolha é sua. Você pode se deixar ser impulsionado por essa palavra que tanto valor gera para a sua marca pessoal, para sua reputação e para os seus negócios ou pode ter de passar o resto da vida se defendendo dela e do significado ruim que ela gera em torno da sua imagem. Pense muito nisso.

A camada protetora que lhe dá fluidez.

Para resumir. Você vai emitindo sinais o tempo todo e criando experiências com sua marca pessoal. Sua imagem, seu estilo, o seu jeito de se posicionar sobre qualquer assunto, suas atitudes, seu temperamento, como você fala, como argumenta, como ouve, como se relaciona, enfim, tudo vai contribuindo fortemente para isso.

E chega um ponto em que você vai fazendo uma acumulação sobre você. Uma espécie de "segunda pele" protetora e valorizadora da sua marca pessoal. Imagine uma camada de significado onde as pessoas passam a lhe reconhecer por ela e, quanto mais visível ela fica, mais proporciona valor ao seu projeto, conforme você amadurece. Vai se fortalecendo e se consolidando, e essa camada passa a representar você. Protege nas horas difíceis e antecipa ao mundo quem você é.

É óbvio que estou usando uma metáfora aqui, quando falo de uma camada protetora, que o envolve. Mas não vejo imagem mais adequada para explicar esse efeito de marca pessoal que essa. Quando positiva é, verdadeiramente, uma camada que o protege e o valoriza – se ela for construída com os atributos corretos.

Uma camada para a sua marca que diminui o atrito.

Quando essa camada é composta por sinais que levam as pessoas a lhe perceberem como você gostaria, ela aumenta a sua fluidez. Ou seja, ela diminui o atrito dos negócios, diminui a sensibilidade ao preço, diminui a resistência das pessoas com você. Então ela facilita as coisas e acelera o processo de reconhecimento da sua marca pessoal. Faz que as pessoas percebam mais facilmente, mais rápido e com mais clareza aquilo que você tem de melhor.

Uma camada que ilumina o que você tem de melhor.

Quando bem construída de forma positiva, vai se tornando uma camada de luz, uma aura brilhante. Um farol que ilumina e guia em direção aos atributos que lhe valorizam, que revelam seus talentos e que reforçam o significado planejado para a sua marca pessoal. Essa é a construção positiva, segura e sustentável.

A coerência dos seus sinais vai permitindo que, com o tempo, as pessoas lhe atribuam cada vez mais os adjetivos certos e isso vai funcionando como um ímã. Quanto mais espessa essa camada, mais ela atrai palavras com significado semelhante. Então, cria-se um ciclo virtuoso que trabalha por você. Quanto mais as pessoas lhe reconhecem pelas palavras certas, mais a camada se torna forte e valiosa.

Assim, ela vai repelindo adjetivos negativos ou estranhos ao seu projeto. E quando alguém tenta lhe impingir um outro significado ou, maldosamente, desmerecer seu trabalho, tentando lhe colocar um rótulo negativo, essa camada repele naturalmente. Não aceita. Um processo orgânico que vai se fortalecendo com o tempo – quando positiva e regada pelo adubo da sua coerência em todos os seus sinais.

Uma rede que o impulsiona e o valoriza.

Assim, cada vez mais você se fortalece como marca pessoal e passa a viver dos frutos e rendimentos do que a sua reputação proporciona. O mercado lhe empurra para cima. Os amigos trabalham por você verbalizando os atributos corretos. Os clientes lhe valorizam quando associam seu nome ao adjetivo correto. Ou seja, cria-se um processo natural e legítimo de valorização da sua marca pessoal. Um processo no qual você não é mais o dono, porque ele funciona sozinho lhe impulsionando. E no qual você é o grande beneficiado.

Atenção com os sinais negativos.

Mas, cuidado: o contrário também é verdadeiro. Os atributos errados podem ir produzindo o mesmo efeito de acumulação. Podem ir "grudando em você" e desfigurando a sua imagem de marca e comprometendo o seu projeto sem que você perceba. Os adjetivos negativos e as palavras que lhe desmerecem acabam tendo o mesmo processo, mas produzindo o efeito contrário. O negativo lhe derruba, obscurece, esconde ou lhe questiona o valor.

As pessoas prestam mais atenção ao negativo.

Quanto mais lhe rotulam de forma negativa, mais espessa a sua camada se torna e mais difícil fica reconhecer o que é valioso em você – por isso a questão da autenticidade equivocada é tão importante. O negativo se consolida mais rápido e tem efeito muito mais poderoso em desagregar. Quando você amadurece pelos traumas se dá conta de que já lhe "catalogaram" e "rotularam" negativamente, já conseguiram encobrir o seu lado valioso. E aí vai ser muito mais difícil retirar essa mancha de você.

Homem que mordeu o cachorro.

Dizer que alguém é excelente, e até que ele realmente seja reconhecido como tal, leva muito tempo. Mas dizer que alguém é mau-caráter ou insuportável é muito mais rápido. A sociedade valoriza muito mais o negativo do que o positivo. Os jornalistas costumam dizer que o cachorro, quando morde o homem, não é notícia; mas o contrário geralmente se torna. E vira meme. Rápido.

Então, nos acostumamos mais a dar atenção àquilo que é bizarro ou que é negativo. Por isso os escândalos de imagem são como explosões que destroem rápido. Enquanto a construção da reputação é o inverso em extremo. Um processo lento que precisa de coerência e consistência e muitos anos para se consolidar. Como uma boa bebida que precisa se fortalecer por décadas em barris de uma madeira específica para ser valorizada como tal.

Uma crosta que vai se formando na imagem.

Então, muita atenção com os seus sinais. Quando os atributos negativos vão se grudando em você por conta dos seus sinais contraditórios, eles vão deteriorando o valor da sua marca pessoal e vão impedindo que o reconheçam pelo que você tem de melhor. E isso acaba funcionando como cracas que infestam o casco da sua marca pessoal.

As cracas são aqueles pequenos crustáceos que grudam e infestam o casco dos navios depois de muitos anos no mar. Já ouviu falar? Com o passar dos anos, esses crustáceos vão se acumulando, grudando, impregnando a superfície das embarcações e, com isso, acabam criando uma segunda camada irregular no casco.

Uma crosta espessa e irregular que elimina a fluidez que um barco precisa para deslizar na água. O resultado é que se torna um problema caro e complexo de resolver e que faz que as embarcações precisem atracar para manutenção. É que as cracas, quando criam essa camada espessa e irregular, aumentam o arrasto – a embarcação não desliza – e criam mais atrito, fazendo o navio perder velocidade e aumentar mais o consumo de combustível. O navio acaba perdendo eficiência e desempenho e tem que parar.

O poder das pequenas coisas.

Agora, reflita comigo sobre essa associação entre as pequenas cracas que fazem um grande navio parar e os nossos sinais como marca pessoal. O que as duas têm em comum? A acumulação negativa. No caso das cracas, uma acumulação física que prejudica uma embarcação. No caso dos atributos negativos nas nossas marcas pessoais, uma acumulação perceptual. Mas as duas causam estragos.

Nas embarcações, perda de eficiência, perda de velocidade, mais gastos de combustível, parada para conserto. Nas nossas marcas pessoais, perda de valor, menos probabilidade de sermos escolhidos ou comprados, mais dificuldade para que as pessoas percebam nosso valor em meio aos atributos negativos. Quando a marca já foi engolida por estes atributos e já foi posicionada no mercado como de baixo valor ou problemática, a tarefa de se reposicionar fica ainda mais difícil.

Você percebe aqui os efeitos negativos do mito da autenticidade?

De onde vem isso? Principalmente do nosso "como" desleixado, do nosso "como" agressivo. Do nosso "como" temperamental. Do nosso "como" com falta de tato e sensibilidade, do nosso "como" com falta de empatia. Da nossa incapacidade de se relacionar.

E isso é incrível. Porque a camada negativa que destrói valor vem menos da nossa imperícia e da nossa falta de capacidade técnica e conhecimento, do que da experiência cotidiana negativa que proporcionamos aos outros.

O que a gente está cristalizando na mente do mercado?

É isso que acontece com muita gente no mercado (e talvez possa até estar acontecendo com você, agora). Você se enxerga de um jeito e as pessoas de outro, diferente. Você insiste numa coisa que acha que é positiva, que é da sua essência, que é da sua personalidade. Mas, os outros se incomodam com isso e o percebem negativamente. E a imagem vai sendo formada na mente das pessoas, no mercado. Sua reputação vai se consolidando com os sinais que você dá. É a craca que você está cumulando na sua superfície.

Não vejo metáfora melhor do que essa para ilustrar o impacto das experiências negativas na sua imagem. Suas atitudes e seus sinais vão se cristalizando na mente das pessoas, vão impregnando sua imagem e você consolida essa palavra que o passa a resumir.

Dependendo da palavra que essas cracas simbolizam na sua marca pessoal, elas podem, exatamente como nas embarcações, aumentar o seu atrito com o mundo, afastar as pessoas, diminuir a sua fluidez, reduzir drasticamente o seu valor no mercado e atrasarem sua carreira. E o pior, impedirem que você se realize plenamente.

Então, não esqueça jamais:

Os seus sinais criam experiências. As experiências vão construindo uma imagem para você. A sua imagem vai consolidando uma reputação no mercado. A sua reputação no mercado vai determinando a sua autoridade, o seu grau de aceitação, a sua medida de confiança e o seu valor na mente das pessoas que podem lhe comprar.

Essa é a grande reflexão a se fazer nesse momento. Você pode ser engolido pelo gênio. E é aí que a coisa pega. Esse é o tema crucial que nos leva ao próximo capítulo.

Vamos juntos? Aguenta mais um pouquinho para a gente chegar na parte dos caminhos e soluções?

capítulo 6 | ENGOLIDO PELO GÊNIO

"E nisso está a fricção: quanto mais agirmos de certa forma – seja feliz, deprimida ou irritadiça –, mais o comportamento se torna enraizado em nosso circuito cerebral e mais continuaremos a sentir e agir do mesmo modo."

Daniel Goleman, Richard Boyatzis e Annie Mckee, no livro ***10 leituras essenciais da Harvard Business Review***

Eram mais ou menos 14h30 e, depois da sobremesa, encerrávamos uma reunião de trabalho num restaurante em São Paulo. Mas, de repente, o cliente ao meu lado levanta a voz grosseiramente e diz ao gerente: "Não vou pagar isso! Eu não pedi isso e não vou pagar! Pronto!". Grita e diz que aquilo é um roubo. O gerente do restaurante retruca: "Como assim roubo? O senhor acha que estamos aqui roubando as pessoas? Eu já lhe expliquei com todo o respeito, mais de uma vez, mas parece que o senhor não quer entender e agora está me chamando de ladrão." O cliente sobe o tom: "O senhor é que deve me respeitar! Está achando que eu sou burro, trouxa ou o quê?"

Com o clima esquentando, os dois se encaram de perto, como dois alces prestes a se atracarem. O cliente então dá um safanão na cadeira e a joga no chão com raiva e parte para cima. Pressentindo a possibilidade de uma agressão, cerra os punhos. Todos à volta correm e apartam. Todo o restaurante fica constrangido com aquela situação ridícula.

A cena acima foi presenciada por mim numa reunião de trabalho com um fornecedor, numa churrascaria do mais alto nível na região dos Jardins, em São Paulo. A discussão estúpida que quase virou socos e pontapés foi gerada por uma interpretação equivocada: oferta feita pelo garçom de uma iguaria (aceita pelo cliente) que o restaurante cobra à parte e que o cliente acreditou que fosse um encantamento da casa. Quando cobrada na conta, o cliente interpretou como uma artimanha enganosa para cobrar um valor extra do cliente.

Um fato que bastaria para alterar a percepção de uma pessoa.

O cliente, aparentemente, estava certo e o restaurante, não. A oferta à mesa não deixou claro se a iguaria seria cobrada posteriormente ou não. Mas a forma de reclamar transformou uma insatisfação legítima num acontecimento constrangedor que alteraria a minha percepção sobre a imagem dessa pessoa.

Acontece que cliente em questão era um fornecedor da minha empresa e eu estava almoçando a seu convite naquele momento. Conto a história aqui para ilustrar como é possível um único fato alterar completamente a percepção da imagem de uma pessoa que eu conhecia há anos. Eu explico melhor.

Eu conhecia o fornecedor há pelo menos uns oito anos. E em todas as oportunidades que estivemos juntos negociando sempre o percebi como um sujeito cordial, gentil e atencioso. E poderia dizer que até mesmo brincalhão, em mais de uma oportunidade.

Mas, de repente, o vejo transtornado e altamente agressivo, pronto para se pegar a socos no restaurante em meio a um almoço de negócios. Minha intervenção não bastou. Meus pedidos para deixar para lá não bastaram. Ele, transtornado, não escutava ninguém. E minha percepção sobre ele foi completamente alterada em questão de minutos. Não era mais a mesma pessoa que eu conhecia por tanto tempo.

Quem ele realmente era?

Na hora do conflito, a cada constatação, um estranhamento maior. E a imagem foi sendo alterada paulatinamente, saindo a do homem cordial e entrando a do sujeito agressivo, explosivo, perigoso.

Mesmo numa relação profissional longa como a nossa não consegui mais esquecer aquele único fato negativo. Aquela explosão desmedida. A cena ficou gravada na minha memória: o olhar irascível, o jeito truculento, a cabeça projetada para frente pronta para a briga, a grosseria das palavras, a agressividade no safanão na cadeira em meio a outras pessoas.

Não deixei de manter relações comerciais com ele e sua empresa depois do acontecido. Mas, confesso que minha percepção mudou muito e me levou a uma série de outras interpretações em situações de pressão ao longo do relacionamento comercial que tivemos.

A imagem daquele novo sujeito não se encaixava mais com o perfil das relações que aprecio manter. Eu não gosto de gente agressiva. Respeito conhecidos com gênios difíceis, mas não tolero na minha frente gente que grita, gente que perde a razão. Não sei dizer o porquê, mas não vibra bem com a minha energia. Respeito, mas prefiro manter distância.

O cérebro tentando buscar explicações e encaixar as coisas.

Passei a buscar na memória outras situações com a mesma pessoa. Relembrei de outros fatos do passado que ganharam novos contornos e novas cores depois do acontecido. Juntei pedaços que estavam soltos. Lembrei de intuições que tinham me ocorrido no passado. Trouxe outras impressões. E a história não saiu mais da minha cabeça, colocando uma enorme dúvida na minha mente.

Naquele mesmo dia eu me perguntei: será que ele atravessava uma fase difícil e aquele fato, naquele dia, foi só a gota d'água para aquela explosão, ou ele sempre foi assim e eu não tinha percebido? Afinal, eu era o cliente e nossas relações, comerciais. Talvez nunca tenha agido assim comigo em prol dos bons negócios. Acabei juntando outros pedacinhos e comecei a ter alguns sinais que não me deixaram mais seguro.

Sem racionalizar buscamos coerência nos sinais.

O que mais poderia estar por trás daquele sujeito? Será que ele já não tratava assim seus colaboradores e fornecedores também? Foi uma explosão incontrolável naquele momento ou era um sujeito irascível amordaçado por um sorriso comercial para parecer um sujeito calmo e gentil fazendo negócios?

Será que nas tantas vezes que tivemos pressão conjunta, por dentro, ele também não estava prestes a explodir comigo? Será que já não tratou meus colaboradores dessa forma? E nas pressões por prazos apertados? E nas discussões de contrato? Será que já aconteceu outras vezes e só não chegou até mim? Desconfiança.

Nossa relação de parceria nunca mais foi a mesma depois daquele fato. Hoje já não sei mais dele nem da empresa. Fomos nos distanciando e acabamos perdendo o contato. E o que é incrível nesta história: uma relação comercial de anos abalada por um único fato – que, de certa forma, nem estava ligado a mim – só o presenciei. Mas foi um fato marcante por ser incompatível, desconexo, incoerente com a imagem que eu tinha arquivada comigo.

Pronto. Instaurou-se a insegurança. A confiança foi abalada. As perguntas que restaram eram: o sujeito real era o que eu conhecia por todos aqueles anos, ou este facilmente irritável, prestes a se agarrar a tapas no meio de um restaurante? Quando se tem este tipo de dúvida sobre as pessoas a gente abala aquilo que de mais sagrado sustenta as relações: confiança. E nossa relação nunca mais foi a mesma depois daquele fato. As percepções que restaram não eram mais as melhores.

Malditas percepções.

O que acontece é que as percepções não são construções exatas. Muito longe disso. São percepções, você diria, é óbvio. São conclusões que nosso cérebro elabora com base num sem-número de influências e estímulos. São fruto da cultura de cada um, do ambiente em que estamos inseridos, das emoções geradas pelo fato, da intensidade dos estímulos, do momento em que acontecem, de como acontecem. Tudo muito rápido. Intuitivo. Nanosegundos. Num piscar de olhos.

Tudo isso junto sendo processado pelo cérebro ao mesmo tempo em que acumulamos as experiências daquele momento, do presente naquele ambiente, do que está naquele contexto do agora, do que está em jogo, e de resíduos de uma infinidade de memórias de milhares de anos atrás obtidas pelas experiências dos nossos ancestrais – que persistem registradas em nosso cérebro.

Do profundo dos instintos do ser humano relacionados com medo, confiança, altruísmo, ódio, repulsa, solidariedade, afinidade, conexão. Um grande caldeirão de estímulos sempre relacionados com a proteção da vida e a perpetuação da espécie.

E nessa ciência inexata das percepções que nos afetam todos os dias, vamos mentalmente absorvendo estímulos uns dos outros, como esponjas em nossas interações, como seres sociais que somos. Assistimos, observamos, somos impactados, registramos, concluímos.

Ameaça à vista.

Enxergamos uma cena de agressividade desmedida de alguém sobre outra pessoa próxima a nós e registramos. Podemos ficar quietinhos sem nenhum envolvimento. Podemos não ter tido participação nenhuma naquele momento. Mas observamos e aprendemos. Absorvemos e associamos aquele tipo de cena com aquela pessoa. E internamente, mesmo sem racionalizar nada, gravamos que tal pessoa age de determinada forma e que assim, pode agir com a gente também. O cérebro registrou a conexão e guardou na caixinha. Pronto. Está registrado. Criou-se uma percepção.

Passado um tempo, noutra oportunidade com o mesmo agressor ou com alguém de comportamento semelhante, nosso cérebro busca a caixinha de volta, coloca sobre a mesa e abre a tampa. Cria-se a expectativa de comportamentos similares daquela mesma pessoa frente a situações semelhantes. Esperamos uma reação parecida como aquela que nosso cérebro havia registrado no evento anterior.

Se a cena se repete com a mesma pessoa que produziu o primeiro registro, fizemos mais um adendo ao primeiro, como um sinal de alerta, um agravante. Processamos mentalmente a cena, consolidamos a etiqueta e o rótulo. Pronto. Consolidou-se uma percepção sobre aquele indivíduo.

Contabilidade moral.

Esses registros vão acontecendo o tempo todo. Com cenas banais, corriqueiras do dia a dia, com cenas de solidariedade, com cenas de carinho, de benevolência, de qualquer atitude, seja ela boa ou uma reação intempestiva. Tudo vai sendo registrado e associado para o nosso aprendizado.

Vamos observando as atitudes, comportamentos e gestos das pessoas à nossa volta e uma espécie de contabilidade moral no cérebro vai sendo criada. Um cálculo de comportamentos legais, benéficos para nós e, também, de comportamentos danosos, agressivos ou moralmente comprometedores. Pois isso tem a ver com a gente, com o ser humano, com a proteção da própria vida. Reações e sentimentos que vêm lá dos nossos ancestrais naquele espaço do cérebro primitivo.

Cérebro egoísta.

O cérebro se pergunta: essa pessoa com esse comportamento agressivo pode me afetar um dia da mesma forma? Registra então a pessoa como perigosa ou do mal, diz o cérebro. *Pode ser uma ameaça para mim ou para a minha posição atual?* Registra e contabiliza. Acontece o mesmo se a cena é uma experiência do bem, de solidariedade, de colaboração, de cooperação. O cérebro se pergunta: *isso pode ser bom para mim, eventualmente? Posso me valer, um dia, da solidariedade dessa pessoa? Ela também pode ser colaborativa comigo? Ajudar-me numa situação parecida com essa?* Então, registra e classifica como do bem. Está contabilizado. Foram construídas imagens dessas pessoas associadas aos seus atos.

Conforme John Whitfield, no livro ***O poder da reputação***: *"Em 1971, o biólogo americano Robert Trivers, que pode muito bem ser considerado o pensador evolucionista mais importante desde Bill Hamilton, sugeriu algo mais além dos laços genéticos que poderiam explicar a evolução do altruísmo. Pode valer a pena ajudar, se o beneficiário vier a retribuir o favor. Se você tiver certeza de que vai encontrar* *a mesma pessoa no futuro, vale a pena ajudá-la quando ela estiver precisando, para que ela também lhe ajude quando você precisar. Trivers chamou isso de altruísmo recíproco e este se tornou o segundo pilar da cooperação animal".*

Cérebro protetor.

De forma protecionista da existência ou de forma egoísta, o cérebro pensa na sobrevivência e nos impactos das relações de todos à nossa volta. Familiares, parentes, amigos, colegas, superiores, colaboradores, parceiros. Criamos a contabilidade das atitudes de todos em nossa memória. Todos catalogados, etiquetados e classificados. Todos previsíveis nas suas atitudes sob o escrutínio das nossas percepções, como forma de proteção, de sobrevivência e de bem viver através das relações sociais.

"Nós não reparamos e nos importamos apenas como os outros nos tratam. Também nos importamos com a forma como as pessoas tratam umas às outras e as punimos ou as recompensamos, mesmo se suas ações não nos afetem diretamente", diz Whitfield.

Se no ambiente dos nossos antepassados ancestrais, nas savanas da África, isso era uma proteção para a vida perante uma fera selvagem e um grupo de caçadores, hoje pode significar a sobrevivência na selva dos escritórios, na carreira, no ambiente tóxico das organizações. Usamos o mesmo conceito na guerra de impressões e percepções das redes sociais, na punição social dos cancelamentos, na busca por proteger a reputação e salvar a nossa pele.

Cérebro econômico.

Se podemos fazer uma ou três coisas para obter um mesmo resultado, o cérebro opta pelo menor esforço e fazemos somente uma. Por que faríamos três e gastaríamos mais energia se podemos alcançar o mesmo resultado? O cérebro nos conduz para aquela saída que consome menos. Se tivermos dois caminhos para chegar ao mesmo lugar, um mais curto e um mais longo, óbvio, optamos pelo mais curto. Essa economia também vem lá do nosso cérebro primitivo, da lógica da sobrevivência do ser humano em racionalizar ao máximo a energia do corpo para criar reservas.

Uma espécie de intuição que nos leva aos caminhos mais curtos, à proximidade das pessoas que nos protegem ou que parecem nos favorecer de alguma forma, tal qual o distanciamento de quem nossos instintos dizem ser um perigo para o presente ou para o futuro.

Economizar energia para sobreviver melhor. Resguardar-se de situações difíceis ou perigosas. Criar vínculos com pessoas próximas que nos fazem bem ou que podem nos ajudar. Afastar-se de pessoas que podem ser uma ameaça. Tudo contabilizado, organizado, catalogado e editado para a proteção da vida. Resquícios da nova evolução como espécie que a gente chama de intuição.

Primeiras impressões.

Quantas vezes temos uma primeira impressão de alguém nessa contabilidade moral do cérebro e que depois constatamos que aquela primeira impressão tinha sido correta? Era aquilo mesmo que tínhamos intuído num piscar de olhos. Um olhar, uma palavra ríspida fora de hora, um gesto desproporcional que chamou a atenção, e a intuição dá o alerta. A fonte? Nosso cérebro buscando na contabilidade outros registros da memória de situações semelhantes de pessoas com atitudes similares que podem ser perigosas para a nossa vida.

A decisão num piscar de olhos.

Algumas dessas intuições são certeiras e a gente nem sabe de onde vieram. Mas, você olha a situação, assiste a cena e o cérebro dispara rápido uma conclusão. Pronto. Está feito. Às vezes, tudo isso acontece no intervalo de um piscar de olhos.

A expressão acabou sendo subtítulo do livro de Malcolm Gladwell, ***Blink – A decisão num piscar de olhos***, no qual ele afirma que *"parte do nosso cérebro que chega rapidamente a conclusões como esta é chamada de inconsciente adaptável e o estudo deste tipo de tomada de decisões é um dos mais importantes novos campos da psicologia..."*.

E continua: *"sempre que vemos alguém pela primeira vez, sempre que entrevistamos alguém para algum emprego, sempre que reagimos a uma nova ideia, sempre que temos que tomar uma decisão rápida e sob estresse, nós usamos essa segunda parte do cérebro"*.

Seguindo essa lógica, Gladwell sustenta que a gente sempre tenta tomar decisões baseadas na avaliação consciente. Quando surge alguma dúvida ou a solução parece complexa a gente pede mais aprofundamento, uma segunda opinião e mais tempo para refletir. Ou seja, racionalmente, a nossa lógica nos empurra para isso, para parar, refletir e tentar aprofundar conscientemente, porque fomos criados ouvindo que decisões precipitadas sempre estão equivocadas, mas ele conclui: *"...há momentos, particularmente os de estresse, em que a pressa não gera desperdício, quando nossos julgamentos rápidos e nossas primeiras impressões podem oferecer um meio muito melhor para entender o mundo."* No livro ***Blink***, Gladwell tenta provar que *"decisões tomadas muito depressa podem ser tão boas quanto decisões tomadas de forma cautelosa e deliberada"*.

Você se lembra mais de quem o empurrou para o buraco.

Registramos mais profundamente aquilo que é mais intensamente emocional. E é aí que mora o grande perigo das atitudes intempestivas nas marcas pessoais – muitas vezes travestidas de autenticidade, de gênio forte, de personalidade.

O cérebro não consegue registrar tudo. Então o que ele faz? Registra o que considera mais importante. Registra aquilo que teve mais impacto, que foi mais intenso, que foi mais marcante em nossa vida. E é por isso que a gente, frequentemente, tem dificuldade para lembrar o que comeu no jantar de terça-feira, quinze dias atrás, mas se lembra de fatos muito distantes, que nos marcaram de algum modo lá na infância.

São milhares de impressões acumuladas num dia, que vão sendo classificadas e guardadas ou eliminadas, porque o cérebro tem uma lógica de organização. Fica gravado e, aparentemente à mão, aquilo que emocionalmente foi mais marcante e que talvez um dia venhamos a precisar para a proteção da vida em situação semelhante. Para a manutenção do que temos, para evitar perdas, para a sobrevivência, para a perpetuação da espécie.

Por isso a sabedoria popular diz que a gente pode esquecer do contexto, mas a gente sempre lembra de quem nos empurrou para o buraco e de quem nos estendeu a mão para sairmos dele. Mas, temos muito mais clareza no registro de quem nos empurrou. Porque aqui tratamos dos dois sentimentos que mais oferecem registros marcantes: ameaça à sobrevivência ou colaboração para a mesma sobrevivência. Com o agravante de que sentimos muito mais intensamente as perdas do que os ganhos e por isso lembramos mais nitidamente de quem nos prejudicou ao longo do caminho do que de quem nos ajudou. Pense nisso.

Temos mais medo de perder do que vontade de ganhar a mesma coisa.

A probabilidade de ganharmos um milhão não nos impressiona tanto quanto a possibilidade de perdermos o mesmo milhão que já conquistamos. O medo de perder é um sentimento muito mais avassalador do que o de ganhar, mesmo com as mesmas probabilidades. E quanto se trata da sobrevivência, muito pior. De novo, o cérebro protetor da sobrevivência guarda muito bem as ameaças, as perdas geradas, e o mais importante: os autores.

Por isso a lenda urbana diz que a Máfia cultuava a ideia de que se deviam temer aqueles que tinham memória, fazendo uma alusão à lógica de vinganças entre os participantes.

Assim, registramos alguns fatos com riqueza de detalhes e uma clareza impressionante, mesmo quando eles foram ocorridos há 20,

30, 50 anos. E o que está por trás disso? A emoção. O impacto emocional dessa memória. Essa é a chave central da lógica da classificação feita pelo cérebro que nos faz catalogar e guardar as experiências e a imagem das pessoas que nos impactaram com mais contundência ao longo da vida.

Quanto mais forte, mais emocionalmente indelével se torna o registro. Ou seja, descartamos tudo aquilo que nosso cérebro acredita não ser tão relevante a ponto de ser arquivado nessa memória e ficamos com aquilo que é mais marcante. Conforme Gian Franco Rocchiccioli, em seu livro ***O segredo de Ebbinghaus***: "*tecnicamente falando, o termo marca pode ser entendido como um registro de memória. Sua estrutura é formada pela soma de todas as lembranças existentes, assim como as aptidões que determinam toda a extensão, quanto a precisão dessas lembranças*".

Esse conceito é equacionado por ele da seguinte forma: "*uma marca é igual a um registro de memória elevado à enésima potência e, portanto, potencializado pela qualidade do processo de codificação, e enfraquecida pela interferência de tudo aquilo que compete ou que disputa com esse registro de memória*".

A equação formulada pelo autor é originalmente dedicada às marcas corporativas e eu acho que ela faz muito sentido. Mas tomo a liberdade de aplicá-la no contexto das marcas pessoais, porque a vejo perfeita para explicar a formação das impressões e das percepções na composição das reputações pessoais.

Se pudermos entender que a potencialização desse registro de memória diz respeito à contundência dos fatos em nosso emocional, podemos entender o porquê de registros ligados às ameaças (entenda-se aqui também as ameaças à carreira e ou à nossa estabilidade profissional, como situações humilhantes, degradantes, punições sociais, cancelamentos, ações de *haters* ou situações muito constrangedoras) serem gravados de forma tão nítidas em detrimento aos demais registros de memória.

Então, coisas boas e ruins, de alto impacto emocional, criam registros bem mais nítidos em nossos cérebros: gestos de altruísmo e de reciprocidade que nos impressionaram emocionalmente, bem como ataques de cólera e de raiva, da mesma forma. Tudo registrado e contabilizado por nós na avaliação dos outros e dos outros com relação às nossas atitudes.

Acabamos sendo muito influenciados pelo que nos atingiu emocionalmente com mais intensidade ao longo da vida e por tudo que observamos à nossa volta que, de alguma forma, também diz respeito a isso.

Por esse motivo os comportamentos são tão importantes para a reputação das marcas pessoais. Porque as pessoas são como instrumentos multimídia emitindo sinais o tempo todo. Tom de voz, oscilações de humor, atitudes inesperadas, jeito de olhar, reações, todo um conjunto poderoso de emissão de sinais que vão sendo absorvidos pelos outros. Então, eles são classificados, catalogados, rotulados e se tornam determinantes para que consigamos entender os outros, como da mesma forma, para a nossa audiência (nossos públicos) forme suas percepções sobre nós.

Altruísmo recíproco.

Dessa forma, aprendemos observando comportamentos. Aprendemos e registramos com mais cuidado toda aquela informação social que pode ser um comportamento de ameaça à vida, como também todo aquele comportamento social que pode ser um dia útil para me ajudar. Observe que interessante o que Whitfield relata em seu livro ***O poder da reputação***: *"A maior parte da moralidade e psicologia humanas, escreveu Trivers, pode ser explicada com ajustes para promover o altruísmo recíproco, como amizade, gratidão e a confiança que sentimos em relação aos que nos ajudaram e a suspeita, a raiva e o desejo de vingança contra aqueles que só sabem tomar, sem dar nada em troca"*.

Isso vem dos registros mais longínquos do nosso cérebro, quando a cooperação significava vida ou morte para a espécie humana sobre a Terra, quando o ser humano se obrigou a descer das árvores e sobreviver coletivamente nas savanas da África.

Muito provavelmente nossos ancestrais que não levaram isso

em consideração foram dizimados na seleção natural. Porque cooperar, colaborar, agir socialmente era a garantia da sobrevivência quando o perigo era iminente e um homem sozinho se tornava uma presa fácil. Observar comportamentos colaborativos e recompensá-los, como punir comportamentos oportunistas com o ostracismo se tornava a fonte da sobrevivência do grupo.

O mercado de hoje, o mundo corporativo, o ambiente dos escritórios das empresas são o correspondente ao território das savanas dos nossos antepassados ancestrais. As feras foram substituídas pelos perigos da nossa existência nesse ambiente contemporâneo: demissão injusta, cliente mau-caráter, fraudes, perseguição, manipulação, assédio moral, briga de egos, conspiração, tapete puxado, fracassos, chefes e colegas tóxicos, abalos de reputação, punições sociais, quedas, intrigas, enfim, nossos dilemas corporativos que tornam a ansiedade um dos males deste século.

Engolido pelo gênio.

Aí que entram as nossas atitudes na formação da percepção das nossas marcas pessoais: quanto mais intensas nossas atitudes com impactos na relação com os outros, maior a probabilidade de ficarem registradas na memória "desses outros". Quanto maior o impacto emocional, mais nítido o registro. Jamais podemos esquecer o impacto disso nas nossas marcas pessoais quando estamos discutindo mitos e verdades sobre justamente, a autenticidade de marca pessoal.

Por isso você, provavelmente, lembre mais daqueles que lhe ameaçaram ou lhe trataram mal pelo caminho, do que daqueles que cooperaram diariamente e você nem deu tanta importância. Talvez você lembre de colegas e amigos muito queridos que tiveram atitudes marcantemente solidárias, humanas, acolhedoras. Gente que lhe fez bem e que talvez o tenha emocionado. Um reconhecimento, um bom conselho que foi decisivo, uma ajuda que lhe salvou na hora exata que você precisava. Tudo está lá nos registros dessa memória emocional.

Um grito na hora errada, um texto explosivo, uma estupidez.

Mas, certamente, você deve ter registros mais nítidos daqueles que lhe marcaram negativamente ou que, de alguma forma, lhe causaram alguma dor, perda ou sofrimento. Lembra de alguma passagem assim na sua vida?

Uma discussão que resultou em briga. Um desaforo público. Uma discussão idiota que se transformou em humilhação em meio ao escritório lotado. Uma demissão impiedosa. Um grito quando você falava normalmente. Uma estupidez em meio a uma reunião. Uma enorme injustiça sofrida. Uma intriga onde você foi envolvido ingenuamente. A perda inesperada de uma relação que você acreditava sólida. Uma relação de assédio moral. Uma relação doentia de opressão.

Da mesma forma, para os outros, os seus sinais moldam a imagem que eles têm de você. Um texto explosivo e impensado publicado nas redes sociais. Uma resposta grosseira de imediato no calor da hora de uma discussão. Um revide explosivo a uma atitude que lhe incomodava há muito tempo. Um grito com quem você sabia que também gritaria com você, hora ou outra. Uma insubordinação na hora da pressão. Um chute no pau da barraca para quem você acha que nunca lhe teve consideração. Uma demissão estridente com uma porta selada que você achou triunfante na sua saída. Um ataque colérico. Um dos seus "foda-se" tão em moda hoje em dia, que justificam quase tudo.

O que lhe fizeram e o que você fez. Tudo gerou marcas. Uns nos outros.

Por isso o alerta chato de novo aqui: jamais esqueça que tudo o que você viveu e que lhe moldou de alguma forma o caráter, e tudo que você fez os outros viverem com suas atitudes determinam a sua percepção no mercado. Você acaba sendo o resultado disso. Para o bem ou para o mal.

Lembra dos gênios irascíveis de quem falei aqui no capítulo 2? Aqueles que se consideram incompreendidos, que dizem que são assim porque são assim, que os outros que se danem, que dizem que tem personalidade forte e que acreditam que isso é autenticidade. Lembra?

A gente esquece, mas quem sofreu sempre lembra.

Infelizmente, muitos deles acabam ficando registrados em nossas lembranças porque causaram algum impacto negativo nas nossas vidas e na vida de outras pessoas, em experiências que presenciamos ou soubemos através dos outros.

E isso aconteceu porque eles não se importaram em ser empáticos. Não se preocuparam em dar alguma atenção ao olhar do outro sobre si mesmo. Não souberam fazer a gestão do gênio forte. Não souberam medir a consequência das atitudes e comportamentos. Não deram bola para os *feedbacks* negativos que receberam. Não se importaram em aprender com os atritos e estragos que causaram nos outros.

Gente que acreditou que estava sendo autêntica e que ficou marcada como tóxica, estúpida, grosseira, autoritária. Marcas pessoais que foram soterradas pelos próprios sinais e que restaram num único adjetivo. Aquilo que foi mais marcante. Que causou mais impacto nos outros.

O interessante, e para mim o mais grave, é que a gente acaba esquecendo que aquela pessoa que, por vezes achamos tóxica, autoritária, agressiva, também tinha suas qualidades – às vezes até bem pronunciadas. Nem sempre, é obvio, claro. Existem casos perdidos em que não sobra nada. Tirando as atitudes negativas, foi-se tudo. Casos sem solução.

Mas em muitos outros podemos encontrar profissionais cheios de outras qualidades. E é para esses que eu insisto que reflitam sobre o imenso poder das atitudes e dos comportamentos para o bem e para o mal das carreiras e da realização pessoal.

Pois, como deve ter ficado claro até aqui, o que acontece é que a gente registra o que se pronuncia mais forte. Aquilo que se destaca com mais intensidade, o que chama mais a atenção ou que causa mais impacto nos outros. E isso que nos resume como marcas pessoais.

Quando um desses traços negativos (atributos de marca) é muito forte, o que acontece é que as outras qualidades (outros atributos da mesma marca) vão sendo eclipsadas, amainadas e até apagadas. Assim, a percepção que fica é só o que se destaca muito: o bom ou o mal, muito pronunciados em nossa imagem percebida.

Se o seu caso é marcado por um atributo positivo muito pronunciado que lhe cria uma imagem muito boa de marca, parabéns. Nem precisamos falar mais, ótimo. Mas se você tem alguma dúvida, por favor, investigue com mais atenção.

Porque o que às vezes a gente entende como um traço de "personalidade forte", como de "identidade forte" pode estar sendo compreendido de outra forma e pode derrubar uma vida inteira de dedicação ao trabalho, uma história de realizações, anos de estudo, de sacrifício.

Se esse é o seu caso, então preste muita atenção nos seus comportamentos agressivos que você chama de temperamento, nas suas explosões que você credita à falta de "sangue de barata", nas suas palavras ríspidas que você acredita que são seu lado prático, nos seus descontroles que você chama carinhosamente de pavio curto. Pois no final das contas, tudo acaba resumindo você numa palavra na mente das pessoas. Se essa palavra for positiva pode lhe abrir portas, gerar negócios, ampliar a confiança, gerar valor, mas se for negativa pode simplesmente estar sabotando seu destino nesse momento. Como, infelizmente, acontece com muita gente que foi engolida pelo gênio acreditando estar sendo autêntica.

Se assim for, não se desespere. Por favor, confie em mim. Porque tudo tem solução se a gente tomar consciência de que o segredo está na medida certa.

Então, não me abandone agora que já viemos até aqui. Depois de tudo que refletimos juntos, eu queria mostrar possibilidades e soluções. Caminhos possíveis para que a gente use toda a força dos nossos traços identitários a nosso favor.

Pegue mais uma xícara de café, por favor.

Está pronto? Vamos lá?

capítulo 7

O SEGREDO ESTÁ NA DOSE

"Impulsos biológicos dirigem nossas emoções. Não podemos eliminá-los, mas podemos fazer muita coisa para administrá-los. O autocontrole, que é como uma conversa interior contínua, é o componente da inteligência emocional que nos liberta de sermos prisioneiros de nossos sentimentos."

Daniel Goleman, no livro *Liderança*

O que diferencia o veneno do remédio é a dose. Apenas a dose.

Ele me conta que apesar dos resultados fantásticos que tem obtido no negócio que dirige, e que o fazem ser reconhecido como um executivo brilhante no mercado, acha que tem o dom de fazer as pessoas chorarem e de criar gente ressentida por onde passa. Mas não consegue entender bem o porquê, já que se considera uma pessoa verdadeira, que cultiva o bem, procura fazer tudo correto e se enxerga como autêntico. Era nosso primeiro encontro profissional, quando faço uma entrevista em profundidade para entender a visão da pessoa sobre si mesma.

Ele abre um breve sorriso e depois faz uma pequena careta puxando levemente a boca para o lado direito e me diz: *Eu sei que faz parte. Tem sempre algum choro pelo caminho.*

O empurrão que eu acho que as pessoas precisam.

Às vezes me incomoda um pouco. Eu sinto um certo mimimi atrás de mim. Mas o líder tem que dar o tom da coisa, não? E não dá para tentar agradar todo mundo. Uns vão chorar. E eu dou exemplo. Eu faço isso, mostro o que precisa ser feito. E o jeito como precisa ser feito, conta-me ele.

Ele tinha um certo orgulho no olhar naquela última frase. Aquele olhar do "cara fodão" que chegou lá e que hoje dirige milhares de pessoas, e que acredita que consegue tirar o melhor delas entregando bons resultados aos acionistas.

A conversa avança solta e ele me fala da sua tese: a de que as pessoas precisam de um empurrão para conseguir que se faça o que precisa ser feito. Uma empresa com milhares de pessoas não pode ser deixada à deriva e precisa de um líder que marque o ritmo, que dê o tom, que dê exemplo. "E é isso que eu faço", diz ele.

Pergunto sobre o que o incomoda com relação às pessoas. E ele me conta que várias vezes vê gente chorar durante ou depois de uma reunião com ele, como já teve mais de um *feedback* do pessoal de RH citando casos de gente que foi embora da empresa porque não se sentia bem com sua forma transparente de gerir pessoas.

Gente que não aguenta o tranco.

Eu insisto e pergunto de novo, onde ele acredita que esteja o problema.

E ele me conta que na sua visão isso acontece porque tem gente que não consegue lidar bem com as críticas, gente que não gosta de ouvir a verdade. Ou você acredita que ser transparente é negativo? Não, né? Transparência é uma conquista a ser celebrada. As pessoas precisam lidar bem com isso. E tem também muita gente que não entendeu ainda a agilidade que os negócios exigem. Gente lenta. Gente fraca de personalidade que não aguenta o tranco do trabalho.

Eu sigo na mesma linha provocando para obter mais dele, e pergunto sobre como ele acredita que se resolve isso.

E ele me diz que acredita que não pode ser um líder teórico, nem encastelado, nem distante. Sente que ele precisa ser próximo, precisa ser franco, transparente, direto e mostrar o que está certo e o que não está. Nas palavras dele: "preciso ajudar essa gente a crescer. Preciso ajudar essas pessoas a se tornarem pessoas melhores."

Ele complementa: "Não dou a eles teoria. Dou exemplos. O meu exemplo de vida. Como eu sou. Ou seja, sou com eles como sou sempre, com todos. Em qualquer lugar. Aqui na empresa ou lá fora. Com qualquer um, com o faxineiro ou com os acionistas, sempre o mesmo. Quer exemplo melhor de um líder autêntico?"

Um olhar sobre si mesmo.

Nossa entrevista avança e pergunto a ele como se enxerga, como se descreveria em atributos, se ele tem clareza de sua identidade e o que mais se destaca nela. E ele me responde de pronto, sem nenhuma excitação: "me conheço bem. Já fiz muita terapia e já enfrentei muita coisa na vida. Sou um sujeito prático, pragmático, transparente, direto e autêntico. Por isso não sou um cara inacessível, não sou um cara difícil. Sou uma pessoa simples. Não sou de dar voltas e enfeitar a situação. Tenho horror de gente que enrola. Sou direto. Não gosto de gente que não se posiciona, que fica em cima do muro, que enfeita e não diz nada. Vou no ponto. No ponto certo".

"Como também espero que as pessoas ajam assim. Eu peço as coisas e gosto da mesma atitude: prontidão. Gosto de respostas e resultados. Às vezes me vejo como um Samurai. Sei o que quero com a precisão de uma lâmina afiada. Foi essa a razão do meu sucesso até aqui. Tento ensinar e passar isso para as pessoas pelo exemplo", ele me conta. E continua: "eu tento ensinar, chamar atenção das pessoas para melhorarem nesse sentido, tento corrigi-las, tento inspirar, mostrar o caminho, tento o tempo todo dar o meu próprio exemplo. É isso que um líder precisa fazer, não?".

Eu disparo: *e está satisfeito com o resultado com as pessoas?* Ele balança a cabeça, suspira brevemente, me encara e confessa que ainda não. Que esperava mais.

Despeço-me com um forte abraço e a certeza de que estava falando com um presidente convicto da sua responsabilidade com aqueles milhares de colaboradores que dirigia, e com uma forte impressão de que ele realmente se preocupava com pessoas. Mas também saí da sala dele com uma "pulga atrás da orelha", com uma sensação de que algo não fechava muito bem.

Nossa equipe mergulhou na ideia de tentar interpretá-lo pela ótica dos seus públicos, entrevistando as pessoas à sua volta.

Mergulhamos na investigação.

Normalmente realizamos pesquisa qualitativa, com entrevistas individuais em profundidade com questionário semiestruturado em abordagens, às vezes, de mais de uma hora com cada entrevistado, e amostras de mais ou menos cinquenta pessoas em três níveis de proximidade:

1. círculo íntimo e de pessoas muito próximas;
2. círculo profissional atual, e
3. um terceiro círculo de pessoas e profissionais mais distantes, ou do passado recente e/ou que não mantém uma rotina tão frequente, ou ainda, que não se relaciona presencialmente com ele, mas que interage profissionalmente de alguma forma.

Nossa equipe iniciou uma bateria longa de entrevistas com outros diretores, assessores, líderes da organização e colaboradores mais próximos. Ao final, tomamos um choque com a clareza e a contundência dos resultados. Parecia que o estudo não se tratava da mesma pessoa.

Visões diametralmente opostas.

Enquanto ele se via como uma pessoa prática, objetiva, direta, autêntica, sem enrolação e, por isso, acreditava ser muito simples e acessível, as pessoas à sua volta o viam como extremamente ansioso com tudo e com todos, arrogante, invasivo, direto demais, agressivo demais, grosseiro demais.

Um de seus diretores em sigilo o descreveu como um "atropelador de pessoas". E me explicou: "ele pede uma coisa e daqui a uma hora quer que a coisa esteja pronta. Não sabe esperar. Liga, fala, cobra, quer resposta. Aí quando a gente para tudo e vai tentar resolver ele já pediu para outra pessoa ou ele mesmo fez do jeito dele. Com isso cria uma crise atrás da outra por detalhes. E quando isso acontece ele faz questão de apontar os culpados, mostrar os erros, falar na cara de cada um e, com isso, consegue sempre constranger todos os envolvidos".

Um cara que não conhece curvas. Só linhas retas.

De tão ansioso, ele não consegue telefonar ou mandar áudios e dar bom dia para não perder tempo. Já sai falando o que quer. Também não dá tchau nem manda beijos ou abraços. Também considera uma perda de tempo. E não interessa a hora do dia ou se é final de semana. Qualquer hora é hora para ele. Diz que é seu senso de urgência e que isso é um valor de líder. Não ter hora para resolver o que precisa ser resolvido.

Quando existe algum conflito entre diretores, ele gosta de dizer que resolve as coisas de forma pragmática, do seu modo. *Tem conflito? Então resolve na hora, cara a cara.* Prático. Sem enrolação, sem disse-me-disse. Um na frente do outro. Quando surge conflito o hábito é colocar executivos frente a frente numa espécie de acareação. Preto no branco. Às claras. Para se resolverem na frente dele. Não se dá conta do tremendo constrangimento que impõe às pessoas nessa solução, como se fossem duas crianças que brigaram e que precisam se explicar e pedir desculpas na frente dos pais. Mas ele diz que é prático e que funciona.

Outro diretor me confidenciou brincando que a razão de tudo era que ele era um engenheiro de formação, um profissional de exatas e que por isso não conhecia o que era uma curva. Tudo para ele é uma linha reta: a menor distância entre dois pontos. Curvas são fraquezas e perda de tempo. Ou seja, a lógica que sustenta toda a liderança era pedir e receber. Falar direto. Dar a ordem e ter as coisas executadas. Mandar e ser acatado. Imediatamente.

Autoavaliação: como ele se via.

Fizemos um exercício bastante simples e muito usado para diagnosticar marcas. Interpretá-las sob a forma de atributos, de adjetivos, de palavras que descrevem uma marca. Dessa forma pedimos às pessoas que listassem palavras que o descreviam para podermos confrontar com visão dele sobre si mesmo. Veja abaixo o que encontramos.

Autoavaliação: os cinco atributos na descrição do próprio sobre si mesmo eram:

Ágil.
Prático
Simples.
Acessível.
Autêntico.

Era assim que ele se enxergava e se esforçava para ser. Nada mal, não? Um presidente que não enrola, que não cria barreiras para as pessoas, que vai direto ao ponto, sem frescuras. Ou seja, na sua visão, todos os atributos positivos que deveriam compor a imagem de um líder.

E se você observar atentamente cada um deles, vai constatar que não tem nada de errado. São todos realmente atributos positivos e que a maioria de nós gostaria de ver num líder. Você concorda?

Porque essa lista de adjetivos é o oposto daquele estereótipo do líder arrogante, do líder que vive encastelado no seu escritório no último andar, daquele sujeito inacessível, distante, que ninguém consegue compreender. Então, na sua cabeça, era esse o certo: ser prático, ser direto, transparente, dizer o que pensa e ajudar a todos a enxergarem melhor o caminho.

Percepções: a avaliação das pessoas sobre ele.

Mas veja agora como as pessoas o percebiam, fazendo uma descrição da sua marca pessoal a partir de cinco atributos que mais se destacam na sua imagem na visão de 50 pessoas que conviviam ou que o conheciam em três níveis de proximidade: do círculo mais íntimo e próximo ao mais distante e estritamente profissional. Cada pessoa citou cinco e, depois de tabulados os 250 adjetivos, os cinco mais citados foram estes abaixo:

Ansioso.
Impaciente.
Invasivo.
Grosseiro.
Agressivo.

Dissonância cognitiva. Percepções opostas.

Como isso é possível? Como podemos explicar que o percebam tão diferente de como ele se enxerga? Como pode alguém esclarecido, crítico, inteligente, perspicaz como era esse profissional, enxergar-se tão diferente da visão de seus públicos?

Por outro lado, como as pessoas não percebiam o enorme esforço em dar exemplo de transparência, de franqueza, de tentativa de proximidade, de sair do castelo e de estar sempre acessível? Quem não compreendia o que nesse caso? Quem tinha a visão distorcida?

Isso é possível?

Sim. Eu garanto a você que sim. E digo mais, é bastante comum. Muito mais comum do que a gente imagina. Encontro isso frequentemente nas minhas pesquisas quando fazemos diagnóstico de celebridades, de personalidades e de pessoas em geral, das mais diferentes áreas e segmentos.

Todo mundo tem alguma dissonância nessa visão?

Uma parte tem sempre alguma dissonância, alguma coisa percebida de forma diferente, às vezes contrária, mas fácil de ser ajustada e que não chega a ser um grande problema. Na maioria das vezes é só um pequeno ajuste na interpretação das coisas. Ajuste de intensidade.

Este caso que relato aqui é uma exceção. Ainda assim, é importante ressaltar que uma grande parte dos casos tem uma diferença significativa entre como a pessoa se autoavalia e como as pessoas à sua volta o percebem. Em alguns casos, eu costumo dizer que essa diferença nas percepções é tão grande que não é mais uma dissonância, mas se torna um verdadeiro fosso separando as visões, de tão distintas.

Um problema enorme, pois faz que essas pessoas tenham uma visão quase oposta de como são percebidas. O que leva a enormes enganos na gestão de si mesmas.

Lembra do que já discutimos muito aqui?

Acham-se alegres, e os outros o percebem como infantis ou levianas. Dizem-se transparentes, e as pessoas os tomam como grosseiras. Acreditam ter personalidade forte, e são percebidas como agressivas. Pensam que são flexíveis, e os outros as veem como sem personalidade. Isso se torna um problema mais grave ainda quando vamos envelhecendo e achando que devemos acentuar algum desses traços. E sem querer vamos reforçando justamente aquilo que está nos sabotando a imagem e nos prejudicando. Vamos reforçando aquilo que nos tira valor da marca pessoal, que é fonte de atrito e a razão para o estresse das relações.

E o pior: pode estar acontecendo nesse momento comigo ou com você e nem estarmos nos dando conta disso.

Como se explica?

Já falamos muito sobre isso quando exploramos toda a carga negativa que pode estar sendo produzida pelo mito da autenticidade e suas armadilhas de percepção. A gente se enxerga de um jeito e os outros, de outro. No *branding* lidamos muito com isso em marcas corporativas. E nas marcas pessoais não é diferente. Sempre teremos alguma divergência de percepção, alguma dissonância cognitiva na interpretação dos mesmos sinais de marca.

O fator intensidade distorcendo o significado.

Ao longo dos anos, depois de trabalhar em centenas de casos estudando essas dissonâncias, passei a acreditar que a intensidade tem um poder incrível de distorcer qualquer atributo. Dependendo dela, atributos claramente positivos, quando muito pronunciados, muito intensos, na imagem podem passar a ser percebidos como negativos, tendo o efeito oposto.

Como assim?

Imagine uma espécie de régua que gradua a intensidade na interpretação dos traços comportamentais que temos uns dos outros. O mesmo atributo pode ser positivo para mim e para você, mas quando analisamos a intensidade e os impactos ou tentamos avaliar a aplicação (sobre mim ou sobre você) podemos ter visões completamente opostas sobre eles.

O efeito do contexto.

Posso encontrar você em uma festa e vê-lo como a pessoa mais alegre e divertida naquele momento, naquele contexto, mas achá-lo completamente irritante com o mesmo comportamento (mesma intensidade da festa) numa reunião de trabalho. Compreende?

Você pode ser muito sincero num certo contexto que exige essa verdade sem nenhum filtro, e isso pode ser ótimo. Mas, essa mesma falta de filtro com suas muitas verdades dirigidas aos outros pode se tornar um enorme incômodo para as pessoas se continuarem a serem proferidas noutro contexto. Essa sinceridade aguda sobre os resultados do projeto em que trabalhamos juntos pode ser interpretada de uma forma. Já a sua opinião sincera sobre o cabelo da nossa colega ao encontrá-la na festa, pode ter efeito completamente adverso.

Você pode ser a pessoa que faz as perguntas mais ardidas e ser ótimo para um certo contexto de trabalho onde precisamos de tais perguntas, mas ser considerado muito chato se mantiver essa postura noutros contextos. Concorda comigo?

As variáveis que afetam o significado desses atributos percebidos.

Eu sustento a ideia de que existe um sem-número de interferências que agem sobre a construção da sua marca. Vão desde a cultura da organização, passam pelos códigos corporativos que mudam conforme o segmento e a empresa, a dose de informalidade do setor ou da organização em que a pessoa está inserida, o cargo que ocupa, a formação das pessoas relacionadas com ela, a pressão do negócio e as circunstâncias daquele momento da organização, crenças dos clientes, dos fornecedores, dos colaboradores, preconceitos, histórico, coerência do que fala com os sinais pessoais, crenças daquele grupo, a faixa etária das pessoas que convive etc. Mas, se tivéssemos que resumir, eu diria que dois deles são poderosos instrumentos para criar distorções perceptivas:

- Intensidade.
- Frequência.

Qualquer atributo positivo pode se transformar em negativo quando a intensidade extrapola o seu significado original e o faz ganhar novas interpretações pelos olhos de quem é impactado por ele.

Por outro lado, a frequência: um atributo positivo, mesmo que exercido de forma intensa. Imagine uma oportunidade para uma pessoa, que se apresenta uma ou duas vezes, com um certo impacto. Mas esta mesma situação, repetindo-se por vários dias seguidos, mesmo em baixa intensidade, com o mesmo ator, pode se transformar num estrago de imagem.

E a combinação desses dois fatores - intensidade e frequência - pode simplesmente ser explosiva, destrutiva e altamente danosa para a imagem de qualquer um. Duvida? Tente lembrar de uma pessoa que popularmente chamamos de "supersincera". Lembrou? Dependendo do contexto, em doses homeopáticas, com pequenas verdades, esses atos de sincericídios podem ser muito divertidos e o grupo se matar de rir dessas situações. E a pessoa pode se tornar muito querida por (de vez em quando) brincar de ser a sincerona do pedaço.

Aquela pessoa amiga que a gente gosta porque sabe que ela vai dizer aquilo que a gente está morrendo de vontade de dizer, mas que não tem coragem. Então, dependendo da oportunidade, das pessoas envolvidas – geralmente amigos – a opinião será até celebrada em meio a um momento de "Ok. Pode-agora-sem-nenhum-filtro. A-gente-quer-saber".

Agora, dependendo do contexto e da forma (intensidade) pode se tornar uma tragédia. Pode destruir relações, criar constrangimentos, fazer chorar, gerar mágoas, dissabores, constrangimentos. Ou ainda em doses bem pequenas, (baixa intensidade) mas de forma continuada (alta frequência) pode tornar a pessoa indesejada no grupo. Lá vem a chata das verdades de novo! Corram!

Quem não gostaria de uma pessoa alegre?

Quer mais um exemplo para ficar claro? Uma pessoa que tem na alegria seu traço mais destacado na descrição de sua marca pessoal (racionalmente falando) tem um ativo indiscutível. Ou seja, tem um atributo positivo na sua marca pessoal. Acho que concordamos, não? É difícil dizer que alegria não seria um traço positivo de marca pessoal. Concorda?

Mas alegria também pode ser avaliada de diferentes formas conforme sua intensidade e frequência, além de todos os outros fatores que eu citei acima. Então, alegria demais (frequência e intensidade) pode ser a descrição de quem vive rindo, de quem vive contando piadas, de quem não leva nada a sério. O que pode distorcer o significado e levar um profissional a ser interpretado como "sem noção", como "leviano", como "infantil", como um profissional que "não leva nada a sério". E dessa forma um ativo (atributo positivo) pode ser percebido como um passivo, (atributo negativo), dependendo da intensidade com que o traço se destaca e o impacto nas pessoas à volta.

Até que ponto? Onde é o ponto de inflexão?

Não existe um critério matemático, um certo grau adequado para dizer até onde é positiva e de onde em diante o atributo começa a ser percebido com negativo. Essa intensidade depende da situação, da frequência, de como é expressada, do conjunto de outras atitudes e, fundamentalmente do que não controlamos: a perspectiva de quem percebe. Por isso você precisa ter senso crítico. Muito senso crítico.

A escritora Brené Brown, em seu livro ***A coragem de ser imperfeito***, fala dessa lógica onde um mesmo traço pode ser considerado como de força ou de fragilidade, dependendo do comportamento. Nas palavras dela: *"Um método eficiente para entender nossos pontos fortes é examinar a relação entre forças e limitações. Se observarmos o que fazemos melhor e o que mais queremos mudar, veremos que os dois são, frequentemente, graus variados do mesmo comportamento* *central. Quase sempre podemos cometer erros e ao mesmo tempo encontrar forças escondidas".*

Ninguém tem dúvidas de que uma pessoa alegre é aquela que encara a vida de forma positiva, que é otimista, que pode ser leve, motivadora do grupo, que geralmente é uma "pessoa para cima", que geralmente é uma pessoa "do bem" e que é ótimo ter uma pessoa alegre na equipe.

Visões opostas de um mesmo atributo.

Mas se essa alegria se manifestar nos lugares errados, na intensidade exagerada ou nas situações indevidas, rapidamente será interpretada de outra maneira, e se transformará num passivo, num defeito: um atributo negativo que as pessoas não toleram.

Reflita comigo.

Sabe aquela pessoa que faz graça em qualquer lugar e a gente diz que ela não tem noção? Sabe aquela pessoa que não se controla e que, em meio a uma discussão séria, interrompe porque quer contar uma piada? Sabe aquela pessoa que só fala besteira porque não consegue deixar de ser o divertido do departamento? Sabe aquele chato automotivado demais que está sempre tentando dizer uma coisa alegre e positiva, mesmo que seja nas horas mais impróprias para isso? Sabe a pessoa que está sempre rindo? Que ri de qualquer coisa e em qualquer lugar? Sabe aquela pessoa que vive sempre com uma piadinha? Aquela pessoa que nunca consegue estar séria em nenhuma situação?

Percebeu a gravidade?

Existe uma extensão de significado nas interpretações que todos nós fizemos uns sobre os outros. Uma amplitude muito grande no que chamamos de senso comum sobre o sentido semântico de cada adjetivo que empregamos para descrever pessoas e profissionais. Então, nesse exemplo acima, o adjetivo alegre é obviamente positivo.

Mas alegre demais pode se tornar sinônimo de leviano. Ou de não profissional. Ou de infantil. Ou de chato.

Você pode deixar as lembranças virem à tona e pensar em pessoas com outras características intensas que, na sua cabeça, ganham sentido oposto, a partir daquelas duas grandes variáveis que falei acima: frequência e intensidade.

Leia abaixo algumas dessas características e, para cada uma, pense nela de forma intensa e com interações frequentes, e imagine no que resulta. Se você fizer esse exercício, certamente lembrará de pessoas que estão na sua memória com imagens negativas, originadas ou pela intensidade desmedida em alguma situação ou pela frequência da exposição que você teve com essa pessoa. Leia cada uma delas e me reflita comigo.

Franqueza demais. *Essa é um clássico. A pessoa que se mostra franca a toda hora.*

Meiguice demais. *Pense nela de forma exagerada e você consegue até ouvir a voz da pessoa.*

Sinceridade demais. *Você escuta o barulho de vidro quebrando do elefante na loja de cristais.*

Alegria demais...

Profundidade demais...

Praticidade demais...

Leveza demais...

Agilidade demais...

Flexibilidade demais...

Enfim...

Você consegue imaginar agora o que ocorre com muita gente que se sente injustiçada? Você consegue entender agora por que muita gente cria uma âncora negativa na carreira achando que é vista positivamente, quando todos a percebem de forma oposta? Você consegue entender o porquê de muita gente se achar autêntica pela identidade forte e nós a vemos como agressiva, grosseira e arrogante?

O engano de olhar só para si mesmo.

Esse é o perigo dos métodos de posicionamento de marcas pessoais que não fazem pesquisa de mercado com a audiência da pessoa em questão, e se contentam somente com a autoavaliação em algumas sessões de conversas e orientações. Nesses casos, corre-se o risco de ficar somente com o que a pessoa pensa de si mesmo e isso, obviamente, ser uma visão parcial – que pode levar a grandes enganos na gestão da Imagem. O risco é acentuar traços que a pessoa julga ser um patrimônio positivo e, com isso, criar uma falácia, agravando algo que pode ser a razão dos problemas dela.

A razão por trás das percepções.

Pois bem. Voltemos ao presidente da empresa do início deste capítulo para eu poder lhe explicar como funciona essa régua de intensidade e como podemos colocá-la como instrumento de avaliação e correção.

Na sua autoavaliação, ele se via como:

Ágil e prático. A sua percepção sobre si mesmo é que esses dois valores eram a sua marca registrada e seus dois grandes ativos. Era deles que advinha a sua imagem de um presidente bem-sucedido. Na sua descrição, um líder que não enrola, que prima pelo prático, agilizando soluções para tudo. E, se você reparar bem, quase todas as suas atitudes eram permeadas por essa lógica. Praticidade para obter agilidade, respostas rápidas, soluções rápidas.

É assim que funciona com a gente também. Acabamos criando uma espécie de filtro para olhar o mundo sob a nossa perspectiva particular. Quando associamos aos nossos resultados um certo estilo, uma certa atitude vencedora, começamos a filtrar tudo por essa nossa lógica de valor percebido.

Acreditamos que é um valor e o acentuamos em nó mesmos. Não contentes, passamos a olhar e julgar com mais rigor os outros que não possuem a mesma característica. Então, se somos ansiosos, alimentamos essa voz interna que diz o tempo todo: "Vamos lá! Vamos lá! Vamos lá!" e parece que ficamos mais fortes nisso e, ao mesmo tempo, parece que todos à nossa volta ficam mais lentos exatamente nesse mesmo aspecto, porque não são assim como a gente.

Então vamos forçando a barra com os outros nesse quesito.

Se somos muito calmos e serenos, passamos a apreciar muito isso em nós mesmo – e naqueles que são como a gente – e a notar o quanto falta na maioria das pessoas. Se temos identidade forte e traços muito pronunciados, se nos posicionamos para tudo, achamos que esse é o nosso valor maior, espinha dorsal da nossa autenticidade. E começamos a ver o quanto as pessoas à nossa volta vivem em cima do muro, sem personalidade. E a gente passa a querer ajudar a corrigir isso nos outros.

Que tal corrigir o mundo pela nossa perspectiva?

Passamos a tentar corrigir o mundo por essa nossa lente particular. Repare e refita comigo. Se somos muito automotivados valorizamos isso em nós mesmos e queremos que os outros tenham também a mesma graça alcançada. Vestimos nossa lente particular para ver o mundo por ela e cada vez que fizemos isso constatamos que estávamos certos! O mundo precisa muito disso que nós somos.

Dá para entender como vai se cristalizando essa dissonância na mente de cada um de nós?

Junte a isso ao viés de confirmação e pronto. Está feito. Passamos a olhar tudo à nossa volta por essa lógica. Confirmamos os bons com características muito semelhantes às nossas, com ideias e atitudes similares às pessoas da nossa bolha, e julgamos com mais rigor quem não as possui.

Você começa a reparar, nos outros, aquilo que você valoriza em você.

É óbvio que não racionalizamos isso, mas passamos a achar que esse traço pode ser o fundamento do nosso sucesso (se o temos) ou que é uma característica autêntica que nos trouxe até aqui. Então deve ter sido boa para nós. E vamos acentuando ao longo dos anos. Como também começamos a ter certeza de que o que temos de sobra, os outros tem de menos, e deveríamos incentivá-los a ter também. E, dependendo do ego, passamos a acreditar que esse nosso patrimônio (nossas características autênticas) é justamente o que falta no mundo. E passamos a tentar consertá-lo pelo nosso prisma.

Então, o nosso presidente em questão tentava deixar todos os seus exemplos permeados por praticidade. Como se cada exemplo fosse uma lição para a vida, uma forma de educar a equipe, os diretores, os colaboradores, as pessoas ao seu redor. Na cabeça dele, prontidão era um atributo de altíssimo valor, portanto, tudo na empresa deveria ser resolvido assim.

A minha medida é a melhor medida para avaliar o mundo.

Qual era a sua expectativa? Peço e obtenho. Peço respostas e as quero imediatamente, pois sou ágil e as coisas precisam desse senso de urgência. Lembram de que ele acreditava que o líder deveria determinar o ritmo? Então era assim, peço e quero que priorizem o meu pedido, que parem tudo para fazer o que eu pedi. Sou ágil e quero o mesmo de todos vocês. Aprendam comigo.

Dessa forma a agilidade e a praticidade vão sendo assimilados como outra coisa na cabeça das pessoas. E a postura que busca ser ágil faz emergir o presidente ansioso, o cara insensível que não consegue entender o tempo dos outros, que não consegue esperar, que se torna o invasivo mal-educado que não enxerga e respeita ninguém. Na percepção das pessoas, o que elas enxergam é o marcador de tempo que ninguém aguenta trabalhar, que não dá bom dia e sai falando, que não respeita finais de semana, que quer tudo para ontem, do seu jeito.

Prático ou déspota?

A postura do presidente que quer resolver problemas das pessoas as colocando umas frente às outras, para ser prático na solução do conflito, imprime na mente dos envolvidos o déspota que se acha o "senhor" de todos e que os constrange como se fossem crianças, das quais "o pai" precisa puxar publicamente as orelhas para resolver os conflitos. E a praticidade vira atitude invasiva, autoritária, de um sujeito que não enxerga ninguém a não ser ele mesmo na sua frente.

Assim, agilidade e praticidade, que são, a princípio, dois ótimos atributos para um líder, quando aplicados de forma intensa e frequente, acabam sendo percebidos pelos públicos como três características negativas. Ele passa a ser visto como ansioso, impaciente e invasivo.

O simples e o acessível seguem lógica semelhante nessa dissonância. O presidente, por tentar resolver tudo de forma direta e prática, sem enrolação, passa a acreditar que encurta distância, que não se encastela, que se torna mais próximo e, portanto, mais simples e acessível. Se ele fala direto, na cara, e não pelas costas, na sua cabeça, é sinal de estar sendo acessível, simples e direto.

Fale o que pensa de todo mundo que encontrar na sua frente.

Para ele, isso é ser simples e acessível. Imagina você, o presidente se importou comigo e me disse o que pensava de mim, no elevador. Olha que presidente legal! *Repare que estou sendo irônico de novo.*

Na visão das pessoas é o oposto: um cara grosseiro, inadequado, invasivo, fdp, que fala o que pensa (porque é o presidente), sem se importar com o que vai gerar naquela pessoa. E sem se dar conta do quanto poderia ser constrangedor se as pessoas pudessem fazer o mesmo com ele em situações semelhantes. Ou seja, a atitude dele (do presidente) na sua ótica é ser acessível, mas as pessoas acreditam que se fosse o contrário, certamente seria insubordinação e, provavelmente, demissão. Imagina alguém encontrar o presidente da empresa, casualmente no elevador, e dizer o que pensa dele:

da barriguinha de chopp. Assim, na cara, direto, sem ele perguntar nada. Será que seria acessibilidade?

Você compreende agora a armadilha que nossa mente cria em torno do que somos como marcas pessoais e nossos traços identitários autênticos?

O que acontece é que as suas atitudes repetidamente passam a reforçar sua própria crença. Você começa a se achar realmente autêntico, mesmo nas suas atitudes estúpidas e grosseiras, porque você está com o seu manto sagrado e suas lentes particulares. Sua forma de ver o mundo. E passa a gostar até da sua própria voz nesses casos.

Lembra que falamos da diferença entre o veneno e o remédio?

Esse é o ponto central. A dosagem.

Essa régua da intensidade de significados que falei acima mostra isso. Cada atributo de marca precisa ser gerenciado buscando o ponto certo, na intensidade certa ou pode acabar saindo do nosso controle e transformar-se numa armadilha para a sua marca pessoal.

Em cada atributo pelo qual podemos ser descritos como marca pela lente do mercado existe uma certa elasticidade de significado. Uma compreensão que pode oscilar conforme a intensidade que empregamos em nossos sinais.

Você pode ser firme na sua postura e ser bem compreendido como se detivesse um traço muito positivo. Firmeza é um traço positivo de marca. Firme demais, algumas vezes, pode ainda assim passar positividade. Agora, firme demais com muita frequência pode passar a ideia de que você tem muito pouco jogo de cintura. Que você é inflexível. E isso se tornar demérito. Uma fraqueza e talvez um atributo negativo da sua marca pessoal.

É isso que você precisa analisar com toda a atenção. Repare na sutileza disso quando fazemos a analogia ao veneno.

Não tenha medo de revisar as suas atitudes.

Alguns traços da nossa personalidade não vão mudar, mas tomar consciência de que podemos estar exagerando neles e sendo mal interpretados por isso já é uma grande vitória. Um primeiro passo para manter as coisas sob controle.

Talvez você não consiga mudar completamente, mas tendo consciência de que esse seu traço de comportamento lhe prejudica, talvez você aprenda a controlá-lo melhor, a sentir quando está passando do limite ou quando está afetando as pessoas.

Esse conseguir "manter sob controle os instintos" é um grande sinal de maturidade e de crescimento pessoal. Pense que é isso que nos distingue dos animais. Ter controle sobre nossos instintos e ter consciência dos outros em nossa vida em sociedade. Ter consciência do valor do coletivo. Entender-se como um ser social que precisa de trocas, de colaboração, de cooperação para crescer e ser melhor.

Ter consciência da potência das atitudes é ter consciência de si mesmo.

Posicionar-se e ter opinião é um grande valor, acredite. Demonstra singularidade, personalidade, autenticidade. Mas a intensidade e a frequência precisam ser calibradas para não se transformar em grosseria, agressividade, intolerância. Ninguém precisa se posicionar sobre tudo o tempo todo para mostrar que tem personalidade.

Ser ágil e prático é um traço de marca profissional muito valorizado. Mas precisa estar sempre alinhado com o contexto, com a necessidade, com as pessoas em volta. Não esqueça também de monitorar como isso impacta no tempo dos outros.

Transparência é um grande valor. Mas, desde que tenhamos medida para isso. Perder-se na busca por transparência é um caminho sem volta para ser interpretado como mal-educado, grosseiro e agressivo. Gente que diz verdades o tempo todo na cara de todo mundo é um condenado à segregação social. Ninguém tolera isso.

Flexibilidade é um traço admirável. Eu, pelo menos, acredito que seja um grande valor nas pessoas. Mas flexibilidade demais pode se tornar problema de marca pessoal. Não se pode permitir que sejamos percebidos como sujeitos que nunca têm opinião para nada, gente que aceita tudo e que nunca se posiciona. Porque aí, flexibilidade passa a ser outra coisa, e se torna negativa.

Alegria e motivação, que exemplificamos aqui, da mesma forma. É maravilhoso estar com quem vê motivação na vida e que faz isso com brilho no olhar. Mas, assim como qualquer outro traço, até mesmo a alegria, quando desmedida, pode se tornar uma característica negativa.

Alguma dose de perfeccionismo pode ser boa. Demais, torna-se um fardo para si e para os outros. Ser atencioso e caloroso são ótimas características, mas, quando passam do ponto podem lhe tornar um chato daqueles pegajosos, que tocam demais, abraçam demais, grudentos, dos quais as pessoas fogem.

Humildade é um traço muito especial numa sociedade vaidosa e egocêntrica como a nossa. Mas, humildade exagerada pode se tornar um problema de imagem e levar a outras interpretações. Ter sempre muitas certezas pode lhe tornar um sujeito arrogante, mas nunca ter certeza de nada pode levar ao outro extremo.

Simplicidade é um atributo muito valorizado na imagem de um líder contemporâneo, mas você não pode deixar que esse traço se transforme em simploriedade – que ganha outro significado.

Profissionalismo é ótimo, mas não pode deixar que o excesso lhe torne um sujeito visto como plástico demais, roteirizado demais, falso, frio, desumano.

Seja humano. Mas fique você com os seus ataques.

Humanidade, por outro lado, é um traço altamente desejável nas marcas, mas da mesma forma, precisa ser balanceado para não se tornar tão humana a ponto de perder o profissionalismo. Até o humanizado que sempre buscamos para as marcas precisa ser calibrado com bom senso. Ninguém quer uma marca que acorda de manhã de mau humor, que não tem freio nas palavras, que não se controla quando irritada, que diz tudo que pensa o tempo todo para se sentir autêntica.

As pessoas querem marcas humanas, querem conhecer as suas vulnerabilidades, as suas fragilidades, os seus defeitos. Isso o torna mais próximo, mais acessível. E isso é bom. Mas, atenção: as pessoas não querem ser afetadas diretamente por esses seus traços humanos. Nem querem ver você afetar outras pessoas à sua volta com eles. Então, mostre-se vulnerável e humano. Mas fique você sozinho com os seus ataques. Você entende isso?

Enfim. Eu poderia ficar aqui por páginas e páginas mostrando que qualquer atributo pode ganhar novos contornos e outras interpretações dependendo daqueles dois fatores que citei acima: **intensidade** e **frequência**. Pense muito nisso. Reflita sobre a dosagem que você emprega e veja se não está nela a raiz de alguns dos seus problemas.

Jamais esqueça que a mesma coisa que lhe cura pode matar. O mesmo traço que lhe diferencia como marca pessoal, quando passa do ponto, pode destruir seu valor. Como nos remédios, jamais esqueça disso: a dose certa.

Intensidade e frequência. Continuamos neste assunto.

Analise seus atributos por este filtro técnico. Pense, reflita e veja se você está aplicando a dosagem certa para valorizar a sua marca ou se está se sabotando com a intensidade exagerada em algum traço seu, que você chama de identidade forte.

Se tiver algum indício de que está com a dosagem errada, procure amigos próximos que possam lhe dar uma opinião segura. Procure um mentor que o conheça e que possa lhe dar um *feedback* sobre suas atitudes e como acredita que os outros o percebem.

Lembre-se de que é muito fácil ser engolido pela própria perspectiva. Acredite. Por mais que isso possa parecer estranho, é muito fácil passar a não enxergar mais nada que não seja aquilo que queremos ver. E com essa lógica falaciosa, o perigo é passarmos a agir e a julgar pelas nossas lentes particulares que geralmente esquecem o olhar do outro e espelham somente nosso próprio ego. Juramos que é autenticidade, quando, na verdade, é o viés de confirmação da imagem que criamos só para nós: vista reluzente de nós mesmos em nosso próprio espelho.

Só você sabe qual é a dose certa.

Você só vai conseguir compreender a dosagem certa quando entender que você não é uma ilha isolada, que não vive sozinho e que o olhar do outro sobre você importa tanto quanto o seu próprio olhar sobre si mesmo.

Porque somos seres sociais desde os tempos primitivos. Precisamos e dependemos uns dos outros para crescer como seres humanos. E porque você só vai conseguir ter plena consciência de si mesmo, de quem você realmente é, quando considerar o olhar do outro sobre você e compreender os impactos que você causa.

Jamais se esqueça isso.

Se você veio comigo até aqui eu o convido então a olhar as coisas de outra forma daqui para frente, por outra perspectiva. Venha descobrir junto comigo porque autenticidade se tornou um traço tão valioso e como pode ser positiva e transformadora para a sua marca pessoal.

Não aquela autenticidade enganosa, cheia de atritos, do gênio difícil escondido atrás da desculpa de ser original que falamos tanto aqui, mas a que realmente pode levar a uma marca pessoal valiosa a partir daquilo que você tem de mais genuíno em você.

Porque nos próximos capítulos, a gente vai tratar da verdadeira autenticidade. Daquela que legitima a obra, que diferencia o autor e que se torna autêntica porque é aclamada dessa forma.

Sou suspeito, mas é o ponto alto desse nosso papo sobre autenticidade. É aqui que o livro vai ficar empolgante. Está disposto? Vamos em frente juntos?

PARTE 2

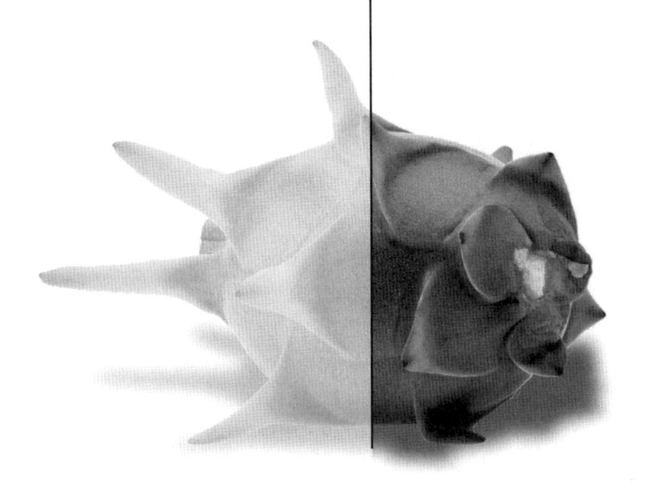

capítulo 8

A BUSCA DA AUTENTICIDADE

"O número de permutações da realidade parece aumentar a cada ano e atualmente inclui a hiper-realidade, a realidade cotidiana, a realidade psicológica, a realidade social, a realidade individual, a realidade transcultural e, é claro, a realidade virtual e seu retrônimo, a realidade física."

Daniel Goleman, no livro ***Liderança***

Eu acrescentaria a realidade do Metaverso para iniciar essa conversa.

Não é difícil compreender por que a busca por autenticidade se tornou tão preciosa nesse momento. Reflita comigo.

Eu não sei o que você pensa sobre isso, mas acredito muito que estamos todos meio doentes, meio tontos, numa espécie de ressaca moral de uma sociedade onde nada mais parece original e verdadeiro. Onde tudo é cópia da cópia, falseado por falta de originalidade, é feito para ser desfeito rápido, e onde tudo é recriado intencionalmente com uso de tecnologia.

O que é original no meio disso?
O que é verdadeiro, legítimo e autêntico?

Pouca coisa se torna crível e confiável num mundo onde todos estamos nos acostumando com a ideia de uma pós-verdade e com a criminosa distorção dos fatos. Refiro-me à praga das *fake news* (notícias mentirosas) e a próxima onda de *deep fake news* em vídeos (criações "perfeitas" de vídeos falsos de pessoas falando coisas que nunca disseram), que embaçam nossa visão da realidade.

O que podemos esperar disso?

Uma espécie de ressaca moral mesmo. Um *day after* que se intensifica com o crescente convívio com a realidade aumentada. Ela já invadiu nossas vidas e permite a interação com mundos e contextos imaginados como a vida de um personagem num *game*, além do uso intensivo da inteligência artificial na educação, nos negócios, nas relações e na predição do que as máquinas acreditam que queremos para as nossas vidas.

Ou convivendo com redes de relações predeterminadas que se retroalimentam, falando a mesma coisa para os mesmos, e se opondo à outras opiniões. Tudo se torna mais instável, explosivo e agressivo por influência do algoritmo que toma decisão de quem vê o quê, quem fala sobre o quê, com quem, nas bolhas criadas pela inteligência artificial nas redes sociais.

Vivendo uma realidade impermeabilizada no meio do pós-tudo.

Repare nos conceitos: "pós-verdade", *"fake news"*, *"deep fake news"*, "realidade aumentada", "inteligência artificial", *"machine learning"*, "redes de relações predeterminadas", a "realidade do Metaverso" etc. Nada de legitimidade, nada de verdade, nada de originalidade, de realidade-realidade como conhecíamos.

A ansiedade generalizada por autenticidade.

Uma sociedade que perdeu sua originalidade e criou uma espécie de impermeabilização, de plastificação da "verdadeira vida" em quase tudo que temos à nossa volta. Ou porque todo mundo aprendeu a criar uma capa falsa nas redes sociais, aparentando sempre o que não é, ou porque tudo está sendo recriado, copiado e, dessa forma, sugere que nada é original, que tudo pode ser outra coisa, que é tudo falseado.

Você já deve ter sido impactado pela ideia de "um novo conceito" de alguma coisa que não tem absolutamente nada de novo ou de original. Já viu isso?

Porque somos atingidos todos os dias por novidades criadas e recriadas a partir de outras tantas num processo incontrolável que tudo atinge, tudo equaliza, tudo pasteuriza, deixa morno, monótono e medíocre, sem a "graça do original", como os nossos ídolos atuais que parecem muito com os ídolos do passado (originais), às fórmulas prontas para a alta visibilidade fabricando celebridades e subcelebridades em série numa linha de montagem fordiana nas redes sociais.

Ou é prótese, aplique, postiço, ou está com filtro.

Dos muitos produtos tecnológicos que não conseguimos mais viver sem, passando pelas nossas vaidades do corpo, pela saúde, pelo escritório, pela decoração das nossas casas, e chegando até o alimento que comemos, tudo pode ser outra coisa, porque nada é mais muito natural, original ou autêntico.

Pegue alguns exemplos disso:

- Carne de gado que não é mais de proteína animal, mas sintética, produzida em laboratório.
- Vinho sintético que pode ser fabricado sem uvas ou videiras.
- Flores de plástico tão perfeitas que você precisa tocar com os dedos para ver o que é.
- Ladrilho hidráulico novo feito para parecer com mais de 100 anos e original.
- *Stories* que só duram 24 horas.
- Mensagens temporárias nos apps que se apagam após a leitura.
- Madeira de demolição com sinais de passado autêntico que nunca foi demolida e, às vezes, nem é feita de madeira, mas uma cópia perfeita em outros materiais.
- Ferragens novas que simulam um passado glorioso de um portão com história.
- Peças metálicas que não são de metal, mas de plástico.

- Peças novas, mas surradas para parecerem velhas, desgastadas e, por isso mais valiosas.
- Carros personalizados com pintura que simula ferrugem na lataria.
- Roupas novas feitas com cara de usadas para parecer compradas num brechó.
- Filtros de imagem para dar um ar retrô e original à sua fotografia.
- Tinta para pintar o couro cabeludo de homens para disfarçar a perda de cabelos.
- Dentes impressionantemente imperfeitos para parecerem autênticos.
- Deslumbrantes jardins verticais com vegetação de plástico para dar um ar natural.
- Paredes de gesso com textura especial que imita concreto aparente.
- Cirurgias plásticas para deixar pacientes parecidos com filtros do Instagram. Ou seja, gente se assumindo como personagem, como representante da imagem do avatar.
- Arquitetura efêmera. Construções feitas para serem rapidamente desfeitas.
- Pequenas partes ósseas do corpo humano, dentes, máscaras faciais, até casas produzidas em impressoras 3D.
- Seios, faces, lábios, nádegas, peitoral de homens musculosos, dentes, nariz, unhas, cor dos olhos, cabelos, mechas, cores, tranças, sobrancelhas, cílios, todos resultados ou de prótese, de aplique, de cirurgia de correção, de lipoescultura, de procedimentos estéticos ou de *redesign* que se afasta do original.
- Enfim...

O autêntico funciona como um elixir do resgate da vida original.

Motivos não faltam para a gente entender que as cópias, aparentemente, venceram, e que fica muito difícil para qualquer um descobrir o que é realmente original. A gente mesmo, em alguns momentos, tem dificuldade de diferenciar. O que torna qualquer coisa autêntica muito mais cobiçada em meio ao mar de cópias.

Então, autenticidade funciona como uma espécie de bálsamo para um mercado onde parece que tudo se tornou falseado, copiado, relido, recomposto, referenciado. Onde nada mais é original, autêntico, legítimo, verdadeiro.

Volátil, incerto e ambíguo.

Somem-se a isso os efeitos do antigo conceito de um mundo VUCA (*Volatility*, *Uncertainty*, *Complexity* e *Ambiguity* – em português: volatilidade, incerteza, complexidade e ambiguidade) e que ampliam a sensação de que nada mais é para sempre. A única certeza é que tudo vai continuar mudando assustadoramente mais rápido. Que nada será definitivo e que tudo – absolutamente tudo – pode mudar a qualquer momento.

A nossa sensação é de que também nada mais é como a gente conhecia quando tínhamos certeza do que era. Resultado da velocidade das mudanças e dos efeitos da tecnologia nas nossas vidas. Então, os negócios não têm mais aquela borda delineada e nítida como tínhamos tempos atrás, quando conseguíamos entender muito bem até onde ia um segmento e onde começava outro. Agora essas margens estão sobrepostas, sombreadas, misturadas.

Onde uma coisa termina e a outra começa?

Afinal, o que é o Airbnb? Uma imobiliária global? Uma rede de hotéis sem os hotéis? Ou uma empresa de tecnologia que aluga quartos e casas? Não se consegue. Está tudo misturado, sombreado, sem limites conceituais claros. O que é a Uber? Uma empresa de aluguel de carros? Um negócio de motoristas particulares? Uma empresa de logística? Ou uma plataforma tecnológica?

E quando as coisas se misturam todas criam a sensação incômoda de que não conhecemos mais nada o que retroalimenta essa angústia de que as coisas passam muito rápido sem dar tempo para que a gente possa entendê-las.

Negócios que explodem como febre de consumo, que ganham a nossa atenção por causarem mudanças estruturais no modo de comportamento das pessoas e que desaparecem com a mesma velocidade que chegaram. Ou morreram ou se transformaram em outra coisa e você nem conseguiu compreender, de fato, o impacto na sua vida.

Sucesso e sumiço. Nada é para sempre.

Pensando nisso, onde foram parar os patinetes que seriam o novo modo de deslocamento das pessoas nas grandes metrópoles do planeta? A febre que foi capa das principais revistas do mundo? Veículos de deslocamento individuais revolucionários para curtas distâncias nas cidades? Comportamento em larga escala que levou médicos e fisioterapeutas a discutirem seu impacto na saúde das pessoas. Que gerou grandes debates entre legisladores e gestores de grandes capitais que não sabiam como enquadrá-los, se como veículos ou como o quê, mas que reconheciam que eles haviam chegado para ficar. Patinetes que viraram problema logístico para prefeituras de capitais como Paris, São Paulo ou Los Angeles? Já se foi. Nem lembrava mais da Faria Lima, em São Paulo, congestionada por eles.

Você entende o efeito? Nada é muito para sempre. Vem o impacto que promete ser revolucionário e logo desaparece. Você, como eu, estamos cada vez mais exaustos e angustiados porque não conseguimos acompanhar a novidade da vez. Quando começamos a incorporar a última tendência já existe outra coisa mais inovadora brigando por nossa atenção. Tudo muito rápido, tudo muito intenso. Nada para sempre. Nada raiz. E nada original.

Possibilidades demais.

A efemeridade de tudo faz que o futuro tenha uma data de vaidade muito curta. Decidir profissão, decidir carreira? Tudo pode ser legal e talvez nada aconteça. O que você está considerando agora pode ser muito demandado daqui a cinco anos. Mas também pode não ser. Você pode escolher uma faculdade ou várias trilhas nessa faculdade. Você entra e decide ao longo do processo. Decide fazendo. Qual? Não sei. São muitas possibilidades. Porque são "muitas vidas" pela frente. De muitas coisas possíveis.

Você percebe o efeito disso em nossas buscas pessoais? De tentar ter alguma coisa que seja definitiva, ou pelo menos mais perene frente a um mundo que está se tornando descartável? Você percebe o efeito do "ter muito" sobre o que realmente vale a pena ter, fazer?

Imagine, então, o efeito sobre o que realmente tem valor nas nossas vidas e você verá o buraco que nos encontramos. Um mundo que idolatrou o "ter" por décadas e que agora não sabe o que fazer com ele porque o "ter" é todo efêmero. E agora?

Então você chega na busca pelo original. Na busca pela autenticidade perante uma sociedade que não sabe mais dizer o que é original, quando todos temos pressa pela próxima novidade.

Não está dando tempo para o passado virar tradição.

Além de tudo passar tão rápido: febres, modas, manias que explodem vertiginosamente e desaparecem, tudo também ficou meio sombreado no mundo dos negócios. Isso gera essa sensação de insegurança por não sabermos mais o que achávamos que sabíamos. Não temos mais muita certeza daquilo que parecia óbvio há poucos anos.

Não importa se você tem mais de 50 ou 25 anos. A velocidade atinge a todos. Tudo se transforma em um tempo cada vez menor e faz que jovens profissionais de 25 anos – muitos deles jovens que ainda nem saíram da casa dos pais – se sintam jurássicos quando relembram seu próprio passado recente. Pois nascer há 25 anos pode significar ter nascido numa era muito diferente da que temos hoje e, assustadoramente, da que teremos daqui até a próxima década.

Seu passado não tem mais raízes muito claras.

Então não deu tempo para o presente virar passado e nem para o passado deixar algum resquício que possa ter virado tradição e ele já foi encerrado, remodelado, copiado, falseado, redesenhado e transformado numa outra coisa. Então, a sensação é de que ninguém tem mais raízes porque tudo está em processo de transformação noutra coisa. Não se tem onde ancorar a realidade.

Esse desconhecido mutante, neurótico e acelerado que não compreendemos nos obriga a acreditar que o valor possa estar em algo que gerou tudo isso lá atrás, na raiz das coisas, mesmo que não saibamos muito bem o que é.

Então a busca é por esse Santo Graal da originalidade, da autenticidade, do que é verdadeiro em um mundo de cópias. Por algo que ainda possa guardar alguma energia vital que sirva de remédio, de cura frente à volatilidade de tudo nas nossas vidas.

Isso foi parar nas salas de terapia, mandatário na agenda dos mentores e *coaches*: "você precisa ser você mesmo". Uma busca por volta às origens, por reencontros de si mesmo. O que gera tudo que estamos discutindo desde o início deste livro e, permite que as pessoas se atirem de cabeça nos seus "foda-se, serei eu mesma e dane-se o resto", sem pensar muito na razão de estarem fazendo isso. Vamos tentar clarear um pouco mais esta busca.

Autenticidade. Mas o que é isso?

No dicionário *Houaiss* (PubliFolha, 2013):

Autenticidade como substantivo é:

- *Genuinidade: veracidade.*
- *Legitimidade, adequação, pertinência.*

Como adjetivo (que é a nossa busca de significado aqui), autêntico é sinônimo de:

- Espontâneo, franco, natural, sincero.
- Genuíno, fidedigno, legalizado, legítimo, lídimo, original.

No *Dicionário da Língua Portuguesa*, *"Quando algo tem autenticidade significa que é autêntico, ou seja, não passou por processos de mutações ou reproduções indevidas. A autenticidade é a natureza daquilo que é real e genuíno. Exemplo: 'Antes de vender as obras de arte precisamos assegurar a sua autenticidade' "*.

Mas não é essa autenticidade das marcas que discutimos aqui. Não é a garantia da veracidade legal, mas sim o conceito do que é realmente original, autêntico, genuíno, e porque se valoriza tanto assim a autenticidade (daquela pessoa) hoje em dia. Ainda, porque recomendamos que as pessoas tentem ser autênticas (*seja você mesmo!*) nas suas atitudes para serem percebidas com mais valor.

Qual é a lógica de valor dessa busca?

A ideia é não seguir fórmulas? Será que é aí que está o valor? Será que "seja quem você é" independentemente de como você se porta? Será que é isso que as pessoas buscam umas nas outras? Será que ser autêntico é só ser naturalmente você? Com seus ativos e passivos? Será que isso basta para ser percebido como uma marca de valor? Será que é: não importa o que você faça, assuma a sua essência? Será que isso torna a sua marca mais relevante para as pessoas? Será que revelar a sua essência faz de você uma marca autêntica? Será que: só ser autêntico basta para obter uma marca reconhecida e admirada?

Muitos *serás* e poucas certezas.

Imagino que falta alguma coisa nesse conselho "seja você mesmo do jeito que você é". Será que a gente não precisa qualificar essa autenticidade ou dar algum sentido, algum significado para o autêntico em você? Será que não é por aí?

Então, não tem jeito de avançarmos sem aprofundar com um pouquinho mais de afinco e esmiuçar o que é e o que não é autêntico numa pequena, mas consistente reflexão filosófica sobre o conceito de autenticidade.

Por que se ater ao conceito e aprofundar?

Porque, claramente, existe uma confusão conceitual no mercado sobre a ideia de ser autêntico. Quando especialistas dizem com convicção: *seja autêntico!* Certamente não estão sugerindo que a pessoa seja tóxica, negativa, estúpida, grosseira, destrutiva - se ela realmente for assim. Pelo menos eu penso que não. Não faria sentido.

O que os especialistas estão tentando dizer é: não seja falso. Não seja o que você não é. Não viva a vida que os outros querem que você viva. **Não minta para os outros, nem para você mesmo**. Tente ser sempre você mesmo, sendo natural, sendo original, único, singular, autêntico. E esse é o problema. A dubiedade que se cria nesse conselho, dessa forma. Por quê?

Porque você pode ser autêntico, verdadeiro, natural, ou seja, totalmente fiel aos seus princípios, sendo você mesmo, e isso ser péssimo para a sua imagem. Porque simplesmente você pode ser um estúpido autêntico e isso ser a mais absoluta verdade. Essa estupidez ser genuína, só sua, com a sua cara, do seu jeito.

Você pode ser um sujeito autenticamente insuportável (garanto que tem muita gente assim no mercado). Ser um relaxado autêntico com uma imagem muito ruim, mesmo assim, ser você mesmo. Você pode ser um cara grosseiro autêntico aos seus princípios e aos seus limites olhando o mundo apenas pelas suas lentes.

Você pode ser um idiota autêntico. Você pode ser uma pessoa tóxica, má, sem princípios e assim mesmo estar sendo você. Fiel a si mesma. Consciente dos seus atos e atitudes. Porque na sua cabeça você está sendo autêntica por ser você mesma. E toda a questão leva ao mito de que: "você precisa ser você mesmo independente do que é, do que causa aos outros ou como é percebido pelos outros". **O valor não está aí.** Acredite!

Aqui está o buraco em que muita gente se meteu.

Gente que passou a acentuar traços que eram negativos – mas genuínos – em busca dessa autenticidade do "seja você mesmo de qualquer jeito". O que resulta em marcas com péssima reputação, encontramos muito isso no mercado, no entanto, pelo ponto de vista de serem elas mesmas, seriam todas marcas pessoais autênticas.

Compreende a armadilha aqui?

Então a minha meta aqui é não deixar nenhum resíduo de dúvida nisso. Autenticidade, para mim, continua sendo um ativo importante para as marcas pessoais sendo um traço marcante que pode torná-las muito mais valiosas. Vamos tratar especificamente disso no próximo capítulo, mas não pode ser confundido de forma simplória com **"seja você mesmo do jeito que você é"**. Atenção. Muito cuidado.

Por isso, precisamos fazer esse mergulho no conceito de autenticidade, à luz desses novos tempos e pelas lentes do que defendo em *personal branding*, e compreender por que essa singularidade é valiosa e como ela pode trabalhar a seu favor. Então, vamos lá.

Existe algo que seja realmente original e autêntico?

Para entender o que é realmente autêntico a gente precisa compreender até onde vai esse conceito e onde estão os limites que separam o que acreditamos que seja autêntico do adulterado. Pois é só fazendo descartes e se livrando de tudo que é inautêntico que chegaremos a esse Santo Graal que sonhamos, até que nos denominem como tais.

A busca que realizei em dezenas de autores mostrou que não estou sozinho nesse esforço em tentar entender autenticidade. Os autores James Gilmore e Joseph Pine, em um livro de 2007 chamado ***Autenticidade***, mostravam o valor da autenticidade no mercado corporativo. Fundamentam que só se consegue delinear o que é autêntico se tivermos muito claro o que é inautêntico. Esse foi o ponto de partida deles. Mas não pense que é um jogo de palavras e que essa dúvida é contemporânea. Essa lógica é a base filosófica que vem sendo debatida há séculos em torno desse conceito.

No livro, os autores se socorrem na clássica obra ***Sinceridade e autenticidade: A vida em sociedade e a afirmação do eu***, de Lionel Trilling (considerada uma marca nessa discussão) que fundamenta toda a sua defesa com o pensamento filosófico que vai de Friedrich Nietzsche e Soren Kierkegaard a Jean-Paul Sartre e Albert Camus, em que: *"todos concordam em princípio que qualquer definição positiva de autenticidade anularia a si mesma"*.

Então, para entender autenticidade sob esta lógica do pensamento filosófico é preciso compreender o que não é, ou seja, é preciso primeiro definir negativamente a autenticidade. Dessa forma, Gilmore e Pine, baseados em Trilling, sustentam três formas distintas nas quais esses filósofos definem negativamente a autenticidade:

"1. ***O que não é humano.*** *Sabemos* a priori *que as regras sociais distorcem a existência humana e destroem sua autenticidade. Esse impulso foi a principal contribuição de Rousseau, de quem aprendemos que o que destrói a nossa autenticidade é a sociedade – o nosso senso de ser que depende da opinião alheia."*

Neste primeiro ponto eles defendem que algo para ser autêntico (verdadeiramente) não poderia ser humano, porque como humanos temos vontades e intenções, sofremos influências dos outros, anulando, então, o aspecto original e autêntico.

"2. ***O que não é mecânico.*** *Foi o princípio mecânico, no sentido de envolver máquinas... que foi sentido como inimigo do ser, a fonte da inautenticidade. Em outras palavras, alterar a ordem natural com maquinário produz o inautêntico."*

Aqui, eles sustentam que se houve a interferência de qualquer instrumento, de qualquer ferramenta, equipamento, de qualquer maquinário, não é mais espontâneo, não é mais original e por isso, não é mais autêntico.

"3. ***O que não é monetário.*** *O dinheiro, em resumo, é o princípio da inautenticidade na existência humana. A autenticidade não pode ser comprada com capital simbólico nem monetário porque o*

dinheiro, por sua natureza, funciona como um sistema de troca e substituição. E a substituição... se coloca em oposição à particularidade e à originalidade, características essenciais da autenticidade."

E neste último ponto eles argumentam que se houver qualquer resquício, por menor que seja, de utilitarismo ou de qualquer interesse monetário por trás de qualquer coisa, ela perde a sua espontaneidade original e, por isso, não é mais autêntica.

Ou seja, o autêntico (o realmente autêntico) seria somente o original puro, aquele que traz em si a sua própria espontaneidade, que não depende da intenção, da vontade, nem da aprovação ou da interferência de ninguém. Que se baste por si só, totalmente inédito, nunca visto, inimitado, sem precedentes, sem paralelo, inexplorado, excepcional, nunca visto, novo.

Tudo é absolutamente falso.

Por isso, Gilmore e Pine afirmam: *"É claro que as duas últimas negações são extensões da primeira, já que tanto dinheiro quanto as máquinas são recursos concebidos pelo homem, criados dentro e para a sociedade.*

A partir desse "Modelo da Inautenticidade", representado pelo homem, pela máquina e pelo dinheiro, podemos concluir que ***nada oferecido por qualquer negócio é autêntico; tudo é artificial e absolutamente falso****,* (grifo deles) *por ser produzido pelo homem, mecânico e monetário.*

Se você pagar por alguma coisa e, dessa forma, entrar no domínio do comercial, essa coisa passa a ser uma oferta e, portanto, não pode ser autêntica. Por outro lado, se você vender algo, que seja considerado um ato de amor, infelizmente, está vendendo a alma para o domínio comercial e, portanto, isso passa a ser inquestionavelmente inautêntico".

Eles continuam: ***"Falso, falso, falso, é tudo falso!*** (grifo deles) *Reconhecemos que muitos e, talvez, a maioria dos leitores, não gostarão dessa conclusão e outros não concordarão com ela. Alguns podem chegar a se revoltar com ela, mas todos deveriam entender é* *que se trata simplesmente da conclusão lógica baseada em séculos de pensamento filosófico sobre a autenticidade indicando que o ser humano, mecânico e monetário faz com que qualquer pessoa e qualquer coisa que não seja feita para e por si mesmo passe a ser inautêntica"*.

Resta alguma saída para se obter autenticidade?

Assim, você pode concluir que não nos resta mais nada a não ser se conformar que autenticidade não existe. Mas os próprios autores, Gilmore e Pine nos propõem uma reflexão que abre outras possibilidades e que nos permite continuar a discutir o valor da autenticidade.

Eles sustentam a ideia de que se não existe absolutamente nada original (conceitualmente) porque quase tudo tem o toque humano, da máquina ou o monetário, ainda assim, nos restam as experiências. E as experiências são únicas, individuais, conceituadas por cada um de nós, da forma que as interpretamos. Dessa forma, elas poderiam ser sim, autênticas, dependendo das nossas percepções e interpretações pessoais.

Porque uma experiência pode ser autêntica para você e não para mim, e vice-versa. E dessa forma, autenticidade então passa a ser algo que nós não dominamos completamente pois depende da interpretação de quem vivencia a experiência.

Ou seja, experiências autênticas são como posicionamento das marcas: podem existir como intenção, mas só se tornam "concretas" quando são percebidas e vivenciadas pelos seus públicos, nas suas mentes. **Experiências são abstrações dos nossos cérebros.**

Experiências autênticas.

Seguindo ainda esta linha de pensamento, reflita sobre a defesa que Gilmore e Pine fazem dessa lógica: "*Para começar, entenda que uma experiência inautêntica é algo que não existe – porque as experiências ocorrem dentro de nós; elas são nossas reações internas aos eventos que se desenrolam ao nosso redor. A forma como reagimos ao que ocorre em um local específico depende de quem somos, do que já vivenciamos, de como nos sentimos na ocasião, de quem nos acompanha e assim por diante. Duas pessoas nunca vivenciarão algo da mesma maneira. Essa característica intrínseca das experiências faz com que elas sejam inerentemente pessoais".*

O paradoxo essencial da autenticidade.

E se você, como eu, aderir a esta tese, eu preciso complementá-la mostrando a você o que Gilmore e Pine chamaram de **paradoxo essencial da autenticidade**, onde eles sustentam que nós, como consumidores ou como públicos de alguma coisa, de algo ou de alguém, somos totalmente livres para considerar se isso é ou não é autêntico. Aqui que se abre uma porta para continuarmos nossa busca por entender o valor da autenticidade em marcas pessoais.

Nas palavras de Gilmore e Pine para encerrar essa tese: *"Dessa forma os negócios podem intencionalmente ou por casualidade ganhar a percepção de autenticidade. A melhor palavra para descrever esse processo é, mais uma vez, representar. Os negócios podem representar a autenticidade nas suas ofertas inautênticas. Fazer isso requer aceitar este paradoxo essencial: todo empreendimento humano é ontologicamente falso – em outras palavras é inautêntico em sua própria essência e, contudo, o resultado desse empreendimento pode ser fenomenologicamente real – isto é, percebido como autêntico pelas pessoas que o compram".*

Entendeu? Consegui lhe tontear com essa tese filosófica? Fala para mim. Desculpa. Mas se ainda não tonteou, pegue mais café e aguente só mais um pouquinho que já saímos desse emaranhado e voltamos para a nossa caminhada sobre marcas pessoais.

O efeito do autêntico e do original no mercado de consumo.

Obviamente, como você deve ter notado, a tese que os autores Gilmore e Pine sustentam sobre autenticidade está voltada para o mundo corporativo, para produtos e serviços e todo um universo de teses mercadológicas que passaram a embalar produtos com selo de "original" (da Coca-Cola à denominação de um tipo de gasolina da Ipiranga), e que vão de café solúvel, suco de laranja, sorvete, passam por enlatados, jeans, perfumes, chinelos de borracha e chegam até pratos de comida em restaurantes famosos.

Agora reflita comigo: você já tinha reparado o quanto se vende de autenticidade para você? E você já tinha reparado o quanto você paga a mais por produtos com selos e apelos que remetem para algum traço de originalidade ou de autenticidade?

Compreenda comigo esse fenômeno no mundo mercadológico dos produtos e serviços para depois podermos trazer para o campo das marcas pessoais. Eu garanto que vale a pena. Dará mais consistência para você compreender a força da autenticidade em *personal branding* como verdade. Então continuemos.

Se você reparar, a oferta de autenticidade no mercado de produtos e serviços é imensa. Avassaladora mesmo. Em todas as categorias dos mais diferentes produtos e serviços. Todos buscam chancelar seus produtos e serviços com algo que remeta para o "autêntico". Na próxima ida ao supermercado repare nessa promessa e o quanto ela permeia muitas categorias de produtos de alto consumo.

Todos tentando oferecer uma experiência autêntica, ou o resgate de um sabor original, ou o resgate das origens. Repare nas embalagens, nas promessas das marcas: produtores originais, ou ingredientes autênticos, ou a receita original, ou as referências ao modo autêntico de fazer, como era feito no passado quando era original. Enfim. Veja você e constate o quanto essa busca por chancelar originalidade e autenticidade faz parte da sua vida por força do mercado.

O falso-autêntico.

Nesta perseguição por autenticidade como um selo que garante mais valor aos produtos e serviços, as empresas foram buscar saídas. O "animal de mercado" que habita o pessoal do marketing entendeu o valor da autenticidade faz tempo e criou mecanismos para fisgar você nessa sua ânsia por autenticidade.

Começamos por histórias verdadeiras e maravilhosas. Daquelas que tornam a marca mais humana, mais próxima, mais viva, mais filosoficamente próxima da gente. Mas depois, o mercado começou a se equalizar e a criar seus próprios mecanismos em busca de originalidade que garantisse estofo a uma boa narrativa.

E nesse esforço muita gente foi revirando o passado dos negócios e da narrativa das marcas, foi recontando partes da história, enfeitando alguns trechos, escondendo outros, dando polimento a uma fração mais riscada. Algumas marcas, obstinadas em tentar aumentar o valor percebido, chegaram ao extremo (passando por cima dos princípios e da ética) de criar histórias falsas para dar um brilho autêntico às suas marcas.

Olha que paradoxo: criar histórias mentirosas para dar autenticidade e originalidade a uma marca ou a um produto. Exemplos negativos não faltam. E desse jeito torto chegamos em algo que a gente pode chamar de falso-autêntico. Como assim?

O *nonno* Vittorio.

Em 23 de outubro de 2014, às 10h02min a *Revista Exame online* publicou uma notícia bomba: uma matéria que soava como denúncia sobre a fabricante de sorvetes DILETTO. *"A fabricante de sorvetes paulistana Diletto é um fenômeno. Quando a empresa nasceu, em 2008, encontrar sorveterias artesanais de qualidade no Brasil era uma tarefa inglória. Hoje, há dezenas delas em São Paulo, Rio de Janeiro, Brasília e Salvador.*

A pioneira Diletto fatura estimados 50 milhões de reais por ano e tem como sócio, desde 2012 o bilionário Jorge Paulo Lemann. Parte do sucesso se deve, claro, ao sorvete. Seu fundador, o administrador Leandro Scabin, apostou em ingredientes nobres, como pistaches colhidos na região do vulcão Etna, na Sicília, framboesas orgânicas da Patagônia, cacau do Togo.

Mas é inegável que a Diletto recebeu um belo impulso de uma história única. A inspiração para os picolés veio do avô de Leandro, o italiano Vittorio Scabin. Sorveteiro da região do Vêneto, Vittorio usava frutas frescas e neve nas receitas até que a Segunda Guerra Mundial o forçou a buscar abrigo em São Paulo.

Seu retrato e a foto do carro que usava para vender sorvete aparecem nas embalagens da Diletto e ajudaram a construir a autenticidade da empresa. "La felicita è um gelato", *costumava dizer o* nonno *Vittorio aos netos. É um golaço de marketing, mas há apenas um porém: o* nonno *Vittorio nunca existiu".*

Esse é um trecho da matéria assinada pela jornalista Ana Luiza Leal com o título: "Toda empresa quer ter uma boa história. Algumas são mentira".

O *"nonnogate"* da Diletto.

A matéria dá os detalhes da construção intencional na busca por autenticidade: "O avô de Leandro Scabin de fato veio do Vêneto, mas se chamava Antonio e teria chegado ao país duas décadas antes da Segunda Guerra. Nunca fabricou sorvetes. Antonio era paisagista e cuidava dos jardins das casas das famílias ricas de São Paulo. As fotos dele e do carrinho de sorvete impressas nas embalagens da Diletto são peças publicitárias.

Leandro Scabin criou o personagem com o sócio Fabio Meneghini, ex-diretor da agência de publicidade WMcCann, e com a ajuda do dono da agência, Washington Olivetto. *"A empresa não teria crescido tanto sem a história do avô e o conceito visual que construímos. Como eu convenceria o cliente a pagar 8 reais num picolé desconhecido?"*, diz Leandro Scabin. *"Mas reconheço que posso ter ido longe demais na história."*

O *"nonnogate"* da Diletto é o retrato de um tipo de estratégia que extrapola os limites do marketing – que nas palavras da jornalista, está em plena moda no mundo dos negócios. Na mesma matéria, Ana Luiza conta também outro escândalo da mesma época, o dos sucos Do Bem. Outra história falsa buscando autenticidade.

As laranjas fresquinhas do senhor Francesco.

Conforme a jornalista Ana Luiza Leal, na mesma matéria de *Exame*: "*Produtos com ingredientes orgânicos e fabricados respeitando as tradições locais tendem a ganhar pontos. Por isso, um número crescente de empresas exagera um tantinho na hora de "se vender". A fabricante carioca de sucos Do Bem, criada em 2007, publica verdadeiros manifestos em suas caixinhas. A Do bem não usa açúcar, corantes ou conservantes para fazer uma "bebida verdadeira". Um desses manifestos diz que suas laranjas, colhidas fresquinhas todos os dias, vêm da fazenda do senhor Francesco do interior de São Paulo, um esconderijo tão secreto que nem o Capitão Nascimento poderia descobrir.*"

Segue a matéria: "*os sucos custam cerca de 10% mais do que a concorrência. Mas as laranjas não são tão especiais assim. Na verdade, quem fornece o suco para a Do Bem não é o seu Francesco, que jamais existiu, mas empresas como a Brasil Citrus, que vende o mesmo produto para as marcas próprias de supermercados. Em nota a empresa disse que não comenta a política de fornecedores e que o personagem Francesco é "inspirado em pessoas reais".*

A minha confiança na marca foi abalada e me senti um idiota.

Confesso a vocês que fui enganado um bom tempo pela "autenticidade" dos sucos Do Bem. A primeira vez que vi as caixinhas coloridas com um logo impactante (para mim se tornaram as caixas de sucos mais bonitas da gôndola do supermercado pelo *design* diferenciado e pelo logo inspirador e "original" com asas de anjos) e li um desses manifestos que diziam que a marca tinha sido criada por jovens indignados com o tédio do mercado, meu lado consumidor rebelde com a monotonia das promessas de sucos, na hora, despertou e foi paixão à primeira vista. Esqueci o preço muito mais alto e levei várias caixas para casa. A de bergamota era ótima. Virou minha predileta.

Na época, a caixa de sucos Do Bem beirava quase o dobro do preço das marcas tradicionais do mercado, mas aquele apelo dos jovens que queriam reinventar a maneira de fazer sucos, de respeitar origens, de serem diferentes, fazia com que eu acreditasse que valia a pena pagar mais, incentivando assim alguém que queria revolucionar o setor. E que estava sendo diferenciado e autêntico. Comprei muitas vezes e fiquei fiel à marca Do Bem. Pagava mais pelo significado, pela causa, pela bandeira levantada. Eu me senti, na época, parte da marca. Um consumidor fazendo um ato revolucionário, subvertendo uma categoria dominada por multinacionais e suas caixas sonsas e monótonas.

Você acredita que uma marca chamada “Do Bem” poderia mentir? Pode acreditar.

Então você deve imaginar a minha indignação quando li a matéria sobre a falsa origem autêntica dos sucos Do Bem. Até hoje não comprei mais nenhuma caixa porque sempre fico pensando o seguinte: *quem teve coragem de falsear uma história de origem para cobrar mais caro, pode fazer muitas outras coisas desonestas também.* Você concorda?

Quem tem a coragem de criar uma marca que se chama “do bem” e que mente para você, não sendo do bem, você fica imaginando que outras coisas essa empresa pode fazer também ou o que mais pode ter lá dentro das caixinhas. Porque, certamente, confiança não é um ingrediente.

Confiança não é uma coisa que você perde e recompra. Você precisa conquistar e manter. E se perder, levará muito tempo para reconquistar. É como reputação. Você pode ter todo o dinheiro do mundo, mas você não pode comprar, porque todos – indistintamente precisamos construir, com base em confiança.

O valor da autenticidade nas nossas vidas.

Aqui, nesse exato ponto, que autenticidade se encontra com confiança e com reputação e tem a ver também com nossas marcas pessoais. Esse encontro forma uma tríade conceitual poderosa: autenticidade, confiança e reputação.

E é dessa junção que a gente conclui que nasce boa parte do valor percebido da autenticidade: aquilo que ansiamos ter com a gente, o verdadeiro, o que podemos confiar, o que queremos conquistar em nossas vidas, fundamentar nas nossas famílias, oferecer aos filhos. Algo que a gente vê na pessoa e reconhece na sua trajetória de vida. Coerência. Algo genuíno e positivo que une criador e criatura de forma legítima.

Aquilo que funciona como um bálsamo valioso e que dá sentido e origem num mundo em constante e rápida transformação, onde as procedências podem ser enganosas e onde parece que nada é duradouro, onde nada é para sempre. Então, aqui, autenticidade "fornece selo de origem", dá segurança, gera confiança, acalma, tranquiliza que é legítimo, que podemos confiar.

É também uma forma de nos fazer reencontrar nossas próprias origens. Um remédio para acalmar nossas angústias com o falso, com o copiado, com o morno e tedioso das releituras que desfiguram o original.

Ou seja, autenticidade fornece aquilo que traz de volta o sentido de perenidade frente a um mundo volátil, raízes profundas e estáveis num mundo de instabilidade e de obsolescência programada, confiança num mercado de falsidade, estabilidade num mundo instável, perenidade numa sociedade de laços efêmeros e que descarta tudo, raízes profundas num mundo que se tornou excessivamente raso.

Enfim, autenticidade e originalidade nos fornecem um sentido maior perante um mundo onde tudo se tornou meio igual, meio morno, meio raso, medíocre e sem significado.

Então, para matar e enterrar o mito de vez: o que não é autenticidade.

Autenticidade não é ter gênio ruim e se esconder atrás disso, dizendo que você é assim por que é assim. Isso é ser problemático e mal resolvido na vida.

Autenticidade não é fazer tudo que se quer sem se importar com a opinião dos outros. Isso é egoísmo puro.

Autenticidade não é grosseria com as pessoas disfarçada de personalidade forte. Isso é ser mal-educado mesmo. Coisa que vem lá da educação familiar.

Autenticidade não é viver apartado da realidade sem se importar com a opinião dos outros. Isso é ser alienado.

Autenticidade também não é ser um fdp com todos à volta. Isso é ser mau-caráter.

Autenticidade não é só olhar para dentro de si, amenizar defeitos e se resumir pelas próprias lentes, enaltecendo virtudes e traços positivos. Isso é ser egocentrado.

Autenticidade não é disfarçar grosserias chamando de vulnerabilidades e esperar que as pessoas aceitem porque o mundo pede marcas mais humanas. Isso é ingenuidade.

Autenticidade não é ser grosso e irascível com explosões estúpidas a toda hora. Isso geralmente é insegurança, e precisa ser tratada com terapia.

Autenticidade não é ser destrutivo com os outros. Isso é ser tóxico.

Por fim...

Autenticidade não é ser vazio de obra, medíocre, sem nada de bom para oferecer ao mundo, e achar que isso é sua essência e que as pessoas deviam lhe valorizar por ser assim. Um vazio autêntico. Ou um autêntico vazio. Isso é miopia perceptiva.

Para restabelecer a verdade: o que é autenticidade?

Autenticidade em *personal branding* – esse mundo das marcas pessoais – é quando a gente reconhece na obra o autor e o autor na obra. E os dois se confundem formando um monolito original que intrinsicamente reforça o valor dos dois. Um patrimônio exclusivo (obra e autor) que muitas vezes se torna um "monopólio" de valor. Algo sem comparação, exclusivo, inédito, diferente, original – que de tanto se distanciar dos seus iguais acaba criando sua própria categoria – o que o torna sem concorrência. Isso é ser verdadeiramente autêntico e, portanto, muito valioso como marca pessoal.

Todo o resto, esqueça.

Pois quem é autêntico não precisa dizer que é. A própria obra fala por si só. Autenticidade não diz respeito somente a você e sua imagem, mas sim, sobre o que a sua obra diz sobre você – seja ela qual for.

Não concorda? Eu respeito. Tranquilo.

Mas convido você a constatar na prática, com vários exemplos concretos, como reconhecemos marcas pessoais como icônicas e dissemos que elas são autênticas no mercado, e como isso pode funcionar com você.

Então, venha comigo. Não desista por favor, falta pouco. Pegue mais uma xícara de café. Vamos lá!

capítulo 9

O VALOR DA AUTENTICIDADE

"Você deve encarar a criação da persona como um elemento fundamental da inteligência social, não como algo perverso ou demoníaco. Todos usamos máscaras na arena social, desempenhando diferentes papéis para nos ajustar aos diversos ambientes que frequentamos. Nesse caso, você está apenas consciente do processo. Encare-o como um teatro."

Robert Greene, no livro *Maestria*

Esqueça as milhares de vezes que você ouviu o conselho de algum especialista dizendo que para você ter uma marca forte, bem-posicionada, valiosa no mercado, você precisa ser uma marca pessoal autêntica. Esqueça essa ideia de que o valor de uma marca pessoal está só no egoísta "você precisa ser você mesmo" – seja lá quem você for.

Perdoe a sinceridade, por favor. Mas é isso mesmo. Sabe por quê? Porque isso pode fazer um sentido enorme para você com você mesmo, você com sua consciência, e ser muito bom, mas, mesmo assim, não garante nenhum valor para você e sua marca pessoal lá fora, no mercado.

Calma. Eu explico ponto a ponto.

Mas, para continuar, eu preciso deixar uma coisa muito clara e que é crucial para você não ser mais enganado dessa forma pelo mito da autenticidade: **ser você não diz absolutamente nada, a não ser para você mesmo**. Ser você mesmo tem um valor enorme, mas apenas para você mesmo. Acredite.

Não fique magoado comigo com a dureza dessa afirmação, mas ela é a mais pura verdade. **Desde que não saibam diferenciar, as pessoas estão se danando se você é você mesmo ou se está fingindo ser alguma outra coisa**. O valor para a percepção das marcas pessoais não está aí.

Ser você mesmo na construção da sua marca pessoal lhe garante muitas coisas boas como ajuste, encaixe, propósito, responde aos seus porquês e garante sustentabilidade por coerência interna. Mas não lhe garante valor no mercado lá fora.

Autenticidade tem um valor imenso "para você com você mesmo" porque sendo verdadeiro você se completa e se encontra nos seus próprios atos. Você tem consciência de si e se realiza pelo que faz. Mas, ainda assim, isso só tem valor nas suas reflexões na frente do espelho ou no sofá do consultório do seu terapeuta, falando da sua síndrome do impostor.

Sendo autêntico você se legitima consigo mesmo e fica seguro de que não é uma farsa. Isso é ótimo. Mas para os outros – entenda aqui todo o mercado – seus públicos e todos que são de alguma forma atingidos pela marca que você é: isso pouco importa.

Não vou mudar para agradar os outros, porque sou uma pessoa autêntica.

Apesar da grande dificuldade (eu diria quase impossibilidade) em você fingir ser outra coisa (é muito fácil ser desmascarado quando estamos expostos e sendo observados o tempo todo) e tentar enganar o mercado, **a imensa maioria das pessoas está se lixando se você está sendo autêntico consigo mesmo ou não, se você causa problemas aos outros com sua personalidade**. Se isso é legítimo para você, ótimo. Mas isso só tem valor para você – para os outros é incômodo, é dor, é conflito, é atrito. Quer um exemplo?

Imagine a seguinte situação: um colega de trabalho que é uma pessoa extremamente grosseira com todos. Alguém tóxico para trabalhar, que contamina o ambiente, que explode facilmente, que baixa o astral de todo mundo. O grupo em volta sofre todos os dias com isso e a equipe toda começa a compreender que perde produtividade por conta das atitudes negativas da tal pessoa. Até que um dia o grupo se reúne para uma DR com a dita cuja e todos expõem o dilema que é conviver com ela e aturar o gênio e as grosserias diárias. Ela ouve irritada a todos, rebate, eleva a voz e termina dizendo: "Eu sou assim mesmo. Estou sendo eu mesma. Eu não vou mudar de personalidade para agradar vocês. Eu não quero parecer nada, eu só quero ser. Quero ser eu mesma. Vocês deviam me elogiar por eu ser autêntica".

Saia você dessa situação.

Você compreende como a autenticidade pode ser distorcida criando mais conflito?

Você pode achar uma glória dialética a frase: "Eu não quero parecer nada, eu quero ser. Se as pessoas não gostam, azar o delas. O problema não é meu." Parece virtuosa pois ela coloca o "ser" à frente do "parecer" e, implicitamente, até mesmo na frente do "ter", tão materialista. Então, à primeira vista, parece inatacável. Correta. Mas no fundo, se você refletir, é uma frase apenas egoísta e míope, que se apega somente ao "meu ser", ao "meu olhar de mundo" e despreza o outro ao seu lado para legitimar sua personalidade imaculada.

Do ponto de vista dos nossos públicos de marca pessoal (quem vive ou convive com a gente e todos que impactamos à nossa volta seja no mundo real ou virtual), essa postura é mais ou menos como político dizendo que seu diferencial é ser honesto. Porque isso é pressuposto básico. É o mínimo que se espera de um político (muito embora uma parcela considerável dos políticos não o seja) para considerá-lo como uma opção viável.

Ser você não deveria ser motivo de conflito.

O que precisa ficar muito claro aqui é que existe uma distorção conceitual no mercado com o valor da autenticidade na construção de uma marca pessoal valiosa.

O que realmente interessa para os outros e que tem enorme impacto no valor percebido da sua marca pessoal é o que você fez ou o que você faz. Diz respeito à sua obra. Seu legado. Também importa muito para os outros o como você se comporta. O jeito como você faz as coisas. Suas atitudes. Seus comportamentos relacionados à sua entrega, à entrega da sua obra. **Porque os rastros e as marcas que você deixa pelo caminho fazem que você atraia ou afaste as pessoas e, assim, acaba pesando na sua avaliação, pela ótica delas.**

Também importa muito (eu diria que o que mais importa) é realmente a transformação que você proporciona ou inspira nos outros. Isso é realmente valioso. Muito.

O que realmente é autenticidade em marcas pessoais.

As pessoas olham para a sua obra (o que você domina e está construindo para a transformação do seu entorno ou a transformação das pessoas à sua volta) e sentem o impacto positivo dela. Olham para o seu comportamento e compreendem nele os motivos da sua obra e veem coerência nessa relação entre obra e autor. Ou seja, identificam nos seus atos, nos seus gestos, nas suas palavras, a razão pela qual você constrói esse legado pessoal. Tem coerência nessa relação. E quando olham para a sua imagem, para o seu visual, para os seus sinais, são remetidas para a sua obra. E esse conjunto coerente entre imagem, atitudes e obra é que faz de você uma marca pessoal autêntica. Esqueça toda a ladainha que você já ouviu.

Autenticidade em marcas pessoais é isso: **você se torna a sua obra. E a sua obra se torna você**. E sua imagem e atitudes funcionam como uma bandeira para nos ajudar a entender as razões da obra e a respeitá-la mais ainda.

Esse conjunto é o que faz você ser reconhecido e valioso como marca pessoal. É dessa simbiose entre obra, atitudes e imagem do autor que se forma sua reputação no mercado. E com ela vem o respeito, a admiração pública, a autoridade, a notoriedade e a legitimidade sobre você e a autoria de sua obra.

Ou seja, a autenticidade que realmente é valiosa é a que o faz **diferente de todos os outros no mercado**. A autenticidade como sinônimo de originalidade, de singularidade – que é só sua, no conjunto da sua obra imbricada com a sua autoria. É dessa conjunção que se forma uma marca pessoal autêntica.

Essa autenticidade do "seja você mesmo e não se importe muito para os outros", nesse caso, serve somente para você se legitimar consigo mesmo. É ótimo, mas é para você mesmo. Serve para você poder se olhar no espelho e não ter vergonha de ser quem você é. Mas é isso. Só isso.

Autenticidade como uma intenção.

Você pode encarar o conselho do "seja autêntico, sendo você mesmo sem se importar com os outros" como uma intenção de caminhada, como uma busca. Aí, ok. Essa intenção pode funcionar como uma diretriz estabelecida para os seus movimentos e para construir a sua imagem no mercado. Você estabelece para você mesmo que não vai construir uma imagem falsa nem muito distante daquilo que você acredita que realmente é.

Ou seja, você estabelece que você será reconhecido como uma figura muito próxima de como você é nas suas reais intenções. Então, por esse viés – como diretriz e busca pessoal - vale a pena ouvir o conselho dos especialistas e tentar ser fiel aos seus princípios e atitudes. Isso, obviamente, é mais seguro, mais forte e o muito mais sábio a se fazer. Desde que esse "seja você mesmo" não seja destrutivo para o entorno nem fonte de atrito para você mesmo. Você compreende?

Não aceite essa ladainha da autenticidade vazia.

Mas lá fora, para quem se relaciona com você (seus públicos de marca pessoal), essa autenticidade tem pouco ou nenhum valor – da forma como estamos discutindo aqui, sem uma obra clara (a sua obra de vida – aquilo que você domina como ninguém e vem construindo há muito) que remeta para a sua assinatura.

Imagine o seguinte, alguém dizendo para uma outra pessoa: "Olha, preste atenção no fulano, porque ele é uma marca autêntica. Ele é ele mesmo!" Ou, "Olha só que fantástico, aquela cantora! Ela é a mesma cantando nos palcos, fazendo seus shows ou em casa com a família. Que legal! Ela é autêntica! Ela é ela mesmo!"

Ok. Estou sendo um tanto irônico. Como sempre. Mas compreenda que ser você mesmo sem se importar com os outros tem muito pouco valor percebido. A não ser...

E sempre tem um "a não ser".

Quando existe uma nítida incoerência entre o que você prega, fala, canta, declara, escreve, afirma nas suas declarações e o que você faz na vida privada / pública, isso não vai passar desapercebido. Por exemplo, se você for um rapper nascido e criado numa comunidade e nas suas músicas você fala de sofrimento, miséria, do valor de ser humilde, de igualdade e de combate à pobreza, e é relacionado a imagens de luxo e ostentação nas redes sociais, alguma coisa não se encaixa. E isso é óbvio que é uma incoerência e o público odeia gente incoerente. Se for o caso, você certamente será punido pela audiência com cancelamento ou sua obra perderá valor e interesse perante o público. Ou ainda, o que é bem provável, você será afetado pelas duas coisas.

Então, que fique muito claro também: **coerência entre o que você fala e o que você faz é altamente crítica para o sucesso sustentável da sua marca pessoal no mercado**. Reparem que eu falei de sucesso sustentável, aquele que não é oportunista ou momentâneo e que é lastreado sob bases fortes, para se perpetuar, como nas marcas icônicas que a gente ama pela vida inteira.

Mas, infelizmente, coerência por si só também não lhe garante o sucesso sustentável.

Por quê? Porque você pode ser uma pessoa insuportável e ser coerente nesse seu defeito. Pronto. Valor nenhum para sua marca pessoal. Você pode ser um sujeito estúpido e irascível disfarçado de marca autêntica e dessa forma, ser você mesmo o tempo todo e, ainda assim, ser um conjunto sem valor ou de valor negativo, fracassado, percebido como danoso no mercado. Entende?

Tanto autenticidade quanto coerência são valores que precisam ser construídos sobre uma perspectiva positiva, onde obra e autor geram sinais na mesma direção. Harmônicos, sinérgicos, coerentes. Mas sempre com impacto positivo. Isso lhe valoriza, e muito.

Muita atenção aqui. Evite suicídios reputacionais.

Agora, se você tiver na sua atitude e nos seus comportamentos traços percebidos como negativos, que você nem percebe em você mesmo, ser você mesmo é um suicídio reputacional.

O problema é que a maioria das pessoas que se dizem autênticas, geralmente pelo gênio difícil, **na verdade são pessoas problemáticas que se vêm como de personalidade forte**. Então, quando elas ouvem o conselho: "seja autêntica, seja você mesmo", isso funciona como um empurrão num precipício moral. Você segue a recomendação dos especialistas e só se afunda mais sendo autêntica dessa forma. Você só se ferra na vida. Então você vira um autêntico ferrado. Um autêntico incômodo. Um autêntico problemático. E isso é uma âncora que nunca vai lhe permitir crescer. O que não é uma postura nada inteligente para quem sonha em crescer, prosperar e se realizar como profissional e como pessoa.

Ser você mesmo pode também tornar você frágil.

Você está agarrado na ideia de que "ser você mesmo" lhe torna mais forte, mas isso pode ser uma falácia. De certa forma, é ingênua a ideia de que "você sendo você mesmo", o tempo todo, vai sobreviver em todos os ambientes. Porque contextos diversos, com pessoas e interesses dos mais variados, exigem adaptabilidade da sua parte. Ser o mesmo em todos eles, torna você extremamente frágil. É como se você fosse um bloco rígido num contexto que exige flexibilidade. Você, certamente, naufragará ou terá muita dificuldade em sobreviver.

Materiais rígidos quando forçados demais, quebram. Ou vergam de vez e não voltam mais ao seu estado natural. Pessoas que são sempre as mesmas em todos os lugares com diferentes pessoas correm o mesmo risco. Não flexionam, não se esforçam, não tentam aprender, não fazem força para se adaptar e se tornam rígidas e egoístas, ensimesmadas com suas próprias crenças.

Antifrágil como massa de pão.

Pense na teoria do escritor Nassim Taleb, no livro ***Antifrágil: Coisas que se beneficiam com o caos***, que defende que algumas coisas são extremamente frágeis e não podem sofrer abalos porque quebram facilmente. Um cálice de cristal é um bom exemplo. Você precisa se cercar de todos os cuidados para que ele não sofra nenhum abalo que o destrua. Mantenha-o sempre quieto num lugar seguro e ele se manterá intacto. Cause qualquer agitação, impacto ou empregue qualquer tipo de força em demasia e ele se quebrará. Então, é melhor deixá-lo sempre quieto no seu canto, protegido.

Outras coisas precisam de abalos, de forças agindo para que elas cresçam e se tornem fortes. A massa do pão que precisa ser sovada para crescer é um exemplo de antifragilidade. Se a deixar quieta e intocada, ela perecerá abatumada e não se concretizará pão. Para consumar seu destino e ser o que deve ser, ela precisa ser abalada, forçada, amassada, sovada, confrontada consigo mesma para criar dentro de si o ar e a leveza necessária que a fará crescer. E para isso acontecer ela precisa intercalar força e pressão com intervalos de repouso para absorver a tensão sofrida. A massa precisa de ambos para crescer e se transformar em alimento. E só com o suportar de forças contrárias à sua natureza é que ela se realiza e se torna o que nasceu para ser: pão.

O ser humano inflexível não cresce.

O ser humano pode ser um ótimo exemplo de antifragilidade. Porque precisamos desses estímulos de contextos diferentes e de forças diversas para crescermos. A intocabilidade nos desestimula e nos diminui a estatura. Porque não nos desafia a sermos melhores. Nos conformamos em "ser somente o que achamos que somos". Não vamos além disso. Restamos só, conosco mesmos. Não aprendemos nada com a diversidade do olhar do outro sobre a gente. Não nos confrontamos com o diferente de nós. Porque é da tensão entre o que somos e o que a adaptação nos exige nos diferentes contextos, com diferentes pessoas, que nos tornamos mais fortes.

Máscaras sociais.

A complexidade do uso de diferentes personas (de máscaras sociais) nos diferentes papéis que precisamos exercer como profissionais, como pais, como amantes, como cidadãos, como estudantes, como professores, enfim, é o que nos faz mais sensíveis, mais flexíveis e, por conseguinte, muito mais sábios no convívio social e nos relacionamentos.

Essa aparente fragilidade do "não ser eu mesmo o tempo todo", ou seja, da flexibilidade da adaptação, do respeito ao olhar do outro, do entendimento da engrenagem social, da busca por empatia é o que nos faz mais expertos, mais testados, mais inteligentes nas trocas e, muito mais fortes como seres humanos. Por isso somos antifrágeis.

Tome consciência de si mesmo e do que você causa nos outros e dos reflexos que voltam para você.

Para "ser você mesmo" você, além de se conhecer (profunda e verdadeiramente), também precisa entender como é percebido lá fora, pelo olhar do outro. Se você acreditar que ser uma marca autêntica é só ser você, assim mesmo, do jeito que é, você corre um enorme risco de ser um autêntico fracasso ressaltando aquilo que você tem de pior e não perceber isso.

Por isso, o meu alerta aqui: para ser você mesmo é preciso, primeiro, se autoavaliar muito bem e jamais deixar de levar em consideração a ótica do outro, o olhar de quem interage com você, os impactos que você causa nesses públicos e tudo que se volta depois para você, como reflexo das suas atitudes.

Quando você não faz isso você só fica com o seu olhar – que obviamente é muito parcial porque é só seu. E esse é um dos riscos de se planejar como marca pessoal de forma leviana ou orientado por profissionais mal-preparados, que acreditam que planejar marcas pessoais é brincar de só listar palavras na caixinha de perguntas dos *stories* do Instagram, preencher uma matriz com nome de um método moderninho e pronto: a pessoa está posicionada. Balela. Modinha perigosa. Atitude que se torna suicida para muita gente.

Por quê? Porque se você tiver uma imagem percebida como negativa (e todos nós temos alguns traços marcantes que podem ser vistos como negativos) e tentar ser você mesmo dessa forma, você só piora as coisas. Você se afunda na sua própria autenticidade. Você aprofunda o autoengano. Então, não esqueça disso: você não pode acreditar na ideia de ser autêntico sendo você mesmo, sem antes, ter muita clareza da sua percepção como marca no mercado. Você compreende?

Autenticidade tem a ver com obra.

Mas muita atenção: eu não estou falando aqui que autenticidade em marcas pessoais não seja importante. Olha só. Muito cuidado. O que estou dizendo aqui é que ela por si só não tem valor nenhum. **Porque autenticidade não pode ser um fim em si mesma.** Autenticidade requer alguma coisa a mais.

Quando se diz: *essa marca é autêntica*, não se está dizendo absolutamente nada se não houver uma comparação com outra coisa. Quando existe algum espaço para a dúvida, comparando-se um produto falso com um verdadeiro. Aí você ouvirá: *Ah! Essa aqui é a autêntica! A outra é falsa.* Fora desse contexto, você não vai presenciar alguém falando de autenticidade de uma marca pessoal como valor em si mesmo.

Porque em marcas pessoais, para mim e para você, autenticidade requer companhia de alguma coisa a mais que chancele o significado para o autor. Requer alguma obra, gesto, forma, maneira de fazer, técnica, escola que você criou, legados, feitos, criações concebidas por você. Ou seja, **autenticidade para ter valor na sua marca pessoal requer estar associada com alguma obra**.

Não diz respeito ao seu gênio, mas à sua obra.

Quando você escuta uma canção do Cazuza e reconhece nela imediatamente toda a força poética do autor, você legitima obra e autor quase como uma coisa só. Você diz: *isso é Cazuza!* E quando você legitima a poesia na música como obra do Cazuza, você reconhece que a marca desse artista está impregnada em todo o seu legado. Obra, atitudes e artista se misturam de uma forma tão diferenciada e única que criam aquele monopólio que falei no capítulo anterior. Existem centenas de ótimos poetas e de maravilhosos compositores musicais famosos, mas só existe um Cazuza como marca. Autêntico.

Você entende agora a força disso?

É como se Cazuza tivesse criado uma categoria dentro da categoria já existente que o faz ser diferente de todos os outros cantores, poetas e compositores maravilhosos da música brasileira. Isso tem a ver com seu estilo, seu jeito, seu tom, sua força poética, sua rebeldia, suas contradições, sua ousadia, seu jeito no palco, suas atitudes, seus comportamentos, sua história, seu legado, sua vida, mas essencialmente com o resultado do conjunto da sua obra. É dela que vem o valor.

Autenticidade é quando você se confunde com a sua obra, é quando você se torna a razão do seu próprio legado. Quando a gente enxerga em você a razão da obra e a obra vira um espelho da sua vida, do seu legado.

Autenticidade e originalidade.

É essa autenticidade que pode ser traduzida como diferenciação, como uma coisa original, única, singular. Só víamos aqueles traços, com aquela poética, com aquele jeito, no Cazuza, e em mais ninguém.

O mercado já tinha atitudes rebeldes na música desde a metade do século passado. *Rock* e rebeldia sempre andaram juntos há décadas. Todos inspirados uns nos outros. Cazuza não inventou isso. O mercado já tinha poetas com sensibilidade. Cazuza também não inventou isso. O mercado já tinha músicos que proporcionavam espetáculos magistrais e experiências de palco inesquecíveis. Eu poderia citar uma dezena de cantores com desempenho semelhante no palco. Cazuza também não foi pioneiro nisso. Mas só a marca Cazuza fazia do jeito Cazuza. E esse conjunto todo: imagem / atitude / obra tornaram totalmente singular e autêntica a marca pessoal do autor.

Então, quando a gente reflete sobre Cazuza como poeta e cantor, a gente chega à conclusão que só existiu ele, daquela forma, com aquela obra, com aquela vida breve, com aquele legado. Ninguém mais. Totalmente original e autêntico. Não é sobre a personalidade do Cazuza, mas sobre a obra ser a cara dele. E a obra se tornou tão grandiosa e singular que virou ele.

Autenticidade é singularidade.

Uma marca pessoal icônica que é reconhecida como diferenciada, como singular, como única em meio a milhares de outras marcas de outros tantos bons poetas e compositores. Porque cada música é um pedaço da obra com a genética do autor e o autor só existe como marca diferenciada quando se corporifica na obra. **Um retroalimenta a diferenciação e a originalidade do outro. E a isso podemos chamar de singularidade autêntica.**

O lastro forte de uma marca pessoal autêntica é quando a gente confunde autor e obra. Quando a gente olha o autor e lembra da originalidade da obra e quando a gente vê partes da obra e reconhece ali os traços marcantes do autor. **Com a autenticidade que o faz ser reconhecido como único em meio a milhares de outros artistas**.

Autenticidade é criar um tópico de si mesmo.

Porque é a marca daquele cantor e a poesia daquele compositor. E isso o faz único, original, autêntico como só ele. E essa diferenciação é fundamental em *branding*. Jamais esqueça o conceito de que marcas servem para criar desigualdade entre coisas aparentemente iguais.

Autenticidade em *personal branding* cumpre essa missão de colocar um selo de destaque como sinônimo de "sem comparação", "sem concorrência", como único e, por isso, muito mais valioso.

Então, autenticidade como valor para os públicos tem muito a ver com diferenciação. **Tem a ver com criar um tópico de si mesmo e ser reconhecido como único através da própria obra, ser o legítimo dono de algo que só você faz ou fez, que tem o seu DNA ali, que tem o seu jeito.** Que o faz totalmente único.

Se você ficou interessado, venha comigo para o próximo capítulo, onde eu vou detalhar o passo a passo dessa construção. Vou defender ponto a ponto e vou ilustrar com exemplos de marcas realmente valiosas, sustentáveis e autênticas.

Vamos lá! Essa é a melhor parte de tudo que já discutimos até aqui. Eu prometo. Só não me venha sem mais café!

capítulo 10

COMO CONSTRUIR UMA MARCA PESSOAL AUTÊNTICA

"É bastante desconcertante que aqueles de quem mais nos beneficiamos não sejam os que tentaram nos ajudar (digamos, com um "conselho"), mas sim, aqueles que tentaram ativamente a – apesar de falharem – nos prejudicar."

Nassim Nicholas Taleb, no livro *Antifrágil*

Tenho defendido a ideia de que, como marcas pessoais, somos o resultado de três pilares, de três grandes construções simultâneas onde você gera a quase totalidade das suas percepções e determina o seu valor profissional ao longo da vida:

1. Sua imagem.
2. Suas atitudes.
3. Sua obra.

Autenticidade se consolida como valor na medida da consolidação da sua marca sobre esses três pilares. É um processo contínuo e simultâneo que faz parte da construção da sua marca pessoal. Um retroalimenta o outro. **Você reconhece a marca forte pela diferenciação que se torna autêntica, ligada àquela pessoa. E você reconhece autenticidade na pessoa como traço da sua marca forte e diferenciada, aliada a uma obra, um legado genuíno.**

Por isso imagem autêntica de forma isolada não existe sem obra. O que sustenta a autenticidade de uma marca pessoal é um conjunto formado por esses três grandes pilares. É ele que dá sentido e significado a uma marca pessoal autêntica porque faz que você olhe para o autor e através das atitudes, perceba a intenção da obra. E na obra, perceba a identidade do autor. Simbiose pura entre constructo e construtor, entre atitude e transformação, entre vida e legado de verdade.

Por isso é importante que você tenha em mente que esse tripé precisa trabalhar a seu favor. Quando existe uma orquestração dos sinais dos três vértices na mesma direção as coisas se potencializam e você ganha muito mais consistência e valor para a sua marca pessoal. Você elimina a esquizofrenia do *branding* e coloca o movimento de percepção dos diferentes públicos a trabalhar por você.

Então, olhemos com mais profundidade para cada um deles, para depois podermos discutir e exemplificar marcas pessoais que dominam com maestria esse conjunto. Vamos ao primeiro e ao mais conhecido pilar, a imagem pessoal.

1. A parte visível do iceberg: sua imagem pessoal.

Esse é o primeiro ponto. É o fator mais básico, mas não menos importante. E tratei muito disso no meu primeiro livro: ***Personal Branding – Construindo a sua marca pessoal***. Confesso que passei meus últimos vinte anos debruçado sobre o tema, escrevendo artigos, gravando vídeos, produzindo conteúdo e fazendo palestras por todo o país. Mas vale a pena repetir alguns pontos aqui.

Jamais podemos esquecer de que nós todos emitimos sinais constantemente e, dessa forma, acabamos sendo o resultado das percepções das pessoas à nossa volta. E que percepções, na maioria das vezes, acabam virando verdade. Não tem como negar a imensa contribuição que a imagem de cada um de nós proporciona para que os outros possam nos reconhecer como gostaríamos de ser reconhecidos.

Imagem como bandeira de vida.

A imagem pode funcionar como uma grande bandeira daquilo que defendemos, pode se tornar uma atitude, símbolo de um projeto de vida. Afinal, quantas pessoas hoje em dia usam a própria imagem (falo aqui também da pele, do próprio corpo) como um painel vivo que "fala" pela pessoa. Um cabelo diferenciado e impactante que dá um recado. Tatuagens à mostra que revelam gostos, crenças, ideologias. Anéis, brincos, relógios, adereços, colares, óculos, correntes, fitinhas, escapulário, pulseiras, enfim. Se bem arranjado e intencional, cada peça pode contribuir com a narrativa da marca pessoal. Cada objeto pode colaborar reforçando uma intenção maior do conjunto, como um recado que você dá às pessoas que lhe veem: *"Olha! Eu sou assim e defendo isso e aquilo. Ok?"*.

A sua imagem conta uma história por você.

É pela imagem – pelo menos num primeiro momento – que reconhecemos os traços de uma pessoa e constatamos indícios de que ela possa ser mais ousada ou mais conservadora, por exemplo. Se mais cuidadosa ou mais desleixada, se mais profunda ou frívola. Se mais agressiva ou mais leve, mais vaidosa e pronunciada ou mais discreta e reservada.

Podemos também avaliar e reconhecer, em minutos, alguns outros sinais. Indícios de riqueza e ostentação ou de simplicidade e reserva. Isso tudo tem grande impacto em ser recebido, em ser acolhido, em ser ouvido, em ser acatado. E tem um valor enorme no mundo profissional e nas relações. Funciona como um abre portas planejado onde você não precisa contar uma história para se apresentar. Sua imagem conta essa história por você.

O outro lado, quando estende a mão para lhe cumprimentar num primeiro encontro pessoal, já entendeu um pouquinho de quem é você e quais são os seus interesses. Mesmo sem racionalizar nada, a gente compreende a pessoa pelos seus sinais iniciais. Então, quando a imagem é bem planejada, funciona a seu favor.

Quando mal planejada ou quando simplesmente não é pensada – que é o que acontece com a imensa maioria das pessoas que não têm a mínima ideia de como a imagem pode lhe afetar – pode trabalhar contra. Sabe por quê? Porque as pessoas, quando pensam na própria imagem, só querem ficar bonitas. Querem se sentir elegantes, atraentes, atualizadas. A maior parte dessas pessoas não tem ideia da força da imagem quando ela se torna intencional e do poder dela como parte da própria narrativa de marca pessoal. Parte da história a "ser contada". A história ilustrada. Então, muitas vezes, a pessoa fala uma coisa e a imagem fala outra, diferente. trabalhando contra. Bem administrada e planejada pode ser uma ferramenta muito especial e estratégica na construção da sua marca pessoal.

Isso é tudo que importa numa marca forte? É claro que não. Nem tudo se resume a imagem. Sabe por quê?

Embalagem e produto precisam de consistência.

Não podemos, simploriamente, resumir uma marca pessoal em imagem. Esse é um erro comum no mercado. Imagem, de forma muito simples, é a "embalagem" da marca pessoal. E uma boa embalagem pode fazer você ser comprado. Traduzindo: isso pode significar ser visto no meio da multidão do mercado, talvez ser aceito, escolhido até. Mas isso não significa perpetuação de valor só com imagem.

Você pode até comprar por impulso um produto pela embalagem linda, num primeiro momento, mas se o produto não for bom, você não repete a compra. E isso funciona da mesma forma com as marcas pessoais. Embalagem e produto precisam ter consistência, precisam ser as melhores, precisam gerar valor para quem compra. É dessa forma que você perpetua o valor da sua marca pessoal.

Não é sobre ficar mais bonito ou atraente.

Outro erro é achar que a imagem de marca está bem porque condiz com o biotipo e a condição social ou profissional da pessoa naquele momento. Ou seja, que a imagem de marca está bem porque deixou a pessoa bonita, atualizada. Isso não é o bastante para se obter uma marca pessoal valiosa, forte e sustentável.

Atualizar o guarda-roupas com o seu estilo, tornar você mais atraente, deixá-la mais bonita ou bonito só resulta numa coisa: você fica mais bonito ou bonita. Só isso. O que é muito bom para a autoestima, para a vaidade pessoal, mas não quer dizer que isso contribua para que sua marca se estabeleça no mercado.

Obviamente, precisamos admitir que ter um bom visual, adequado aos seus planos, é ótimo. Porque a sua imagem é a parte visível do seu projeto pessoal. Sua imagem serve como uma bandeira para você dar um recado, para você dizer ao mundo quem você é ou gostaria de ser. É parte importante do seu conjunto de sinais que o ajudarão a ser reconhecido pelo que você gostaria.

A imagem é a parte da sua marca pessoal que fica à tona e que mais rapidamente produz impactos por conta das nossas interações diárias. E se torna fundamental por conta de estarmos expostos numa sociedade onde todos se veem o tempo todo e onde vivemos como editores de nós mesmos.

Num primeiro olhar.

Conforme John Whitfield em seu livro ***O poder da reputação***: *"Diante de duas fontes de informação que devem servir de base para uma tomada de decisão, nossos cérebros pegam a que exige menos esforço e decidimos sem o cuidado de processar todas as informações"*.

Também podemos, em fração de segundos, concluir muitas coisas somente por essas primeiras impressões: não importa o gênero da pessoa, a classe social, o grau de instrução, a composição do conjunto, a elegância ou a deselegância, o conforto ou o desconforto com a própria apresentação. E um sem-número de pequenos sinais que dizem muito e que criam percepções como: com acessórios ou sem acessórios? Com acessórios que parecem caros ou que parecem baratos? De que tipo? Somente aqui, nesse detalhe da imagem (usar ou não usar acessórios) a gente pode chegar a uma série de conclusões ou fazer inúmeras conjecturas mentais frente à pessoa em meio a uma reunião de negócios. Veja comigo.

O que os sinais dizem.

Se é uma mulher e não usa acessórios, podemos acreditar que seja uma pessoa despojada, pouco vaidosa ou que não se importa com futilidades. Certo? Talvez seja. Pode ser uma pessoa que dá valor para a essência. Que não gosta de nada periférico (penduricalhos) que desvie a atenção do que realmente interessa nela. Será?

Pode ser. Talvez. Mas pode ser que não exista nenhum comportamento intencional nisso. Tudo não passou de uma exceção. Naquele dia sua filha mais velha se arrumou antes e pegou seus brincos preferidos emprestados sem avisar. E ela, atrasada, resolveu sair sem usar nenhum outro adereço no rosto – naquele dia.

Somos instrumentos multimídia emitindo sinais o tempo todo.

Você entende isso? Podemos tirar muitas conclusões e elas todas estarem muito longe da verdade do que realmente aconteceu. Mas esses sinais da imagem são quase impossíveis de não serem notados e de não fazerem nosso cérebro buscar razões – sejam elas importantes para a tal reunião ou não. Somos seres humanos. Notamos, reparamos, nos distraímos, concluímos pela via mais fácil, como diz Whitfield, na reflexão anterior.

Agora siga comigo sem mais divagações sobre a descrição de pelo menos mais alguns sinais bem comuns nas pessoas à nossa volta, numa reunião presencial, e imagine o número de pensamentos, divagações, dúvidas, contradições, sinalizações, sugestões, percepções emanadas deles num simples olhar pelo ambiente. E o que observamos silenciosamente enquanto a conversa avança.

Uma planta carnívora no baixo ventre.

Com tatuagem ou sem tatuagem? Se tem tatuagem, que tipo de tatuagem, o que diz na tatuagem, se for um desenho, o que será que significa para aquela pessoa? Uma enorme flor no ombro sob a alça preta do sutiã que ficou de fora. Hum!... Será que o desenho da flor continua na parte encoberta embaixo da blusa? Dúvida. O que terá na continuação desse desenho? Será que tem uma frase explicativa abaixo da flor? O que isso indica? Que significado teria para aquela pessoa, com aquela certa idade, com aquela certa aparência? A tatuagem mostra uma pessoa mais ousada? Mas a roupa de hoje parece conservadora. Dúvida. Qual será a personagem que está à minha frente? A mulher ousada da flor colorida enorme no ombro que deve percorrer as costas, cheias de dizeres inspiradores e, quem sabe, as ilustrações terminam com uma planta carnívora no baixo ventre? Será? Pode ser só a imaginação nos sabotando a razão. Mas sempre vai ficar a dúvida. O que será que ela queria que soubéssemos dela com aquela tatuagem à mostra? O que ela quer dizer ao mundo?

Ou será que não tem nenhum significado. A tatuagem não quer dizer nada e o que aconteceu foi que a escolha da blusa de hoje foi infeliz quando deixou transparecer um pedaço de ousadia que não deveria? Um acidente de escolha correndo de manhã, atrasada para a reunião, e que a fez passar por uma mulher ousada dando um recado subliminar ao grupo numa reunião de trabalho. Não saberemos. Mas restam os sinais e as dúvidas.

Dúvidas. Sinais. Percepções. Interpretações.

Seguem algumas outras situações para você entender a amplitude de sinais das nossas imagens.

O corte de cabelo é conservador ou ousado, popular ou clássico, diferenciado ou discreto, na moda ou fora dela, cabelo pintado ou parece natural, pintado recente ou com raízes escuras enormes de quem não teve tempo de ir ao salão retocar? Chama a atenção ou não? Com maquiagem ou sem maquiagem? Maquiagem mais ousada e pesada ou leve, batom vermelho chamativo ou nude? Unhas pintadas? De que cor? Misturinha de branco transparente ou vermelho alaranjado? Flúor? Marrom? Com enormes cílios postiços que roçam na lente dos óculos ou com cílios postiços, mas menores e mais discretos?

Mais sinais.

Camisa impecavelmente passada? Um pouco amassada que parece mais natural e uma pessoa não tão preocupada com formalidades, ou muito amarfanhada de quem não dá a mínima bola para nada? O que isso indica de personalidade ou de comportamento?

Camisa com mangas remangadas ou abotoadas? Camisa com monograma ou sem nada? Marca de grife aparente? De qual grife? Cara ou popular? Camisa mais moderna sem bolso no peito ou mais tradicional com bolso? Corte ajustado ou com corte mais tradicional? Colarinho engomado e abotoaduras?

Sinais e sinais falando por você.

E continua: sapato impecável ou sapato maltratado? Tem um recado aí. Sapato de salto alto baixo? Rasteira? Sapato mocassim sem meias ou um clássico de amarrar com meias? Da cor da calça ou da camisa? Calça de alfaiataria ou calça jeans? Ajustada e moderna ou clássica? Com blazer ou sem blazer? Com saia acima do joelho ou abaixo, saia envelope ou plissada? Vestido ou jeans? Blusa de malha discreta com gola redonda ou gola em V? Decote discreto ou discretíssimo? Decote ousado? Enfim. Sinais e sinais falando de você o tempo todo. Sinais que podem lhe valorizar e reforçar suas intenções de marca pessoal ou que destroem seu valor de marca pessoal.

Eu poderia ir listando esses mínimos detalhes até a exaustão e mostrar que cada um deles nos leva a um patamar, a uma dúvida, a uma certeza, a uma conclusão, a uma interpretação. Em questão de minutos, sem intenção, mas a coisa vem. Nosso cérebro não para um minuto. E isso acrescenta ou retira valor, soma ou diminui, multiplica ou divide o seu valor de marca pessoal, dependendo de como você quer ser reconhecido.

Os sinais podem criar estereótipos e nos induzir a erros.

Malcolm Gladwell, no livro *Blink – A decisão num piscar de olhos*, nos dá farto material para refletir e entender o perigo das leituras preconcebidas que o nosso cérebro faz o tempo todo baseado nos sinais que recebemos das pessoas. E que essa interpretação rápida, intuitiva, tanto pode nos ser altamente valiosa, protegendo-nos de perigos, de sinais estranhos e de tipos com comportamentos ameaçadores, quanto pode nos levar a enganos e preconceitos. Nas palavras dele: *"A maioria das pessoas tem dificuldade para acreditar que um jogador de futebol americano de mais de 110 quilos pode ter intelecto ativo e perspicaz. Simplesmente não conseguimos deixar de lado o estereótipo do grandalhão estúpido. Mas se tudo que pudermos ver sobre essa pessoa for a sua estante de livros, ou as obras de arte nas paredes da sua casa, não teremos o mesmo problema"*.

Tudo comunica. Acredite.

O grande desafio em imagem pessoal é orquestrar todos esses sinais na direção que você gostaria. Na direção da imagem que você sonha ter, no que tem significado para o seu projeto pessoal. Na direção dos sinais importantes para o reconhecimento da sua marca pessoal e de como você gostaria de ser reconhecido e interpretado.

Um erro dos mais comuns em marcas pessoais descontroladas é querer passar uma certa imagem e se autossabotar, sem perceber, dando sinais contraditórios. Você gostaria de passar certa imagem, mas seus sinais dizem outra coisa. E isso confunde sua audiência e lhe tira valor como marca pessoal.

Marcas pessoais fortes têm coerência de sinais visuais. A gente olha para a pessoa e entende quem ela é ou como ela gostaria de ser percebida e isso faz sentido quando soubemos mais dela, da sua profissão, da sua vida ou passamos a privar de sua amizade. Visual e gestual se somam e dão um recado para a gente. Ou seja, sinais não verbais abrem a porta para você se apresentar e permitem que você seja mais bem reconhecido. E isso pode ser muito estratégico para conquistar confiança.

Criação de boa vontade. Disposição em ouvir mais. Uma chance.

Não vou cansar você com os milhares de detalhes que podem causar uma primeira impressão, somente pelo visual, e ajudar a dizer quem você é – pelo menos num primeiro momento. Mas se você nunca leu e nem se aprofundou muito sobre isso, acredite que esses sinais funcionam como um painel multimídia dando um recado às pessoas. Você é esse painel multimídia: ao mesmo tempo o controlador e o produto. **E esse recado visual através dos seus sinais pode ser seu maior aliado ou o seu mais forte sabotador.** Pense nisso.

Em palestras, às vezes, mostro seis a nove imagens de pessoas diferentes com tipos comuns, que a gente encontra em qualquer lugar. Um mais informal e meio descabelado, um mais formal, uma mulher com olhar sedutor, uma mulher tatuada no pescoço, um sujeito de cabelos longos com dreadlocks, enfim.

Quem você escolheria para salvar sua vida.

Mostro as imagens uma ao lado da outra e peço à plateia para analisar cada uma das imagens no conjunto. Depois, peço que elas me digam em qual daquelas pessoas confiariam a vida, se houvesse a necessidade de um atendimento médico de urgência com alto risco de morte e só houvesse aqueles médicos para escolher, naquele momento. Pergunto à plateia qual daqueles tipos as pessoas escolheriam para entregar a responsabilidade por suas vidas.

Esse exercício simples faz a plateia se dar conta de como pode ser forte o impacto da imagem de cada um na construção da confiança nas relações diárias com seus públicos. E de como fazemos o tempo todo essas avaliações sem nos dar conta. Toda hora, com a maioria das pessoas à nossa volta, com fornecedores, com conhecidos, com clientes. Olhamos e sem racionalizar evocamos em nossas mentes conceitos e preconceitos em frações de segundos, com base na imagem e nos sinais recebidos.

Você pode criar predisposição.

Essas primeiras impressões afetam drasticamente nossa disposição em criar boa vontade, em ouvir o que a pessoa tem a dizer, em ser mais ou menos gentil, e o mais importante: em acatar o que foi e o que nem foi dito ainda. Repare a força dessas impressões para o bem ou para o mal das suas negociações diárias com seus públicos.

Se este livro é o seu primeiro contato com o conceito de *personal branding* ou com a ideia de que todos somos marcas pessoais, eu recomendo a leitura do meu livro ***Personal Branding***, que pode ajudar muito a entender o todo que engloba imagem e reputação e compreender a força da gestão da sua marca pessoal.

A imagem certa e a imagem errada.

O importante aqui sobre imagem: não existe imagem certa ou errada de modo geral. O que existe é a **imagem certa para o seu projeto**, para os sinais que você quer passar e como as pessoas irão percebê-los.

Ou seja: quer passar imagem de qualidade, apresente-se com a melhor qualidade possível em tudo. Quer passar imagem de bem-sucedido, você precisará dar sinais disso. Por favor, não vire um sujeito ostentação, mas reforce seus sinais nesse sentido. Quer passar imagem de autoridade em determinado tema, por favor, dê sinais de consistência nisso: quando você se apresenta, quando você argumenta, quando você mostra sua imagem, onde mostra, com quem mostra, enfim. Orquestre todos os sinais na mesma direção. Seja intencional nisso. Não precisa ser chato, nem virar "um boneco de plástico" de tão planejado, mas tente refletir sobre o que lhe ajuda na imagem e o que rouba valor. E, se não conseguir se planejar intencionalmente, ao menos tenha a lucidez de se avaliar no espelho em situações estratégicas.

Então, se for pensar em certo e errado, reflita que a imagem errada para você é tudo aquilo que lhe desvia do **seu projeto** de marca pessoal. É tudo aquilo que gera sinais contraditórios, que confunde as pessoas quando elas lhe conhecem. Imagem errada é tudo no seu visual que não permite que as pessoas entendam como você gostaria de ser reconhecido. É todo sinal dúbio, confuso, que desvia a atenção das pessoas de repararem na sua real intenção. Na intenção do seu projeto e de como você gostaria de ser percebido.

Isso é tudo que se precisa saber sobre imagem?

Não. Muito longe disso. O tema permite inúmeras reflexões sobre os mais diferentes aspectos – do verbal ou não verbal, do explícito ao implícito, do biotipo de cada um a tudo aquilo que cabe dentro da expressão "o corpo fala" – que por sinal é título de um livro clássico, do bem-estar ao estilo, do padrão aceito pela sociedade à diferenciação intencional. Mas este livro não é sobre imagem. Existem ótimos manuais no mercado, livros excelentes e dezenas de bons especialistas nesse tema. Vá atrás, procure, se informe, leia sobre o assunto, pesquise, faça cursos, domine o tema.

Este livro é sobre autenticidade na construção de marcas pessoais. E imagem é um elemento estratégico, um dos três pilares, mas não é o eixo central. Por isso, você precisa pensar em imagem combinada com atitudes e com a sua obra. Esse trio poderoso que se transforma na espinha dorsal deste capítulo que é um dos mais importantes do livro. Então, vamos adiante para o segundo pilar estratégico na construção de uma marca forte e autêntica: suas atitudes.

2. Suas atitudes.

Quem me acompanha em palestras e nas redes sociais sabe que tenho sido bastante taxativo em dizer que *personal branding* tem muito mais a ver com atitude e comportamento do que propriamente com imagem.

Pode parecer contraditório com toda a minha argumentação acima, no ponto 1, mas eu garanto a você que não é. Atitudes coerentes são altamente valiosas para fortalecer uma imagem, mas também podem ser altamente destrutivas para as marcas pessoais.

Imagem é esse conjunto de sinais que fala muito de você e que dá inúmeros recados não verbais, implícitos ou explícitos sobre quem você é ou como gostaria de ser reconhecido. É a parte visível. Uma parte importante que abre portas, que gera primeiras impressões, que cria boa vontade, que cria disposição para lhe ouvir.

Mas são as atitudes e os comportamentos que referendam tudo isso ou que destroem essas boas primeiras impressões.

Acredite numa coisa: **como marca pessoal você é o resultado das experiências que você proporciona**. Simples assim. Boas experiências são milagrosas em converter gente para o seu lado. Um gesto afetuoso inesperado é capaz de derrubar a barreira por completo e fazer o outro baixar a guarda. Um gesto de benevolência pode alterar a cena toda. Um gesto de gratidão pode ser eternamente marcante. Um gesto de sabedoria, equilíbrio e paciência frente ao pior interlocutor, numa discussão, pode quebrar a lógica da oposição e minimizar por completo o atrito momentâneo. Um gesto de leveza em meio ao caos pode lhe gerar um novo olhar de seus pares.

Mas experiências negativas podem ser um desastre para qualquer marca pessoal. Porque elas têm um poder avassalador na lembrança das pessoas. Uma só experiência negativa é capaz de derrubar uma série de boas impressões e manchar completamente uma história de anos. Uma atitude desmedida, uma agressão, uma perda de controle, pode por todo o passado em cheque.

A marca do Zagallo.

Não tem quem não tenha nunca ouvido falar sobre o brilhante Zagallo e sua trajetória vitoriosa no futebol. Zagallo foi um jogador de seleção brasileira e foi também um técnico vencedor liderando esta seleção, fato único que o torna uma marca pessoal singular. Um sujeito com um legado a ser respeitado por todos nós. Um profissional que fez diferença por onde passou e que merece todo o nosso respeito e admiração. O Zagallo fez história e deixou seu nome nela.

Mas também não tem quem não conheça sua frase: "*Vocês vão ter que me engolir*". Já ouviu essa frase? Lembra da cena? Ele irascível, furioso, com o rosto quase colado à lente da câmera de TV gritando. Você, como eu, já deve ter visto essa cena dezenas de vezes na tv ou na internet. Atitude que retratou sua revolta com os que o criticavam quando ele foi lá e venceu. Um desabafo talvez legítimo frente ao que ele sentia com as críticas injustas que recebia. Então, foi lá, provou que todos estavam errados e desabafou.

O problema é que ele desabafou para a TV e impactou milhões de pessoas. E o desabafo ficou registrado para todo o sempre. E não existe matéria sobre esse brilhante profissional que não resgate essa cena. E o Zagallo como marca pessoal se eternizou por essa atitude.

As matérias de TV que o homenageiam mostram sempre o Zagallo competente, humano, querido, incentivando sua equipe, abraçando carinhosamente os jogadores como filhos queridos antes dos pênaltis e a vitória que o consagraria, mas também mostram, invariavelmente, a cena do gênio irascível gritando. Ele se tornou essa frase. Como se mostrassem o lado bom e o lado genioso desse ser humano.

As pessoas procuram pelo bizarro.

O sistema de buscas no Google segue uma lógica simples: coloca mais visível o que é pago ou que é mais buscado. Tanto o negativo, quanto o bizarro sempre prevalecem, infelizmente. Então, se você digitar no Google o nome Zagallo a ferramenta vai mostrar muito mais o irascível, o descontrolado, o agressivo, do que o sujeito genial, o ser humano querido e carinhoso ou o técnico competente e suas vitórias. Ou seja, uma atitude acabou marcando para sempre o sujeito. Uma atitude foi tão forte que o definiu – para sempre.

Injustiça? Não sei. Talvez. Mas essa é a força das atitudes para o bem ou para o mal das nossas marcas pessoais e da nossa reputação.

O Zagallo falou publicamente para milhões de pessoas, mas nós, às vezes, temos atitudes tão fortes ou piores e nem nos damos conta. A diferença? O número de pessoas que foram atingidas. Enquanto ele falou na TV para dezenas de milhões de uma única vez, nós falamos cotidianamente para algumas dezenas, centenas de pessoas ao nosso entorno. Falamos para a família, falamos para os colegas na empresa, para os amigos, falamos nas redes sociais. Mas o impacto é semelhante, às vezes pior, porque tomamos atitudes destrutivas repetidamente para as mesmas pessoas.

O efeito Karol com K.

O Brasil assistiu perplexo a destruição de imagem da Carol com K por conta de suas atitudes em canal de TV aberto no programa *Big Brother* 21. Bastou alguns dias para que o comportamento da artista virasse *trend topic* na internet. Memes desastrosos para a reputação. Críticas avassaladoras em todos os meios de comunicação. Perdas de seus contratos profissionais, cancelamentos de seu programa de televisão, cancelamentos promovidos por seus próprios seguidores nas redes sociais, perseguições, agressões desmedidas.

Uma ou duas semanas de exposição pública bastaram para destruir uma imagem que até então parecia coerente com a de uma mulher vencedora que veio de baixo e chegou lá. De uma mulher cheia de boa atitude que servia de exemplo para outras milhares de mulheres. Uma mulher que era exemplo de empreendedora, de símbolo da defesa das minorias, de uma mulher inteligente e sensível com as dores de outras mulheres que ela resgatava e empoderava.

Tudo desabou rapidamente. O Brasil assistia atônito a uma pessoa descontrolada, fofoqueira, impiedosa, agressiva, opressiva. Exatamente o contrário do que achávamos que ela era. Uma carreira que parecia sólida e vencedora evaporou. E apesar das desculpas públicas, da admissão dos erros (correto) e do esforço em todos os movimentos (que me pareceram corretos) em resgatar a imagem, só o tempo dirá se ela conseguirá. Mesmo assim, nunca mais será a mesma, porque os estragos hoje não serão esquecidos, porque os registros na mídia são para sempre. Essa é a força implacável das atitudes em nossas marcas pessoais.

O cérebro reconhece e rejeita incoerências.

No dia a dia a força das atitudes é semelhante no seu processo de valorizar, consolidar, impulsionar, arranhar ou de destruir imagens. Incoerências são rapidamente detectadas pelo nosso cérebro. O processo é instantâneo e inconsciente.

Quando alguém se apresenta dizendo ser especialista em alguma coisa o nosso cérebro imediatamente pede provas e tenta detectar sinais disso, como se fosse um autenticador daquela mensagem. Ele analisa no visual e nos comportamentos indícios daquilo que está sendo afirmado. Ou uma prova de que aquela imagem na nossa frente é verossímil.

Mesmo quando tudo parece estar certo, nosso cérebro continua vasculhando outros sinais para comprovação do registro. E é aí que as atitudes passam a ser definitivas para dar a prova final. O gestual é avaliado, o tom de voz (passa segurança ou insegurança na voz? Confirma ou gera alguma dúvida?), a maneira como as coisas estão sendo ditas, o olhar, a intensidade, a teatralidade justificada na condução da conversa.

Em palestras, é comum a plateia ficar os primeiros cinco ou dez minutos buscando confirmações, provas ou incoerências no palestrante. As pessoas analisam a roupa, o estilo, a movimentação, o tom de voz, o gestual. Passa segurança? Será que ele sabe mesmo? Que experiência ele tem? Será que domina o assunto? Será que valerá a pena escutá-lo?

Por isso é importante a apresentação do minicurrículo ao chamar o palestrante. Essa apresentação dá um certo norte, uma chancela de quem é a pessoa que vamos ouvir e o seu grau de autoridade no assunto. Mesmo assim, os primeiros minutos são de validação pelos sinais pessoais, em muitas vezes, dos sinais não verbais, como se a plateia não escutasse.

E, ao menor sinal de contradição, o cérebro gera uma dúvida.

Quantas vezes você conheceu alguém profissionalmente e se impressionou pela imagem positiva e se abriu a ouvir e, quando seguiu na interação, quando a conversa foi avançando, você estranhou alguma atitude e recuou? Nesse momento o cérebro percebeu alguma contradição e levantou uma dúvida. É como se o cérebro disparasse um alarme de desconfiança, como se dissesse: atenção! Fique esperto. Tem uma outra coisa aqui que você não está percebendo.

Tem alguma contradição no ar. No resto da conversa o cérebro ficará lançando outras dúvidas. Será que ele é mesmo aquilo que diz? Será que devo acreditar em tudo que ele está dizendo? Será que ele domina o que diz que domina? Será que não estou na frente de um impostor? E aí é como se toda a sua atenção estivesse buscando mais provas para a confirmação daquilo.

Passei a não gostar tanto como antes.

Quantas vezes você admirava alguém pela imagem pública e se decepcionou quando assistiu uma entrevista? Uma afirmação, um comentário que parece que destoou daquilo que você acreditava que era. Não pareceu estranho? O cérebro inconscientemente dispara o alarme de coerência. Você tenta justificar porque gosta muito da pessoa, mas fica com uma pontinha de desconfiança. Você continua assistindo a entrevista, tentando esquecer, mas aquela frase volta ao seu cérebro. Ficou a semente da dúvida. E, às vezes, você descobre depois de um tempo, que já não gosta tanto daquela pessoa e nem sabe o porquê. Aquela paixão incondicional foi abalada. O ruído da atitude contraditória venceu.

Se fez com o outro, vai fazer também comigo.

Quantas vezes você conviveu com alguém durante um tempo (uma pessoa próxima que você achava que conhecia) e passou a acreditar no que ela dizia, mas, de repente, numa única situação qualquer, num rompante, num ataque de gênio irascível, numa brincadeira fora de hora, numa afirmação intempestiva, numa resposta grosseira, o seu cérebro disse a você: opa. Tem alguma coisa errada aqui. Seu cérebro registra, porque o ser humano aprende por observação. Ele sussurra no seu inconsciente: **se fez com outra pessoa pode fazer também com você**. Fica o registro e você passa a ter uma outra imagem daquela pessoa.

Quantas vezes você não se decepcionou com um companheiro de trabalho ou algum líder que você acreditava que seguia num determinado rumo, que detinha certos valores morais e, numa única atitude, a imagem se abalou por completo por conta daquele fato? Essa é a força das atitudes e dos comportamentos. Coerência ou incoerência podem ser a razão do sucesso ou fracasso da imagem pessoal.

O que você não pode esquecer sobre atitudes e comportamentos:

- Uma boa imagem visual, por mais profissional que seja, por mais estruturada e coerente não resiste a um "showzinho" de comportamento colérico. Basta um barraco público para arranhar, abalar ou até mesmo destruir anos de boa imagem na mente das pessoas.
- Uma única experiência negativa, que seja incoerente com a imagem projetada – dependendo da intensidade – pode pôr tudo a perder e destruir a confiança conquistada em anos de coerência.
- Demonstrações de perda de controle e explosões com as pessoas à volta são perfeitas para quebrar a confiança. Um único descontrole público faz que as pessoas imediatamente pensem que isso pode voltar a acontecer de novo a qualquer hora. E lembre-se do que falei acima: o inconsciente dirá sempre a mesma: **se fez aquilo com alguém pode fazer de novo, mas agora contra você. Cuide-se**.
- Jamais esqueça: boas atitudes podem corrigir distorções de uma imagem visual não tão adequada, mas o contrário não é verdadeiro. A melhor imagem visual não conserta um abalo de reputação por conta de atitudes e comportamentos negativos. O negativo marca muito mais do que o positivo na imagem.
- A gente cria boa vontade pelas primeiras impressões com a imagem, mas se afasta e fecha a porta quando as atitudes passam a nos incomodar. A boa vontade que a gente tem

com os outros vai até o limite onde as atitudes começam a entrar em choque com nossos valores. Ou dito de outra forma, a paciência com os ataques dos outros vai até o ponto que começam a respingar na gente.

O efeito Zidane.

Nas minhas palestras muito falei do efeito Zidane. Quando uma única atitude na sua carreira acaba eclipsando toda a sua história e talento, toda a sua maestria e competência ficam menores perante o fato. Você se torna aquele fato. Para sempre.

O caso do hoje treinador e brilhante ex-jogador Zinédine Zidane é semelhante ao caso do Zagallo no campo dos esportes. Na final da Copa do Mundo na Alemanha, entre Itália e França, Zidane – um craque excepcional francês – perde a cabeça com uma provocação, agride o zagueiro italiano Materazzi e acaba expulso.

Conforme o site ***esportefera.com.br***, numa matéria que recorda o fato, 13 anos depois, *"Zidane acertou uma cabeçada no peito de Materazzi a dez minutos do final do jogo Itália e França, que estava empatado por 1x1 na prorrogação. O árbitro argentino Horácio Elizondo expulsou o francês. Nos pênaltis a Itália foi a vencedora e Materazzi fez uma das cobranças bem-sucedidas".*

O que fez Zidane perder a cabeça?

"'Prefiro a p... da sua irmã'" disse o zagueiro pouco antes de receber a cabeçada, após ter empurrado e puxado o adversário, que no lance lhe perguntou se ele queria a sua camisa depois do jogo. O italiano, depois de punido com suspensão por dois jogos, pediu desculpas a Zidane, que encerrou a carreira naquele jogo e foi eleito o melhor do mundo pela FIFA em 2006."

E a cena da cabeçada de Zidane o persegue até hoje. Mesmo após encerrar sua carreira de jogador e ter obtido toda a glória esportiva mundial como um técnico com excelentes resultados, a imagem da explosão do Zidane continua viva na internet.

Considerado um gênio como jogador, como técnico ganhou 11 campeonatos com o Real Madrid da Espanha, incluindo três Liga dos Campeões da UEFA, dois mundiais de clubes e dois campeonatos espanhóis, mesmo assim, enquanto eu escrevo aqui recordando o fato, a busca que fiz no Google revelou 23.100 resultados sobre "a cabeçada de Zidane". Um fato. Uma perda de controle e a atitude ficou como sua marca para sempre.

Embora tenha sido apenas um fato justificável pela provocação agressiva ou por uma série de outros fatores como estresse de uma final, tensão, sangue quente, quem viu a imagem vai sempre fazer a mesma associação: Zidane tem pavio curto e não suporta provocações.

Suas atitudes o tornam previsível.

Ele pode ter mudado. Sim, pode. Ele pode ter amadurecido. Sim, certamente. Ele pode ter feito terapia. Sim. Pode ser hoje um sujeito completamente diferente daquele Zidane pavio curto de 2006. Mesmo assim, em palestras eu mostrava a cena à plateia e perguntava: se por um acaso vocês estivessem de férias em Madrid num restaurante e, de repente vocês vissem na mesa ao lado o Zidane. O que vocês fariam?

Certamente iríamos pedir para fazer uma *selfie* com ele, não? Afinal ele foi um dos maiores jogadores do mundo e está agora aqui, ao nosso lado. Todo mundo balançava a cabeça assertivamente. Mas depois eu perguntava: e quem teria coragem de fazer uma piada sobre ele? A plateia ria. E todos se davam conta de que em nossas cabeças, imediatamente, vinha uma mensagem do inconsciente: "cuidado com as piadas com o Zidane. Esse cara tem pavio curto e pode lhe dar uma cabeçada no meio do restaurante."

Se fez isso com alguém, pode fazer com você também.

É isso. O seu comportamento, como as suas atitudes lhe tornam previsível. Para o bem ou para o mal. É isso que você precisa refletir quando lembrar do efeito Zidane. Todos nos tornamos previsíveis pelos nossos comportamentos e atitudes e, isso pode não só marcar para sempre a nossa imagem, mas também definir nosso futuro. Por isso, nunca esqueça o que acontece com o nosso cérebro: olhamos e observamos comportamentos e, sempre pensamos que quando alguém faz alguma coisa com os outros pode fazer com a gente também. Esse é o poder das atitudes sobre o coletivo à nossa volta.

Para refletir sobre o poder das atitudes das nossas vidas, reflita sobre a frase do James Hunter abaixo. Ela me faz pensar muito sobre os pequenos hábitos que a gente não se dá conta, sobre as pequenas ações cotidianas que a gente nem nota que faz e o efeito cumulativo delas quando nos enxergamos em perspectiva. Reflita sobre ela:

> ***"Pensamentos viram ações, ações viram hábitos, hábitos viram caráter e o caráter vira o seu destino"***
>
> James Hunter

3. Sua obra.

Dos três pilares que constroem uma marca pessoal, este terceiro, a obra, certamente é o mais valioso e o definitivo para a percepção de valor da sua marca pessoal. E a obra que trato aqui é o resultado do seu trabalho, da sua profissão, mas não se resume a ela. É muito mais. É o que você faz, mais o significado do que você faz.

É o conjunto do que você faz e o impacto dele em você e no entorno. É a transformação que você causa. É a marca que você deixa nos outros. É o que você domina como ninguém. É o tema que você representa. É o seu legado de vida e a falta que você vai fazer quando não estiver mais por aqui. É o grandioso da sua passagem pela Terra. É o que você precisa fazer porque é a sua razão de existir. É o que você se orgulha de ter realizado. É o modo como lhe descrevem associado ao que você construiu. É o sentido de realização que lhe faz acordar todos os dias de manhã que deixou marcas na sociedade. É a sua trajetória profissional e pessoal. É o conjunto de tudo que você fez e faz hoje. Essa é a sua obra. Não é o seu gênio, nem seu temperamento, nem a sua personalidade. É no que você se enxerga e como te reconhecem. É desse substrato valioso que se constrói autenticidade para uma marca pessoal.

A obra como aquilo em que me vejo.

O termo, a obra, ganhou toda sua grandiosidade com o brilho e a sabedoria do filósofo Mário Sérgio Cortella que afirma que o trabalho ainda continua sendo associado como pena (no sentido de punição), como um fardo pesado que temos de carregar por toda a vida. Sentimento originado pela palavra latina *labor* que tem em sua essência no latim vulgar a expressão *tripalium* - uma forma de castigo.

Por isso, muitas vezes nos questionamos se tal trabalho vale a pena, ou seja, se o trabalho vale a dor e o sacrifício que nos impõe. E é este filósofo quem propõe que trabalhemos nossas mentes para substituir essa ideia pela de **obra**, (grandiosa assim como o meu grifo) que os gregos chamam de *poíese,* que significa “minha obra, aquilo que faço, que construo, aquilo em que me vejo”. A defesa acima é baseada no conceito exposto por ele no livro ***Qual é a tua obra?***, que eu recomendo muito para você. Anote, por favor, para colocar na sua lista de livros obrigatórios, se você ainda não o leu.

Então, como marcas pessoais autênticas, somos o resultado desses três pilares: **1. a imagem**, **2. a atitude e os comportamentos que determinam o nosso caráter** e, **3. a obra que resume a nossa passagem pela vida** e que, de certa forma, acaba também nos resumindo.

Grandes marcas pessoais e suas obras.

A gente reconhece uma grande marca pessoal autêntica quando associamos o autor e a obra e eles se confundem em nossas mentes. Você pensa num tema, numa causa, numa profissão específica, num jeito de fazer diferente, num tópico e, o nome surge associado como se aquela pessoa dominasse completamente aquilo. Como se ela tivesse um "monopólio" daquele termo associado a ela. Quer alguns exemplos de marcas memoráveis e suas obras?

A autenticidade na marca pessoal de Ivo Pitanguy.

Se você ouvir o nome do médico Ivo Pitanguy, falecido em 2016 com 93 anos, você associa imediatamente a uma obra reconhecida no mundo inteiro em torno do tema da excelência em cirurgia plástica.

Se colocar o nome dele no Google você vai encontrar na *Wikipedia* a seguinte descrição: Ivo Pitanguy: *"foi um cirurgião plástico, professor e escritor brasileiro, membro da Academia Nacional de Medicina e da Academia Nacional de Letras. Em 2008, a revista New York Magazine se referiu a ele como* ***o rei da cirurgia plástica***.

Essa última denominação de uma respeitada revista internacional resume a sua obra. "O rei da cirurgia plástica". Porque Pitanguy não foi só mais um cirurgião plástico como outros tantos bons cirurgiões. Ele foi reconhecido em vida como **o melhor cirurgião plástico do mundo**. O que significa que ele foi uma escola com a sua maestria, com técnicas que ele criou e ensinou e, com isso, se tornou sinônimo de excelência em cirurgia plástica.

Autor e obra se confundem de forma que no conjunto reconhecemos uma marca pessoal única, insubstituível, totalmente singular, e aí sim, uma marca pessoal autêntica.

A marca pessoal autêntica Niemeyer e um estilo próprio na arquitetura.

Quando você ouve falar do arquiteto Oscar Niemeyer, falecido em 2012, acontece o mesmo com o tópico arquitetura. Numa busca na *Wikipedia* você encontra a descrição: *"Oscar Niemeyer foi um arquiteto brasileiro, considerado uma das figuras-chave no desenvolvimento da arquitetura moderna*". Niemeyer, ao longo de uma vida centenária, não só deixou a marca da sua obra em memoriais, capelas, museus no Brasil ou no mundo, mas numa cidade icônica e de arquitetura inigualável como Brasília.

Numa busca ao Google você encontrará descrições como: *"foi um dos maiores arquitetos do Brasil, sua memorável linha de vida e obra que desenharam o Brasil e o mundo", "foi o responsável pelas formas arquitetônicas que revolucionaram a arquitetura moderna, marcadas pelo ineditismo de suas curvas ousadas...",* ***"foi um dos principais arquitetos do século XX..."***

E você pode até não gostar dos traços. Eu não gosto do estilo. Mas é impossível não reconhecer nele uma obra grandiosa associada ao seu nome. Associada à sua marca. Um estilo único, singular, inédito associado ao autor. Uma marca pessoal autêntica.

A autenticidade da marca pessoal dos irmãos Campana no design brasileiro.

Os irmãos Humberto e Fernando Campana são outro exemplo marcante para mim. Citei-os no meu livro ***Personal Branding***. Os dois representam um *design* original e diferenciado, singular, que chamamos de *"design* brasileiro" que foi exposto em museus como o MoMa em Nova York, e que retrata o domínio de um estilo único dentro de uma categoria. *Design* mobiliário sustentável e icônico aproveitando materiais como papelão, corda, bichos de pelúcia, madeira reciclada.

Você encontrará na internet descrições da obra deles como: *"Os designers Humberto e Fernando Campana são responsáveis por 20 anos de criações icônicas que lançaram o mobiliário ao status de obra de arte". "São conhecidos em todo o mundo por seus trabalhos sempre ligados aos temas do cotidiano, transformando e reinventando objetos comuns do nosso dia a dia". "O nome Campana se tornou* ***referência em design de mobiliário irreverente e sustentável...****"* Para mim, é a marca do *design* brasileiro no mundo.

Quem já se deparou com a icônica cadeira Favela, com a poltrona vermelha ou com a banqueta feita de Pandas de pelúcia sabe do que estou falando. É impossível olhar para a obra e não reconhecer imediatamente a autoria original e a marca autêntica dos dois *designers*. Isso é autenticidade em marca pessoal.

A marca pessoal autêntica do arquiteto-paisagista Burle Max.

Roberto Burle Max foi um artista plástico brasileiro, renomado internacionalmente ao exercer a profissão de paisagista. Também era pintor, desenhista, *designer*, escultor e cantor. É o responsável por ter introduzido o paisagismo modernista no Brasil, de acordo com a Wikipedia. Foi também *designer* de joias, ceramista e tapeceiro.

Falecido em 1994, aos 84 anos, **foi a grande escola modernista de paisagismo no Brasil**. Reverenciado e reconhecido no mundo inteiro, foi o responsável por mais de 3 mil projetos de paisagismo em 20 países. Sobre ele você encontra citações como: *"Foi um dos principais arquitetos-paisagistas do século XX..."*, ***"foi o mais influente paisagista brasileiro..."***

Seu Sítio Roberto Burle Marx (SRBM) foi reconhecido como patrimônio Mundial da Unesco. Uma marca pessoal que operou uma transformação no segmento, que introduziu um novo conceito, que criou um estilo próprio, que se tornou uma escola e não tem como não reconhecer nele uma marca pessoal valiosa, original, única, autêntica.

A autenticidade na obra de "Os Gêmeos" no grafite mundial.

Os Gêmeos Otávio e Gustavo Pandolfo são uma dupla de grafiteiros de São Paulo. Formados em desenho de comunicação, começaram a pintar grafites em 1990 no bairro em que cresceram, o Cambuci, na capital paulista e, gradualmente, tornaram-se **uma das influências mais importantes na cena paulistana ajudando a definir um estilo brasileiro de grafite**. (*Wikipedia*)

A obra dos gêmeos está em mais de 60 países, incluindo Portugal, Alemanha, Suécia, Austrália, Cuba, Estados Unidos. E ganhou projeção e repercussão mundial quando foi parar na mansão de Johnny Depp em Los Angeles, no porco inflável dos shows de Roger Waters, no castelo de um milionário na Escócia, nos silos agrícolas de Vancouver, e pelo mundo afora. As obras dos gêmeos também foram expostas em museus e galerias como Tate Modern em Londres, MOCA em Los Angeles, Mot em Tóquio, Hamburger Bahnhof em Berlim, Fortes D'Aloia & Gabriel, MAM e Pinacoteca em São Paulo. Esta última com mais de 600 desenhos, pinturas e esculturas.

Uma obra original, diferenciada, icônica, reconhecível como o DNA da marca de "osgemeos", que é como eles assinam seus trabalhos. Marca e autores numa simbiose que os fazem legítimos, singulares e únicos. Donos de uma categoria dentro da categoria do grafite ou da street art. Uma marca pessoal reconhecida como autêntica.

Você olha para uma dessas figuras gigantes estampadas numa parede de um prédio em qualquer parte do mundo, fica encantado e os reconhece. Isso é autenticidade em marca pessoal.

A marca pessoal autêntica de Sebastião Salgado na fotografia.

O fotógrafo brasileiro Sebastião Salgado **é considerado um dos maiores talentos da fotografia mundial pelo teor social de seu trabalho**. Em 1968 fez seu mestrado na Universidade de São Paulo e em 1969 mudou-se para Paris, onde fez seu doutorado e mora até hoje.

Entre 1986 e 1992 produziu a série *Trabalhadores,* mostrando o trabalho manual e a difícil condição de trabalhadores em várias partes do mundo. Em 2000 publicou *Êxodos*, e em 2013 o projeto *Gênesis,* mostrando a cultura de povos que continuam vivendo de acordo com antigas tradições. Em 2014 lançou o premiado documentário *O sal da terra*, junto com seu filho Juliano Salgado e o fotógrafo Wim Wenders, onde relata a trajetória desde seus primeiros trabalhos em Serra Pelada, a miséria na África e no Nordeste, até sua obra-prima *Gênesis*. O filme foi indicado ao Oscar de Melhor Documentário de 2015.

É reconhecido internacionalmente pela sua obra e recebeu dezenas de prêmios, entre eles: Prêmio Eugene Smith de Fotografia Humanitária (EUA), Prêmio Príncipe de Astúrias, Prêmio Unesco, Prêmio World Press Photo, foi eleito Membro honorário da Academia

Americana de Artes e Ciências nos EUA, eleito para o Quadro de Cadeiras de Fotógrafos da Academia de Belas Artes da França e recebeu o Prêmio da Paz do Comércio Livreiro Alemão em 2019.

Sebastião Salgado dedicou toda a sua vida à fotografia e fez dela uma obra grandiosa. Sua fotografia em preto e branco, carregada de significado, tem uma avassaladora força social e é quase impossível olhar essas imagens sem ser tocado pela marca desse fotógrafo.

Você pode comparar com dezenas de outros premiados fotógrafos internacionais e mesmo sem ser um expert em fotografia consegue reconhecer a dramaticidade, a originalidade e toda a força singular da obra desse gênio.

As atitudes coerentes com a obra.

No Brasil, recebeu como herança de família 600 hectares de terra completamente degradados em Minas Gerais. No lugar, fundou o Instituto Terra, com o propósito de reflorestar a Mata Atlântica. Em pouco mais de 20 anos a floresta foi completamente resgatada com milhares de mudas plantadas pelo próprio Instituto. A capacidade de produção de mudas anual é de um milhão de unidades e o desafio agora é criar 5 mil florestas no entorno.

Então, a gente consegue reconhecer em Sebastião Salgado os três pilares de marca de uma forma poderosa. Uma imagem pessoal que reflete a trajetória da obra transformadora com enorme impacto social, coerente com as atitudes e os comportamentos de um propósito de vida. Uma marca pessoal autêntica, sem dúvida.

La Chapelle é o oposto.

O incensado fotógrafo de moda americano La Chapelle tem uma obra respeitável que é o extremo oposto à do Sebastião Salgado. Venerado pela mídia e pelo mundo publicitário, começou sua carreira trabalhando para o mago da arte pop Andy Warhol e no final da década de 90 já era consagrado mundialmente como **um fotógrafo genial**.

Fez capas de revista como *Vogue, Vanity Fair, Rolling Stone, i-D, Vibe, Interview, The Face,* entre muitas outras. Concebeu capas para os álbuns de músicos como Macy Gray, Moby, No Doubt, Whitney Houston, Mariah Carey, Elton John e Madonna. Fotografou praticamente todas as celebridades estelares do showbiz dos anos 1980 e 1990. Tem centenas de prêmios internacionais e foi classificado como a segunda mais importante pessoa no mundo da fotografia pela *American Photo Magazine.*

Agora repare na singularidade que torna a obra do La Chapelle autêntica: o reconhecimento deveu-se ao inusitado das imagens que cria, testemunho de um mundo surreal através de fotos com cores ultra saturadas que misturam glamour com uma fantasia cômica, de beleza e bizarria. Pela estranheza que causa e pelo impacto de sua obra foi descrito como o **"Fellini da Fotografia"** pelo *New York Times.*

O conceito de obra em *personal branding.*

A Obra, como terceiro pilar de uma marca pessoal autêntica e valiosa não é só o seu trabalho, sua profissão ou aquilo que você faz para ganhar a vida. É, na verdade, a sua vida.

É o que dá significado a ela e o que eterniza seu nome como uma marca pessoal autêntica e valiosa. E, talvez, depois de muito tempo as pessoas nem lembrem mais com clareza do seu rosto. Mas, sem dúvida, quando a obra é grandiosa e transformadora ela se sobrepõe a tudo e você se torna a própria. Você é catalogado, descrito e reconhecido por ela. **Você e ela se tornam indissociáveis. Um único registro do mesmo legado.**

Mas eu sei o que você está pensando.

Depois de refletir sobre esses casos acima você pode estar pensando que são exemplos grandiosos demais para você. Pensou isso? Eu sabia. Pensou que são profissionais que alcançaram reconhecimento inatingível com descrições como: o rei da cirurgia plástica;

o melhor cirurgião do mundo; um dos principais arquitetos do século XX; referência em *design* de mobiliário irreverente e sustentável; a grande escola modernista do paisagismo no Brasil; uma das influências mais importantes na cena paulistana ajudando a definir um estilo brasileiro de grafite; é considerado um dos maiores talentos da fotografia mundial pelo teor social de seu trabalho; um fotógrafo genial; o "Fellini da Fotografia". Eu sei. São grandiosas descrições porque foram obras grandiosas de marcas pessoais icônicas. E é nelas que a gente precisa se inspirar.

Mas é você quem determina o tamanho da sua obra.

Ela pode ter o tamanho que você quiser. Acredite. Ela pode vir do conceito inovador que você criou e ajudou a difundir. Da técnica que você concebeu e que virou escola de uma geração de outros profissionais. Ela pode vir da sua referência de excelência na área em que você atua. Seja ela qual for. Da revolução que você fez no modelo que seu mercado tinha.

Ela pode ser o resultado do negócio que você criou e da transformação social que ele fez. Ela pode ser o resultado da sua influência transformadora no segmento de mercado em que você atua. Uma categoria nova dentro da categoria que você criou. Uma segmentação que só você enxergou. Uma transformação na sua associação de classe. Uma organização sem fins lucrativos que você criou. Um projeto social que você deu a vida. Um voluntariado que você faz e que tem impacto social.

Ela pode se originar dos seus ensinamentos. Do compartilhar do seu conhecimento. Do exercício do seu talento. Daquilo que você gosta e faz como ninguém. Ela pode se revelar pelo impacto causado pelos livros que você escreveu. Pelas teses que você concebeu. Pelo impacto libertador das palestras que você deu. Pode ser a transformação na vida das pessoas que foram seus alunos numa sala de aula. Ela pode ser o resultado do livro definitivo que você escreveu. Essa obra pode ser o exemplo que você dá para muita gente fazendo o seu trabalho de forma excelente, quando você quer ser o melhor do mundo naquilo. Seja abrindo portas, seja dirigindo, seja sendo neurocirurgião, atendente, vendedor, advogado, psicólogo ou qualquer profissão.

Ela pode ser o resultado do seu exemplo de superação que deu um novo sentido à vida de outras pessoas. Das bandeiras que você sustentou no seu bairro, na sua cidade, no seu estado, no seu país. Do ativismo social que você dissemina. Enfim, ela pode ser a transformação que você fez na sua família, na formação dos seus filhos e no legado deixado aos seus descendentes que o eternizarão na memória.

Quando você faz isso como missão de vida, como propósito da sua existência, quando você dá o seu máximo, quando você se entrega e busca todos os dias a excelência, quando você se atira de cabeça em ser melhor e melhor todo o dia, a Obra surge. Acredite. E você passa a ser reconhecido.

Só existe uma condição.

Que a sua obra não seja medíocre. O tamanho não importa. Mas, sim, a diferença que ela faz. Porque essa é uma busca qualitativa, nunca quantitativa. Ela pode ser pequena em alcance, mas precisa ser profunda e consistente na entrega. **Porque essa obra deve ser a razão da sua vida.**

E a razão da sua vida não pode ser medíocre. Porque eu não sei você, mas eu acredito que de mediocridade todos estamos saturados. E porque uma obra só faz sentido quando resulta em alguma transformação. Em você primeiro, e depois nos outros à sua volta.

Quando a gente olha para os lados e vê desleixo, entregas descuidadas, serviços ruins, tudo na média, a gente tende a se conformar que é isso. Mas **não é, não**. Não pode ser isso. Você não pode se transformar nisso. Porque a mediocridade que a gente vê solta por aí funciona como um imã que nos atrai para o conformismo. Um sugadouro que nos leva para uma vida pequena. E como tenho pregado nestes últimos 15 anos, a média é uma ladra de sonhos. No princípio, quando estamos na média, a gente tende a se acalmar. Mas o efeito é danoso.

Porque você se torna mediano. E vai ter marca mediana, remuneração mediana, reconhecimento mediano, vida mediana, legado mediano. E, você sabe, a medianidade é irmã gêmea da mediocridade.

Sua obra como a razão da sua existência.

A sua obra precisa ser a razão da sua existência. Nada mais do que isso. Algo que seja visceral, que você faça com tesão, que seja natural em você, que seja fruto do seu melhor talento, que seja autêntico e que você transforme no seu modo de ganhar a vida, no seu motor econômico. E quando você ganha essa possibilidade de ter acesa a chama da paixão nessa combinação, você se torna imbatível no mercado. Pense nisso.

Falei disso no meu livro ***Personal Branding***. Lá eu chamo de conceito porco-espinho. Você se concentra na interseção de três coisas: excelência numa coisa, numa coisa que possa ser seu motor econômico e une a tudo isso a paixão. O conceito veio lá do escritor Jim Collins, do seu livro ***Empresas feitas para vencer***, que eu adaptei para marcas pessoais.

A paixão nasce quando você encontra significado no que faz.

Mas o que eu não falei lá é que a chama da paixão não se acende à força. Que paixão não nasce do nada. Que não adianta você pedir para ter paixão pelo que faz. Que você não consegue forçar as pessoas a terem paixão pelo que fazem. Tenho sustentado, sim, que **paixão nasce do encontro de significado no que você faz. Quando você toma consciência de que com o seu trabalho, seja ele qual for, você é parte de algo maior**. Que quando você faz uma pequena coisa, talvez isso que você faz agora, essa ação que pode até parecer pequena, talvez seja parte essencial de uma coisa muito maior e transformadora e, sem ela, (o seu trabalho) essa coisa não aconteceria.

Você também tem a possibilidade de encontrar significado no

que faz quando você lembrar do benefício que resulta do seu trabalho. Se você vive de vender produtos, isso não pode lhe resumir. Você precisa pensar no benefício que seus produtos levam às pessoas que compram de você. Pense no que chamamos de "produto ampliado". Você pode achar que vende roupas numa loja e achar que é só isso. Mas o que as pessoas compram de você, na verdade, é o produto ampliado, é estilo, estar na moda, é se sentir melhor, acharem-se bonitos, é resgatar a autoestima. É isso que você realmente vende. Isso pode ser grandioso se você encarar como missão de vida ser o melhor vendedor de roupas do mundo.

Se você vive como advogado talvez o que você ofereça não sejam petições, nem audiências, mas sim soluções para conflitos e possibilidades melhores para a vida das pessoas. Olha que grandioso isso. Se você vive como médico, ninguém tem dúvidas que a gente compra consultas, atendimentos, cirurgias, mas o que você proporciona é saúde, é vida.

Se você vive como músico, o que as pessoas compram são momentos de entretenimento e felicidade, que você proporciona com sua música. É cultura, é sensibilidade, é prazer, é emoção. São emoções e recordações que você resgata. São momentos de epifania e prazer que você proporciona. Quanto vale isso?

Se você vende exercícios físicos numa academia, você não vende métodos nem treinamentos, na verdade, você proporciona autoestima, beleza, bem-estar e qualidade de vida, saúde. Se você vende boa alimentação, as pessoas compram satisfação, momentos especiais e uma vida saudável.

Pense no quadro maior e nos benefícios desse produto ampliado.

Quanto vale um implante dentário que resgatou a ideia de sorrir de novo para quem nunca mais sorria? Quanto vale uma cirurgia que devolveu a saúde? Quanto vale a solução de um litígio familiar? Quanto vale uma mentoria que redirecionou uma carreira? Quanto vale um livro que você escreveu e que mudou a vida de uma pessoa?

Quanto vale uma aula com um professor que serviu como exemplo para a vida toda? Quanto vale proporcionar educação para quem não tinha acesso a ela?

Você compreende isso? Que podemos dar uma dimensão muito maior ao que fazemos dependendo do ângulo que a gente olhar? Você compreende que entender o significado do que você faz pode alterar completamente a sua visão do trabalho como fardo pesado e dar a ele dimensão poderosa na sua vida?

Essa é uma possibilidade. Você tem pelo menos duas nesse momento: a primeira é continuar a entender seu trabalho como um fardo e viver só dois dias por semana, esperando sextar, e continuar a sofrer. Ou entender o que você faz sob a perspectiva de uma grande obra. Passar a ter orgulho. Acreditar nisso e dar um novo significado ao seu trabalho. A escolha é somente sua.

O caráter da obra da sua vida.

Se você refletir sobre os exemplos de profissionais icônicos que eu relatei acima, vai constatar que todos eles ganharam muito dinheiro porque viraram referências em seus segmentos. Todos eles, certamente, conseguiram precificar seu trabalho dezenas e centenas de vezes acima da média praticada no mercado, mesmo assim, o resultado não foi o de profissionais empanturrados de dinheiro (somente a geração de mais milionários) e, sim, a referência que se tornaram e a diferença que fizeram no mundo.

Se você estabelecer que é só para ganhar dinheiro, com certeza, o projeto não resiste às dificuldades do caminho. Acredite. Você até pode ganhar muito dinheiro sem gostar do que faz, mas uma hora a conta chega e o valor é alto.

Os exemplos que eu trouxe acima, certamente, iniciaram suas carreiras pensando em pagar as contas, talvez só em sobreviver, em ter uma vida digna e confortável fazendo o que sabiam e o que gostavam de fazer. Mas, todos eles colocaram mais do que isso ao longo da jornada. Colocaram alma. Entregaram-se. Deram o seu melhor. Não se conformaram em fazer o que todo mundo fazia. Indignaram-se em algum momento com o que viam nos seus mercados e tentaram fazer melhor. Fizeram do seu trabalho a razão das suas existências. E, por isso, entraram para história com suas marcas pessoais autênticas.

Ou seja, a ideia da obra, da construção, do sonho, deve vir antes do dinheiro, nunca depois. Porque, geralmente, quem só quer ganhar dinheiro acaba não ganhando. Você precisa pensar no que você, com seu talento, consegue fazer de diferença no mercado. E aí você começa com um impulso poderoso e verdadeiro de diferenciação – que é fundamental em *personal branding*. Então, pare e me diga agora: qual será a sua obra?

Você também pode. Acredite.

Esqueça o mercado saturado. Esqueça a choradeira. Esqueça a competição que parece não dar mais espaço para o seu talento. Esqueça a ideia de que a sua profissão não permite. **Esqueça o que lhe disseram até agora sobre o que você não pode.** Sabe por quê? Porque sempre existe a possibilidade de criar uma forma só sua, com o seu jeito, com o seu talento, com a sua entrega, com a cara única, singular e autêntica que só sua marca pessoal pode ter.

Está pronto?

Então, pegue mais café e venha comigo para o capítulo 11, onde eu quero abrir sua mente para as infinitas possibilidades que existem de você encontrar o "seu encaixe perfeito" para o posicionamento da sua marca pessoal. Prometo menos lágrimas e bons exemplos, ironias e provocações. Que tal?

É aqui, nesse próximo capítulo, que você vai poder se enxergar como um empreendimento vencedor, com toda a carga de atitude da sua personalidade e a forma de colocar tudo isso a seu favor.

Não vai me deixar sozinho agora, vai?

capítulo 11

O PORQUÊ DE TUDO ISSO

"O dia que você descobre o seu encaixe na vida, se torna também o dia que você descobre o que veio fazer no mundo. Fato que deveria ser comemorado como o seu segundo aniversário, todos os anos."

Arthur Bender

A busca, então, é por esse encaixe?

Depois de tudo que já discutimos até aqui, espero que você compreenda o seu sucesso como marca pessoal como sendo a sua realização pessoal. **Realização plena.** Esse encaixe que falo acima. Se for isso (e eu espero que sim), a sua escalada em direção ao sucesso ou à sua grande virada de vida pode começar agora com um alinhamento muito especial (e extremamente necessário) entre você e seu projeto de vida. Ou seja, entre você e seu projeto de obra pessoal.

Chame isso de reposicionamento ou do que você quiser. Não importa muito. Desde que você **acredite que é um encontro de você com todas as suas possibilidades**. Grandioso dessa forma. Poderoso dessa forma. Potente. Você na rota certa. Você assumindo as rédeas da sua vida. Você arquitetando o seu próprio caminho.

Do que isso depende?

E isso vai depender muito do seu trabalho sério, comprometido e harmônico na construção daqueles três pilares de Marca Pessoal que discutimos aqui no capítulo anterior. Lembra? Vamos a eles de novo para que a gente possa avançar no sentido dessa busca em torno da obra:

01. Imagem. Quando a sua imagem trabalha por você e lhe impulsiona, valoriza, quando amplia a percepção de valor da sua marca pessoal e leva as pessoas a lhe associarem com o que você faz. Se puder, volte atrás e relembre tudo que falamos sobre imagem e sua importância para a sua marca pessoal. E passe a orquestrar esses sinais na direção de como você gostaria de ser reconhecido.

02. Atitudes. Coerência nas suas atitudes e comportamentos. Isso é sério. Muito sério. Fique sempre atento. Seus gestos, seus comportamentos e suas atitudes reforçam a sua imagem e ajudam as pessoas a lhe compreender como você gostaria de ser reconhecido. Aqui eu também espero que você tenha consciência que a maior parte do livro trata disso: comportamento. E desse alinhamento necessário e **vital** entre a sua imagem planejada e suas atitudes, fazendo delas a sua fonte de impulsão para o sucesso e não o motivo de seus fracassos. E, finalmente, o terceiro e mais importante pilar: a Obra.

03. A Obra. Aquilo que você faz como missão de vida, como propósito e que o definirá para sempre. A sua Obra – com "O" maiúsculo –, que se mistura com a sua trajetória, que se confunde com você. A Obra que ao mesmo tempo é seu grande objetivo de vida, é também a sua razão para continuar a caminhar na busca da própria excelência. Ou seja, ela é fim, mas também é meio de vida. É o seu legado maior que se confundirá com a sua vida quando descreverem você.

Alinhando seu talento em direção à sua Obra.

Para a sua obra ter uma base sólida e ser bem planejada você precisa seguir uma única e estratégica diretriz: **a busca do seu talento pessoal por um encaixe que faça sentido no mercado**. Ou seja, você alinhando o que faz de melhor (seu talento) com o seu projeto de vida, num espaço de mercado que permita que você explore toda a sua potencialidade profissional e pessoal.

Isso se faz com um mergulho em busca da consciência plena de quem você é e de tudo que existe de conhecimentos, habilidades e características, permitindo que você resgate e explore a toda a sua potência. Isso é o seu talento. Você precisa ter consciência dele para colocá-lo para trabalhar a seu favor.

Como você o encontra?

Questionando-se e se descobrindo. Você percebe o seu talento interno se perguntando: o que eu faço de melhor na vida dentre tudo que sei fazer? O que eu domino como ninguém? O que eu faço de forma excelente? O que eu faço que, quando eu faço, as pessoas sempre elogiam? O que eu faço que, quando faço, eu esqueço de todo o resto? O que eu faço que me proporciona um estado de *flow* (um estado de espírito de profunda harmonia e paz) que eu não vejo as horas passarem? O que eu faço que, quando faço, sinto-me muito bem? O que eu faço que parece que tem muito sentido para mim e para a minha vida? O que eu faço que me realiza plenamente? O que eu já faço bem e no que poderia ser melhor ainda, porque eu gosto de aprender sobre aquilo, e quando estou fazendo parece até que não é trabalho?

Então, organizando a busca do seu talento:

Primeiro: a busca é descobrir aquilo que você já faz bem, que você gosta e domina e que rapidamente poderia se transformar em excelente se você entrasse de corpo e alma em se aprimorar naquilo.

Segundo: a busca é descobrir aquilo que quando você faz não parece trabalho, parece hobby, parece lazer, mas que poderia ser o seu "motor econômico". Ou seja, daria para ganhar dinheiro fazendo isso.

Terceiro: a busca é por explorar aquilo que já é nato em você (está lá na sua alma) e que fará sua vida ganhar muito mais sentido e significado. Pegou?

Mas você precisa estar aberto para perceber seu próprio talento.

Todo mundo tem um talento. A gente nasce com ele. Uma inclinação, um gosto, um jeito especial de entender a vida, um jeito diferente de fazer, uma habilidade, um conhecimento especial, uma paixão. **Na maioria das vezes, a gente não consegue explicar o que é com palavras, mas tenho certeza de que, se você se abrir para o reconhecer, você o sentirá.**

Conforme Robert Greene, no livro ***Maestria***: "*Como explicar essas inclinações? São forças dentro de nós que vem de um lugar* *profundo incapaz de ser descrito por palavras conscientes. Elas nos atraem para certas experiências e nos afastam de outras. À medida que essas forças nos movimentam para lá e para cá, influenciam o desenvolvimento de nossa mente de maneira muito específica".*

A semente da sua singularidade.

Greene continua argumentando sobre esse talento que, às vezes, não está muito claro, mas que tem uma força incrível no curso das nossas vidas: *"...ao nascermos, planta-se uma semente em nosso interior. Essa semente é a nossa singularidade. Ela quer crescer, transformar-se, florescer em todo o seu potencial, movida por uma energia natural. A sua missão de vida é cultivar essa semente até o pleno florescimento, é expressar sua singularidade por meio do trabalho. Você tem um destino a realizar. Quanto maior for a intensidade com que o sentir e cultivar – com uma força, uma voz, ou que quer que seja – maior será a sua chance de realizar a sua Missão de Vida e alcançar a maestria".*

Só você pode acessar e reconhecer o seu talento.

Essa primeira descoberta é totalmente sua. Só você pode acessá-la. Invista muito tempo nisso. Não economize. Não tenha pressa. Mergulhe profunda e densamente em você mesmo. Autoconhecimento. Veja-se em retrospectiva, analise a si mesmo e ao seu mercado, resgate suas competências, seu patrimônio de vida, suas fragilidades, suas paixões, pense, reflita. E não caia na armadilha de pensar primeiro em profissões. Porque as profissões limitam o seu olhar para uma coisa que já existe e que pode não existir mais daqui a muito pouco.

Então, pense primeiro no seu talento e em como explorá-lo da melhor forma possível. Batize seu talento com o nome que você quiser. Pense em conhecimentos que você tem, pense em habilidades que você domina, pense em *hard skills* (habilidades técnicas), mas também em *soft skills* (habilidades comportamentais) que, talvez hoje, sejam muito mais importantes do que o domínio técnico. Revise todas as suas competências, habilidades, conhecimento e paixões.

A criação da arena do seu novo jogo.

A segunda resposta que você deve buscar para se posicionar com a sua obra – é externa – depende do mercado, dos espaços disponíveis, de como os outros já fazem aquilo que você faz e como você pode imprimir o seu estilo pessoal e se tornar único, singular, autêntico, como nos exemplos de marcas pessoais icônicas que eu trouxe aqui no capítulo anterior.

A ideia central desse esforço é grandiosa: categorizar a si mesmo. Você vai analisar o mercado e criar o seu próprio monopólio de valor. **Um tópico só seu que as pessoas associam à sua marca pessoal.** Um lugar único para você onde a concorrência pode se tornar irrelevante para a sua marca pessoal.

Complexo? Não. Mas você precisa levar muito a sério essa análise, pois ela é fundamental na busca do seu encaixe perfeito. Então, neste capítulo, eu vou dar três caminhos estratégicos para a busca do seu posicionamento:

1. Escavar,

2. Escalar,

3. Hifenizar.

O primeiro caminho: a escavação do segmento.

Você busca um posicionamento para a sua marca pessoal entendendo toda a sua bagagem, todo o seu conhecimento, toda a sua capacidade e o seu talento pessoal, refletindo sobre oportunidades de se encaixar. Ou seja, o exercício é de encontrar espaços de mercado que façam sentido para que o seu talento e a sua base de conhecimentos possam ser totalmente explorados.

Você examina possibilidades e "escava" (ou seja, mergulha na compreensão do mercado, e nessa reflexão você vai examinando e avaliando camada sob camada) o segmento na busca de um espaço onde você possa dominar e criar seu próprio tópico. Eu chamo isso de "categorizar a categoria" a partir do seu talento. Um lugar no mercado onde você pode fazer diferença com o seu talento, com a sua bagagem, com os seus conhecimentos e habilidades, e imprimir o seu estilo pessoal. É daí que vem a possibilidade de você construir um monopólio pessoal para a sua marca.

Todo mercado tem camadas para serem escavadas.

Acredite. Todo o mercado pode ser segmentado, subsegmentado ou nichado. Esqueça quem lhe disse que não dá. Dá sim. Vou dar alguns exemplos para esclarecer melhor. Você olha para o grande mercado de audiovisual e nele você encontra segmentos como TV, cinema e fotografia, entre outros. Peguemos um desses segmentos dentro da categoria: a fotografia.

Quando você a segmenta, ela se torna uma outra categoria dentro da categoria do audiovisual. Dentro dela, todos, aparentemente, vivem da mesma coisa: imagem. Nessa categoria devem existir muitos milhares de fotógrafos espalhados por aí. Todos pertencendo a esse grande mercado. Essa é a superfície da categoria, a parte visível. Uma primeira camada do negócio.

Escave mais e encontre mais riqueza ainda não descoberta.

Quando você escavar dentro desse mercado você vai encontrar vários segmentos e subsegmentos numa diversidade incrível: você encontrará fotógrafos de eventos, de eventos empresariais, fotógrafos especializados em casamentos e festas. Você vai encontrar também fotógrafos que se especializaram em imagens de objetos, outros em pessoas e alguns só em imagens de rostos. Fotógrafos especializados em imagens para o *design* industrial, que só trabalham produzindo imagens para a indústria automotiva, para a indústria de máquinas agrícolas, para a indústria aeroespacial, para a indústria têxtil. Fotógrafos focados em produtos e lançamentos imobiliários. Especializados em culinária, moda, fotógrafos de moda somente para o nicho da alta costura ou especializados em moda infantil. Fotógrafos publicitários, fotógrafos publicitários que são também videomakers, fotógrafos especializados na indústria do turismo, fotógrafos da indústria hoteleira, fotógrafos especializados em retratar projetos de arquitetura, de decoração.

Você encontra fotógrafos especializados na indústria de joias, especializados em arte. Fotógrafos que vivem do jornalismo. Dentro do jornalismo, que fazem a cobertura de polícia, de política, de eventos, fotógrafos que são especialistas em cobrir esportes. Dentro dos esportes, fotógrafos especializados em competições automobilísticas, fotógrafos especializados em futebol, em retratar artes marciais, em pesca esportiva. E segue muito mais.

Quanto mais profunda a escavação, mais possibilidades únicas.

Você encontra ainda nessas camadas de escavação, fotógrafos profissionais especializados em retratar a natureza. E dentro do subsegmento natureza, você encontra os nichos: os que só fazem imagens de animais. Dentro desse subsegmento natureza-animais, fotógrafos especializados em nichos mais estreitos ainda como pássaros, como insetos e tantos outros. Você encontra ainda aqueles fotógrafos que só fazem imagens aquáticas, imagens de pesca submarina, de peixes exóticos e por aí vai. E, nesse meu exercício leigo sobre o mercado da imagem e da fotografia, certamente devo ter esquecido dezenas de outras especialidades, segmentos e nichos.

Mas o importante aqui era lhe despertar a curiosidade sobre um mercado qualquer que, à primeira vista, pode parecer saturado (que é o que a gente acha sobre a maioria dos mercados) e que, por isso, colocamos na cabeça a crença de que não existe mais espaço nenhum para se posicionar. Sempre existe.

Inclusive porque a dinâmica dos mercados e a transformação digital criam a toda hora novas configurações, novos negócios não imaginados, novos players e novos arranjos no ecossistema de negócios e, com eles, abrem-se muitas outras possibilidades.

O que é importante deixar claro aqui: em todos eles há oportunidades de apropriação e de você se tornar o melhor do mundo numa especialidade. Você pode ir mais fundo ainda, seguindo esse exemplo do mercado da fotografia, acrescentando um componente muito especial: o seu jeito. Isso pode mudar tudo e criar outras tantas possibilidades de posicionamento.

Depois de escavar bem fundo, acrescente o seu estilo.

Depois de escavar muito você chega num subsegmento desses que poderia ser seu território de domínio. Nele, a concorrência é muito menor e muito maior a chance de se obter notoriedade para a sua marca pessoal. E você pode ainda, acrescentar outros elementos que permitam que você fique sem concorrentes, **cada vez mais sozinho e autêntico fazendo do seu jeito**. Reveja o exemplo abaixo por essa nova perspectiva.

O Fellini da fotografia.

O exemplo do icônico fotógrafo de moda e celebridades La Chapelle, que tratei no capítulo anterior, ajuda a entender esse raciocínio. Ele se fixou em moda, mas dentro dela, apropriou-se de algo que ele gostava, que misturava moda e arte pop. Repare que só essa combinação já o tornava diferente de todos os outros fotógrafos de moda.

Mas ele criou um estilo próprio dentro da fotografia que misturava moda e arte-pop, com um traço artístico só seu: fotos com cores ultrassaturadas, cores berrantes e cenas que variavam do cômico ao bizarro. Fortes mesmo. E foi por isso que ele foi considerado o “Fellini da fotografia". Pronto. Ele categorizou a si mesmo quando criou um monopólio dele. Do jeito dele, com a cara dele, com o estilo dele de fazer, e se tornou único.

Agora olhe a autenticidade no oposto desse posicionamento.

O fotógrafo Sebastião Salgado se valeu de uma competência natural que era o seu talento para o fotojornalismo. Ele iniciou assim, fazendo coberturas jornalísticas para empresas de notícias da época. Primeira segmentação. Básica. Deixou todas as outras possibilidades na fotografia para trás e se concentrou nessa.

Com isso, dominou a arte do flagrante fotográfico, da foto não posada, da foto ao ar livre e da riqueza do cotidiano. Tornou-se mestre nisso. Ganhou notoriedade sendo o único fotógrafo a flagrar o exato instante do atentado ao presidente Ronald Reagan. Mas isso poderia ter sido a sorte de estar no lugar certo e na hora certa que, às vezes, presenteia um fotógrafo de jornalismo. Mas isso não garantiu a ele a marca icônica e autêntica que construiu. Ele foi mais fundo.

Ele uniu a bagagem de conhecimento do fotojornalismo com a oportunidade que a profissão oferecia de viajar para lugares distantes e inusitados, fotografando gente nos mais diferentes lugares do mundo. E foi justamente aí que nasceu a marca autêntica que o levou a se tornar um ícone da fotografia. Quando ele uniu a oportunidade que tinha de retratar realidades difíceis em diferentes lugares do mundo a dois outros traços seus: usar toda a dramaticidade do preto e branco nas imagens como sua marca registrada, somada à sua consciência social de revelar e retratar dramas humanos através da sua fotografia.

Assim, ele se apoderou de um território e fez dele um propósito de vida. Acrescente aí o talento, a capacidade técnica, sua visão de mundo e a coerência de uma vida com exemplos de atitudes pessoais, como a sustentabilidade defendida e aplicada no seu Instituto.

A categorização de si mesmo que o levou à autenticidade e ao domínio de um tópico.

Observe a lógica que foi acontecendo e onde Sebastião Salgado se fixa e acrescenta a sua ótica, a sua bagagem técnica, aliadas ao seu estilo pessoal.

- Primeiro, ele parte do grande mercado de audiovisual.
- Escava esse mercado e segmenta para o mercado de fotografia.
- Dentro da categoria da fotografia, escava mais e vai para o fotojornalismo.
- Faz do fotojornalismo a sua plataforma-base e usa essa experiência a seu favor.
- Aproveita a oportunidade de ter de viajar por diferentes lugares do mundo.
- Através do fotojornalismo, conhece realidades duras.
- Acrescenta um traço marcante: a dramaticidade e contundência do preto e branco.
- Alia tudo isso à sua consciência social. O que cria uma mistura de trabalho e ativismo.
- Faz da ideia de retratar dramas humanos pelo mundo a sua grande bandeira de transformação e se torna único, singular, original e totalmente autêntico.
- Passa a ser considerado um dos maiores talentos da fotografia mundial pelo teor social de seu trabalho.

Você compreende melhor com esse exemplo como é estratégica a ideia de posicionar sua marca pessoal e se tornar diferenciado e único? Veja abaixo mais um exemplo no mesmo mercado para refletir sobre novas possibilidades dentro do mesmo nicho de mercado.

Dentro do mesmo mercado, dois opostos icônicos autênticos.

La Chapelle e Sebastião Salgado são, genericamente, dois fotógrafos. Um de moda-arte o outro de cunho social. Mesmo que em campos muito afastados, ainda assim, são dois profissionais que estão no mesmo mercado fazendo, genericamente, a mesma coisa. Mas cada um deles, ao seu estilo, criou um monopólio único, e os dois se tornaram totalmente singulares, com obras inigualáveis e suas marcas pessoais se tornaram valiosas, autênticas e referências no mercado. Cada um ao seu jeito. Cada um com a sua marca pessoal.

O domínio de um tópico por La Chapelle no extremo oposto.

- Primeiro, ele parte do grande mercado de audiovisual.
- Escava esse mercado e segmenta para o mercado de fotografia.
- Dentro da fotografia, escava mais algumas camadas e encontra o mercado de moda.
- Em fotografia de moda, aprofunda-se mais e cria um tópico moda-arte pop.
- Acrescenta um traço marcante do seu estilo: a saturação das cores berrantes que misturam glamour com uma fantasia cômica, de beleza e bizarria.
- Explora esse estilo como traço de sua obra e marca pessoal e se torna o “Fellini da fotografia”.

Escalando para se apropriar de um tópico e categorizar a si mesmo.

O especialista e mentor de alta performance que arrasta multidões, Joel Jota, fez um movimento ao contrário para se apropriar de um tópico e categorizar a si mesmo. Ao invés de escavar (descendo por camadas) o mercado, como nos exemplos acima, e ir segmentando até encontrar um nicho só seu, Joel Jota fez um movimento bem-sucedido ao contrário: **de baixo para cima**. Ele saiu de um segmento ultranichado e específico – o treinamento de alta performance para nadadores olímpicos, e escalou (para cima) o seu território de marca pessoal. Das piscinas olímpicas para grandes palcos e dos grandes palcos para os milhões de mentorados *online*. Um sucesso avassalador que merece ser estudado aqui como exemplo.

Como ele conseguiu isso?

Ele é um ex-nadador da seleção brasileira que competia desde muito jovem. Fez uma carreira vencedora até a seleção brasileira e chegou muito perto de uma medalha olímpica. Já com mais idade, encerrou suas atividades nas piscinas e, naturalmente, foi para o treinamento. Formou-se como Mestre em Ciências do Esporte. Foi para a sala de aula como professor. Depois, quando Coordenador do Instituto Neymar em São Paulo, intensificou seu talento de comunicador em palestras e mentorias. Era o professor que ganhava novos palcos e plateias maiores de outros segmentos.

A virada no posicionamento Joel Jota: o encaixe.

Aí veio a sua virada de marca pessoal, quando ele se reposiciona e vai para um mercado imensamente maior. Ele faz isso hifenizando vários elementos para se tornar único: sua experiência de alta performance, que veio de uma vida de atleta, + seu conhecimento conquistado na área + o rigor da disciplina de atleta + sua habilidade em conquistar e lidar com pessoas + sua experiência com a concepção de projetos vitoriosos no Instituto Neymar + unindo tudo isso ao seu talento nato de comunicador + sua inclinação para mentor.

Junte tudo isso num caldeirão e acrescente o traço singular do comunicador: uma pessoa que gosta de palco, que se motiva com ele, que consegue tocar as pessoas. E que, com isso, que arrasta multidões pregando a ideia de que "pessoas precisam de pessoas". Pronto. Foi construída uma posição bastante singular, única e de forma autêntica. Uma combinação poderosa que se tornou o "motor econômico" da marca do mentor Joel Jota. Veja a hifenização na prática: ex-atleta-comunicador-mentor.

Qual é a base que legitima esse posicionamento?

Ele usa toda o seu conhecimento sobre alta performance a partir da sua base, a experiência como ex-nadador da seleção brasileira. Dá exemplos e faz associações o tempo todo entre o treino e a busca disciplinada por resultados – que vem lá dos seus dias de atleta. A base de vida que ele explora no seu posicionamento.

E observe o detalhe estratégico nessa composição: nadadores da seleção brasileira são atletas que "perseguem obsessivamente, por anos, novas marcas definidas em milésimos de segundos". Altíssima exigência. Muito acima de qualquer padrão. E ele a usa como chancela para se legitimar no tema alta performance. Era o primeiro argumento na Bio do perfil dele no Instagram. Quem duvidaria dessa exigência de rigor? Quer legitimidade maior para falar de alta performance do que um ex-nadador da seleção brasileira?

Agora me diga: se você busca melhorar a sua performance pessoal, você escolheria um mentor "de sala de aula" que só estudou sobre o assunto ou "um mentor da vida prática", que estudou também, mas que treinou obsessivamente, que ralou, que batalhou e que conquistou muitas medalhas com sua performance. Diga qual deles você acredita que tem mais técnica, mais domínio e resultados? Qual parece ter maior valor?

A composição inusitada entre a base e o talento.

Ele poderia ser um nadador e ter muita dificuldade de falar em público e de ensinar sobre alta performance. Porque nadadores não, necessariamente, são comunicadores. Mas ele acrescenta esse fato inusitado na sua composição de marca pessoal: o de ser um comunicador talentoso (talvez a sua maior habilidade).

Um sujeito que tem um talento nato de convencimento quando está no palco. Aquele que usa o tempo certo, que explora os vazios de significado do público, que tem desenvoltura no palco, que tem a teatralidade dos grandes comunicadores. Ou seja, um profissional que faz isso sem forçar muito (mesmo com a disciplina de treinar obsessivamente para as suas apresentações), que se sente em casa no palco, que gosta da interlocução, da troca, da vibração, que gosta dos aplausos e da reação da plateia. Pequenos grupos ou enormes plateias que ele conduz como um maestro falando de performance.

Ele escalou e ampliou os horizontes e as possibilidades.

Ele une e hifeniza tudo isso e não mira em outros atletas como público - o que seria o movimento natural e esperado para ex-atletas. Ao contrário, ele se afasta das piscinas e se abre para a grande massa. Um movimento ousado.

Poderia ter ficado no mundo das piscinas e trabalhado como técnico para nadadores? Sim. A meu ver poderia ter se tornado o "Bernardinho das Piscinas". Não tenho dúvidas de que poderia ter feito sucesso assim. Teria todas as condições para isso. Mas não. Ele pega uma outra rota, sai do nicho ultraespecializado das piscinas e se volta para cima, escalando o mercado. Surge como solução para as multidões que não sonham em ganhar medalhas olímpicas, mas em "melhorar a performance de suas vidas".

Um sonho coletivo.

Assim, ele se concentra em pessoas como eu e você, que podem se valer do conhecimento dele em alta performance traduzido e aplicado em nossas empresas, em nossos negócios e, essencialmente, em nossas vidas: saúde, família e trabalho. Um mantra que ele repete à exaustão. Treinar para melhorar, para crescer, para se fortalecer, para ser melhor, para viver melhor. O sonho da imensa massa que luta todos os dias para sobreviver e prosperar com mais dignidade.

O resultado? A marca Joel Jota se tornou reverenciada como **"O maior mentor de alta performance no Brasil"**. Se tornou não só a mais alta autoridade no tema, mas uma celebridade respeitada e admirada nas redes sociais. Dominou completamente esse tópico.

Categorizou a si mesmo e eliminou a concorrência. Trafega sozinho no seu monopólio de marca pessoal e se tornou respeitado e admirado por isso.

E a imagem dele?

Poderia ser só o traje esportivo padrão das estrelas da nova economia (porque ele também é) mas, parece que para ele, o esportivo reforça a chancela no imaginário das pessoas. Mantem a imagem estreitamente ligada com o movimento, com a ação, com saúde, pistas, quadras, com os esportes, com a alta performance. E os sinais começam todos a trabalhar a favor da sua marca pessoal.

Coerência de atitudes e comportamentos.

Quem segue o seu perfil no Instagram (@joeljota) sabe bem do que estou falando. Nele você vê uma constante de expressões como "Método" e "Disciplina". Escuta o mantra: saúde, família e trabalho. E encontra muitas imagens, signos e símbolos em torno da narrativa do líder de alta performance e do rigor consigo mesmo. Acordar antes das 5h da manhã, banho gelado, treinar, correr, nadar, pedalar, performar.

Informalidade para se vestir, espontaneidade para gravar vídeos do cotidiano, para se apresentar, mas combinada com horários disciplinados para ler, para estudar, para se preparar. O *storytelling* (a narrativa da marca sendo contada) criado em torno da sua preparação para um *Ironman* aos 41 anos (competição com elevado grau de exigência no condicionamento, que mistura natação, corrida e bicicleta numa mesma prova) é o pano de fundo que chancela uma atitude de alta performance. Coerência da narrativa que se revela o tempo todo nesse *storydoing:* o fazer vivo e dinâmico da história da marca Joel Jota, chancelando o rigor do atleta em ação através do seu super desempenho.

O efeito na audiência.

Na mente dos seus seguidores, da sua audiência, acontece a associação imediata do raciocínio: se ele tem esse rigor e esse grau de exigência consigo mesmo, o cara é f*da e certamente tem sucesso em tudo o que faz. Os símbolos aplicados à narrativa dão significado e, intencionalmente, levam à mesma direção: **a percepção de domínio sobre o tema alta performance**.

Força e sensibilidade. Potência e vulnerabilidade.

A "frieza intencional" da imagem do profissional de alta performance é balanceada com a construção da imagem do pai de família dedicado, coerente com o mantra: saúde, família e trabalho – nessa ordem. A imagem do marido dedicado e do pai amoroso de dois meninos, (esperando o terceiro enquanto termino esse capítulo) do homem que divide tarefas, que educa, que cuida, que dá colo, que põe para dormir, equilibra a imagem conjugando os opostos: força e sensibilidade, potência e vulnerabilidade – que aproxima e o torna mais especial aos olhos das pessoas comuns. Narrativa muito bem trabalhada nos *stories* e na audiência próxima dele.

Diferenciação e categorização de si mesmo.

Este é um exemplo vivo, atual e concreto de categorização de si mesmo, quando uma marca pessoal passa a dominar completamente um tópico (nesse caso, a alta performance).

Na minha opinião, uma posição difícil de ser atacada por outro profissional qualquer. Um espaço, por enquanto, completamente dominado pela marca Joel Jota. Uma marca valiosa com muitos traços de autenticidade que eu reconheço, admiro, sigo e que tenho hoje, o prazer de partilhar da amizade, dos conhecimentos e ensinamentos no Ecco_100, uma *mastermind* que participo, liderada por ele.

Esse posicionamento pode ser explorado por muitos anos?

O tema da alta performance é amplo o suficiente para ser explorado e "desnatado" por um bom tempo. Se pensar na tríade que ele se apropriou: saúde, família e trabalho, o campo fica enorme e permite subcategorizações e projetos especiais de extensões a serem exploradas. O tema também tem vida longa porque é transversal. A meu ver, tem muitas semelhanças com o meu tema: *personal branding*, porque permeia todas as categorias de profissionais em todas as áreas, em todas as idades e classes sociais. Afinal, quem não quer buscar alta performance para si mesmo?

Mas isso tudo é garantia de não ser atacado? Não. Não existe garantia em posicionamentos mercadológicos enquanto você não "grudou completamente" na mente de todo o mercado e consagrou seu domínio sobre o tema. Performance física sofre com a obsolescência física, um fato inquestionável que afeta jogadores de futebol e atletas em geral.

A ideia de um posicionamento eficaz para uma marca pessoal é a construção de monopólio temporário, dinâmico e que está em constante evolução, acompanhando o movimento do mercado.

Não dá para esquecer que um posicionamento só existe realmente quando ele habita definitivamente o seu lugar natural: a mente do público. Para alguém que pode almejar dezenas de milhões de pessoas no mercado nacional e internacional existe uma boa caminhada pela frente considerando que são tempos muito voláteis.

Ameaças existem?

Sim. Sempre pode aparecer alguém com mais medalhas e mais chancelas de performance do que você e, com mais alcance, tentar dominar esse tema – mesmo com você no caminho. Quando a internet não tem fronteiras físicas e os canais de comunicação e distribuição são os mesmos no mundo inteiro, seus competidores também se tornam mundiais. Mas não tenho dúvida de que o Joel Jota conseguiu uma vantagem enorme no domínio desse tópico no Brasil e que tem muitas possibilidades para consolidar e defender o seu "monopólio" em torno do tema alta performance.

As questões que surgem para manter e fortalecer o posicionamento de alta performance da marca Joel Jota.

Quando se vive do nome para extrair valor monetário, a marca pessoal de uma celebridade desse porte passa ser um grande patrimônio que exige cada vez mais atenção aos movimentos táticos na geração de valor para que essa "extração" seja sustentável. Sem uma visão estratégica de perpetuação de valor, o risco é estender demais o significado e acabar "esgarçando" o *brand equity*. E no planejamento estratégico, inevitavelmente, devem surgir uma série de questões que precisam ser respondidas no médio e longo prazo para continuar crescendo e ampliando o valor da marca:

Como trabalhar a narrativa da marca quando a obsolescência física começar a atrapalhar o *storydoing* (quando a marca realiza ações para contar sua própria história e reforçar seus valores), que hoje é extremamente eficaz e estratégico na mobilização da audiência?

Que ações precisam ser implementados agora para fazer uma curva suave e coerente lá adiante quando houver necessidade de uma redução das ações de *storydoing* numa transposição para um *storytelling* mais retrospectivo trabalhando a trajetória mítica da marca?

Como ampliar ou continuar extraindo valor da audiência? Ampliando cada vez mais esse universo de milhões de seguidores? Com o mesmo "significado" ou com ajustes? Até onde alcança de forma eficaz a promessa da marca que o trouxe até aqui? É passível continuar crescendo com o mesmo modelo? Até onde dá para estender e manter o valor percebido conquistado?

É melhor continuar expandindo de forma acelerada o crescimento da base ou reduzir o esforço e se concentrar em extrair mais valor dessa mesma base sendo mais qualitativo?

O modelo de extração de valor da base se mantém até onde, sem cansar? Como fazer extensão de marca gerando mais resultado sem "sobrecarregar demais" o *equity* da marca?

O valor futuro da marca depende da perpetuação do mesmo modelo ou justamente do contrário, de ir se adaptando às mudanças e aos desejos da audiência?

Como não permitir que a "promessa da marca" envelheça com o tempo e perca o seu valor original? E o contrário: como se manter valioso e atualizado nesse mercado altamente volátil em seus desejos de ídolos, sem descaracterizar o que sustenta o significado da marca pessoal?

Como expandir para outros projetos, em novos territórios e criar novos produtos como extensão de marca sem perder a essência original da marca?

Certamente ele e sua equipe têm boa parte dessas respostas. Mas esse é o maior desafio desses nossos tempos, mesmo para marcas desse porte: se manter coerente para continuar atrativo e valioso. Tem alta complexidade num mercado repleto de celebridades disputando a mesma massa, mas o prêmio é maravilhoso: fazer sua Obra tornar-se maior que ele próprio.

Poderia citar outras marcas pessoais com esse potencial de autênticas?

Com certeza poderia. Tenho dezenas de outros exemplos de marcas pessoais valiosas, fortes, autênticas, que são cases de sucesso para se estudar. Algumas estelares. Outras não tão conhecidas, mas dominantes em seus nichos e que, reconheço, poderiam e mereceriam estar listadas aqui. Mas é fato também que se assim o fizesse, certamente não terminaria nunca esse livro. E meu editor que aguarda esses originais, prometidos há mais de ano, não iria me perdoar.

Mas o que elas têm de especial?

Todas elas, em essência, conseguem conjugar um talento pessoal ou uma paixão, ou uma habilidade levada ao extremo, ou uma competência, um conhecimento prodigioso, um jeito de fazer diferenciado ou a soma de tudo isso, o que faz que a obra seja original e diferenciada. Mas, também, que obra e autor se combinem nessa trajetória singular. Esse é o ponto chave. Obra e autor se confundem e um espelha o outro de forma verdadeira como você viu nos relatos até aqui. É daí que vem a autenticidade valiosa que sustenta essa minha tese.

E é isso que transforma uma marca pessoal bem-sucedida numa marca pessoal realmente forte, valiosa, respeitada, autêntica e sustentável. Mas, lembre-se também de que ela só se torna uma marca autêntica quando deixa de ser um sucesso (ou até mesmo uma série de sucessos momentâneos) e permite que a gente compreenda não só a força do conjunto, mas os resultados da transformação que causaram. O tal do legado tão falado por muita gente e tão pouco concretizado, de verdade.

Sucesso momentâneo e legado.

Porque a gente só consegue avaliar uma obra quando compreende toda a grandiosidade do impacto que ela causa ou que causou na sociedade. E esse impacto, na maioria das vezes, não pode ser medido por um sucesso momentâneo, mesmo que espetacular como o obtido por algumas celebridades nas redes sociais.

Porque uma obra, por menor que seja, do ponto de vista quantitativo, precisa estar consolidada, ter proporcionado resultados concretos ou estar em curso de consolidação para ser avaliada realmente como Obra. Se não, ela é só um sucesso. Mesmo que incrível e espetacular. Ou até mesmo uma série de sucessos estrondosos. Mesmo assim, pode ainda não ser uma Obra com "O" maiúsculo.

Pode, sim, ser um *case* genial de marketing, ser o talento puro de alguém combinado com muita estratégia explodindo toda a sua força no mercado. Pode ser um sucesso galáctico! Mesmo assim, precisa ter seu tempo para virar "Obra de Vida" e permitir que essa Obra se confunda com a trajetória de vida do autor. É aí que ela passa a ser uma marca pessoal forte, valiosa e autêntica deixando seu registro na história. Atente que: uma coisa é fazer sucesso, outra é fazer sucesso e ganhar muito dinheiro. Outra coisa ainda é construir uma obra de vida, um legado respeitado.

Você pode fazer muito sucesso e medi-lo pelo reconhecimento da autoridade conquistada, e não ficar milionário. Mas pode ter a sua Obra como a grande marca da sua vida. Uma obra relevante e reconhecida associada ao seu nome.

O contrário também é verdadeiro: você pode fazer muito sucesso, ficar milionário e não ter uma obra respeitada. Se tornar um milionário irrelevante do ponto de vista da transformação causada. Ou seja, ganhar muito dinheiro explorando alguma coisa vazia de significado transformador.

O ideal em *personal branding* é que você consiga conjugar as três coisas: a autoridade no tema, o reconhecimento da obra e o retorno financeiro a partir dela.

O impacto da Obra precisa perdurar no tempo.

Lançamentos na internet com sucessos impressionantes e resultados milionários, obviamente, são vitórias a serem celebradas, bem como seus autores pelos feitos realizados. Alcances inimagináveis de 500 mil, 1 milhão, 10 milhões de pessoas, são fatos incríveis, impressionantes, que tornam seus autores estrelas memoráveis de seus segmentos. E isso tudo pode e deve ser celebrado, reverenciado e estudado no marketing e no *branding*.

Mas, mesmo assim, uma marca pessoal valiosa para ser realmente icônica, precisa amadurecer a Obra, ao ponto em que se mescle com a história do autor. E, essencialmente, precisa deixar a marca do seu impacto na sociedade. Então a gente precisa dar, não só o tempo necessário para que a obra possa florescer, ser consolidada e compreendida como tal, mas também o tempo necessário para que a transformação a que se propõe possa render frutos.

É o conjunto da obra, em perspectiva, que nos mostra o valor transformador do sujeito.

A gente não conseguiria avaliar toda a grandiosidade da obra do diretor de cinema Quentin Tarantino (que eu admiro muito, por exemplo) com seus cinco ou seis filmes de sucesso. Mesmo que isso já o tivesse tornado um diretor de reconhecido mundialmente. Mas, depois de 59 filmes na carreira, a gente consegue compreender o gênio que deixou seu traço para sempre na história do cinema mundial. A gente olha a obra e reconhece a autenticidade, o gênio e seus traços nela. Compreende?

A obra de Pitanguy não foi reconhecida como a do "Rei da Cirurgia Plástica" em poucos anos. Levou décadas para assim ser descrita e reconhecida mundialmente. Uma escola que precisou ser reverenciada.

Os irmãos Campana tem mais de 20 anos de criações icônicas que permitem que a gente veja peça por peça e compreenda o genial contido na Obra ao longo desse período. Cada trabalho permite que a gente identifique um conjunto autêntico, que é o retrato da vida desses dois caras geniais.

Burle Max é uma marca icônica, realmente grandiosa. Mas para ser reconhecido como "o mais influente paisagista brasileiro", ele realizou mais de 3 mil projetos em 20 países. A obra dos gêmeos alcançou 60 países desde os anos 90 para ser agora aclamada pelo seu conjunto icônico de arte urbana. A Obra como as marcas pessoais fortes precisam de tempo para serem arquitetadas, lapidadas, moldadas, construídas. O oportunismo é a antítese do *personal branding*. Não esqueça nunca disso. Lembre-se do mantra: coerência e consistência.

A ansiedade que fragiliza os alicerces da sua Obra.

A ânsia das redes sociais gira em torno do binômio: faça sucesso e faça rápido. Essa é uma doença desses nossos tempos em praticamente todos os aspectos. A ansiedade generalizada em criar esteiras de produto, em escalar rápido, em criar, criar, criar e criar produtos, uns atrás dos outros, às vezes, não só dispersa, fragmenta, como cansa e esgota o valor, quando está associada com muitos projetos simultâneos, com muitos cursos, com muitos lançamentos – pendurados na mesma imagem.

Muitas celebridades da internet de quatro ou cinco anos atrás foram rapidamente veneradas como solução para tudo e, depois, cansaram, esgotaram suas marcas e feneceram. Algumas foram totalmente esquecidas. Não tinham um bom lastro na obra e acabaram esgotadas de significado. E você sabe, sustentar-se lá, no topo, na internet, é ter "café no bule", é ter de onde retirar valor. É como uma conta corrente: se você só saca e não faz aportes constantes no valor pessoal, uma hora ela se esgota. Enche o saco. E a audiência ansiosa, troca.

A ansiedade é a maior praga das marcas.

Tanto para as marcas corporativas, como para as marcas pessoais. Pois faz que nada nunca se consolide. É uma trajetória de experimentos, tentativas que às vezes vão em direções opostas ou se tornam contraditórias.

Dessa forma, a cada movimento fica mais difícil materializar alguma coisa. A ansiedade nas redes sociais mata a possibilidade do crescimento orgânico sustentável e faz que se tenha que despejar rios de dinheiro em mídia e tráfego pagos para as coisas acontecerem mais rápido.

O erro muito comum: você tenta seguir numa direção e não vê resultados imediatos e já troca tudo tentando acertar. Segue para cá e para lá. Ouve muitos especialistas, inspira-se em muita gente, olha para os competidores diretos, refaz seu projeto, muda, muda, muda e, infelizmente, dá um tiro no pé porque não permite que a gente lhe compreenda. Não dá tempo do seu público começar a entendê-lo, frente a tantas mudanças. Você se torna uma marca esquizofrênica que nunca consolida nada. E marcas, você sabe, precisam de coerência e consistência. De novo: é o meu mantra.

Escavar ou escalar.

Então você pode olhar para o mercado e escavar (para dentro) segmentos e subsegmentos, temas e subtemas, até encontrar um tópico que possa ser só seu. Ou você pode sair de um segmento muito nichado que lhe deu base de conhecimento e escalar (para fora), levando o seu talento ou o seu conhecimento para um número maior de pessoas. Nos dois caminhos existem inúmeras oportunidades para se diferenciar e categorizar a si mesmo. Dominar algo que o torne sem concorrentes. E tornar esse tópico a sua Obra, o seu legado autêntico de vida.

A hifenização no seu posicionamento.

Você pode também encontrar o seu espaço de posicionamento mercadológico hifenizando as coisas. Lembra do exemplo do capítulo anterior do Burle Max? Como o descrevem até hoje? Como um arquiteto-paisagista. Isso é um tipo de hifenização que une dois elementos que o fazem diferente de todos os outros arquitetos e também de todos os outros paisagistas. Esse hífen entre duas especialidades o torna único. Pense nessa possibilidade.

Burle Max ainda hifenizou mais coisas na composição da sua marca pessoal que não estão na composição arquiteto-paisagista, mas que foram fonte de autenticidade para a sua marca. Ele era um artista, escultor, tapeceiro, *designer* de joias. Isso poderia ter sido fonte de dispersão na sua marca pessoal. Mas ele, de certa forma, uniu essa bagagem toda em jardins que são verdadeiras obras de arte.

Jardins como obras de arte.

A concepção, a harmonia, a beleza estética, o *design*, tudo veio dessa base artística em favor de um arquiteto-paisagista completamente singular, que tratava jardins como esculturas, como desenhos em tapeçarias. Um arquiteto-paisagista que tratava seus jardins como peças de *design*, como obras de arte. Como obras da sua vida.

E esse é o talento genial e o traço marcante da obra de Burle Max e um exemplo concreto de hifenização no posicionamento.

O ex-nadador-comunicador-mentor de alta performance.

Joel Jota também usou desse recurso na sua composição de posicionamento. Ex-nadador-comunicador-mentor. Uma combinação inusitada. Uma hifenização que o faz diferente de todos os outros ex-nadadores e também diferente de todos os outros comunicadores e mentores quando aplicada sobre o tema alta performance.

Essa é uma oportunidade para você refletir sobre a sua marca pessoal e as inúmeras possibilidades que o mercado oferece para você construir uma posição diferenciada, única, singular e autêntica para a marca você.

A ideia chave é categorizar a si mesmo.

Se você for entrar de cabeça nessa busca, reflita primeiro sobre a ideia de escavar seu mercado e encontrar o seu território. Vá fundo nisso. Esgote todas as possibilidades a cada camada que você escavar do seu mercado.

Exercite o contrário também, se for possível na sua posição atual. Se estiver num nicho muito segmentado, pense em escalar, em sair do seu nicho e levar seu talento, sua paixão, sua técnica ou seu conhecimento para um outro território, atingindo outras pessoas. E considere também a possibilidade de se hifenizar, unindo coisas aparentemente distintas que estão em você, a seu favor. A favor da sua singularidade. A favor da diferenciação da sua marca pessoal.

Nesse exercício, use e abuse do "E, se?". Leve isso a exaustão. Pergunte a si mesmo, muitas vezes, por que não? O exercício de se planejar como marca exige que você se desprenda do seu negócio, da sua profissão, do seu cartão de visitas e se abra para novos questionamentos: "E se fosse possível?" E se pudesse ser tentado?"

"E se existisse uma forma nova?" "E se alguém tivesse a coragem de inverter tudo?" "E se alguém não respeitasse isso?" E, se? Sacou a ideia?

A origem dessa ideia de hifenizar que eu adoro.

Esse conceito de hifenizar traços distintos na sua marca pessoal vem de Nordstrom e Ridderstrale num livro muito antigo chamado *Funky Business,* que eu citei no meu livro ***Personal Branding***. Apesar dos muitos anos dessa publicação original, o conceito continua muito vivo e cada vez mais oportuno na sociedade multifacetada atual. Ele vai estar aqui na bibliografia, se você quiser saber mais.

Explore todas as possibilidades.

Liste todas as possibilidades que possam lhe beneficiar para compor um posicionamento hifenizado. Conhecimentos formais ou não, faculdades concluídas ou não, alguma habilidade que você tem e que lhe torna acima da média nisso, o seu jeito único de fazer alguma coisa e que as pessoas elogiam muito, a sua maneira de se comunicar. Quem sabe? O seu jeito especial de se relacionar, a sua forma de pensar, uma paixão que você cultiva há anos, um *hobby* que as pessoas elogiam etc. Liste tudo. Coloque esse conjunto de peças soltas sobre a mesa (características encontradas em você) e passe a considerar a hipótese de hifenizar três ou quatro deles na composição do seu posicionamento de marca pessoal. Pode ser:

- Uma faculdade + *Hobby* + Habilidade pessoal única.
- Uma ex-profissão + Uma paixão pessoal + Um estilo único que só você tem.
- Uma base sólida de conhecimento numa área + Uma base sólida em outra diferente.
- Um conhecimento profundo num setor + uma habilidade + Um jeito de se relacionar.
- Uma ex-profissão + profissão atual.
- Uma paixão + Um conhecimento amplo de um setor + Habilidade em se comunicar.

Explore todas as possibilidades. Não se limite. Amplie o seu olhar. Misture coisas aparentemente contraditórias e pense sempre com a ideia de "E se?".

O foco é acentuar a sua diferenciação como marca pessoal.

Você pode explorar muitas dessas composições, como nos exemplos que eu trago acima, ou se valer dos insights gerados nas descrições de marcas icônicas que citei até aqui. A ideia central é uma só: **que você se torne uma marca pessoal diferente, única, original, autêntica**. E, a partir daí, é trabalhar insanamente pela categorização de você mesmo. Ou seja, trabalhar para ser reconhecido como um tópico, como uma "categoria você". Um monopólio só seu que o faça (pelo menos durante um tempo) não ter concorrentes, não poder ser comparado com nada. Isso significa passar a compreender sua marca pessoal como uma "missão de vida", uma categoria que resume você.

E eu encerro este capítulo com um pensamento do Robert Greene, do livro ***Maestria***, de que eu gosto muito: *"É preciso encontrar um nicho em que não haja uma multidão de concorrentes. Há liberdade para divagar, andar sem rumo e perseguir certas questões do seu interesse. Desonerado da competição e da politicagem sufocantes, você terá tempo e espaço para cultivar sua missão de vida".*

Isso é muito bom. E essa, para mim, é a grande busca: título do capítulo final que segue. Onde eu faço um último esforço de raciocínio em torno da temática do valor da autenticidade nas marcas pessoais, conjugando isso com a grande busca das nossas vidas.

É a parte final. O clímax. Não tem como você não estar junto comigo. Nós dois merecemos mais uma xícara de café para fechar isso, não?

Vamos lá.

capítulo 12

A GRANDE BUSCA

"Quem não tem possibilidades
se torna refém das circunstâncias.
Ser livre, em essência, é viver
construindo possibilidades."

Arthur Bender

Depois de tudo que discutimos juntos até aqui, você pode estar se perguntando: por que tudo isso? Eu só tenho uma resposta para você: **porque é a sua vida**.

É disso que tratamos o tempo todo aqui. Da sua marca pessoal e de todas as possibilidades que ela carrega para você conseguir ter mais consciência de você mesmo, de alterar a sua trajetória, de descortinar novos horizontes, de vencer seus próprios desafios, de sua carreira ganhar novas perspectivas e lhe trazer mais significado e realização.

Enfim, da sua vida se valer de todas as possibilidades que ela pode proporcionar. Pois uma pessoa livre é aquela que tem possibilidades. Possibilidades de parar, de dizer não. Possibilidades de trabalhar 24h por dia se quiser, mas só se quiser. De fazer o que gosta. Possibilidades de fazer ou não fazer, de aceitar ou de não aceitar, de se submeter ou de sentir-se livre. É isso que significa liberdade na vida: ter possibilidades. Jamais esqueça disso. Quem não constrói possibilidades se torna refém das circunstâncias.

A nova dinâmica de mercado.

Quando nos debruçamos sobre marca pessoal, o assunto é sobre a sua vida porque não existem mais fronteiras entre trabalho e vida pessoal. A tecnologia nos deixou disponíveis 24 horas por dia, 7 dias por semana e não temos mais como fugir disso. Então, não tem mais aquela velha história de ser profissional no horário comercial e ser uma "pessoa normal" depois das 18h30. As empresas não têm mais horários para fechar na internet, os negócios operam em diferentes fusos, as pessoas podem trabalhar de qualquer lugar do planeta e as ferramentas de comunicação nos alcançam onde estivermos.

A mesma máscara de trabalho.

Então, exercemos vários papéis em horários diversos, mas você continua sendo uma marca pessoal quando está e quando não está trabalhando. Não tem mais a possibilidade de retirar a máscara profissional e pendurar atrás da porta quando você chega em casa, como você fazia anos atrás com o seu uniforme. O ser humano que pode usar várias máscaras em seus diferentes papéis é sempre o mesmo. O mesmo empreendimento pessoal.

Numa sociedade que eu chamo de envidraçada (no meu segundo livro ***Paixão e significado da marca***) é como se todos nós estivéssemos numa grande vitrine da vida. Expostos, sendo vistos, observando e sendo observados o tempo todo. Interagindo, criando experiências, sendo editores de nós mesmos, produzindo e consumindo conteúdo, trocando, vivendo em rede, sempre conectados. E isso abre um monte de oportunidades, mas também traz sérias implicações para quem não cuida da sua marca pessoal.

Personal branding é transversal.

Você pode estar se perguntando se isso vale para todo mundo. E eu lhe respondo que sim. Não importa se você trabalha como CLT ou como profissional liberal. Se faz neurocirurgias ou se faz *design* de sobrancelhas ou se você se divide entre um escritório e o volante de um carro dirigindo para um aplicativo.

Não importa se você faz voluntariado numa instituição ou se comanda seu próprio negócio. Se é conselheiro de uma mega organização ou se é estudante procurando entrar no mercado de trabalho. Se é CEO de uma empresa ou diretor, gerente, líder ou é o mais humilde dos colaboradores. *Personal branding* é transversal porque atinge a todos de forma igual. Ele permeia todas as profissões e é crítico para todos, nos mais variados segmentos de mercado, em todos os níveis, em todas as classes sociais.

Sabe por quê? Porque todos somos marcas pessoais – sabendo disso ou não, gostando disso ou não, gerenciando bem ou nem sequer sabendo que marcas precisam de gerenciamento. Não importa. Você continua sendo uma marca pessoal representada pelo seu nome, sobrenome e por todo o conjunto de fatores (sua história de vida, o seu conhecimento, as suas relações, as suas habilidades, os seus talentos, a forma como você faz as coisas) que faz de você único no mundo.

Operar de forma ambidestra.

Isso nos leva para um dos maiores desafios aqui: o de você tomar consciência de que, como seres humanos, mesmo nos dividindo em vários papéis, **somos empreendimentos que deveriam dar certo**. Porque os resultados que você obtém na sua vida profissional impactam na sua vida pessoal e sua satisfação com sua vida pessoal tem um enorme impacto no seu desempenho profissional. Esse é o ponto central.

Gente infeliz no que faz, geralmente, torna-se amarga e desiludida na vida pessoal. Vira zumbi de crachá no peito batendo ponto e esperando a hora de ir embora para casa ou sonhando em "sextar" para poder voltar a viver dois dias por semana.

E pessoas infelizes na vida pessoal, geralmente, não conseguem ser plenas na vida profissional. Não chegam nem perto da excelência. Porque como seres humanos, precisamos de equilíbrio nesses dois campos da vida. Realização pessoal tem a ver com esse conjunto.

Pois, de certa forma, somos empreendimentos híbridos, que operam ambidestros nesses dois níveis (pessoal e profissional), mas que resultam sempre numa coisa só: **você como marca pessoal**. Você como um empreendimento que deveria dar certo nesses dois campos da vida que se imbricam de tamanha forma, que a gente não consegue mais ter clareza onde um sombreia, impacta ou resulta no outro.

Mas o que é dar certo?

"Dar certo" para alguns pode ser ganhar muito dinheiro, fazer sucesso, ter milhões de seguidores, prestígio, fama, ficar rico. E não tem nada de errado com isso. Eu respeito. Mas se você não percebeu ainda, um dia vai perceber que vencer, que esse chegar lá, que esse "dar certo" a que me refiro aqui é bem mais profundo e valioso do que a gente possa imaginar. Não tenho dúvidas de que **é sobre realização pessoal**.

É sobre a possibilidade de se sentir pleno. De se olhar no espelho e sentir satisfação de ser você. **Sentir orgulho do que você é, do que você faz, de como vive, das atitudes que o definem e do que você construiu em torno de você.** Pode acreditar que isso é bem mais complexo do que ganhar dinheiro.

Então, fazer gestão de você mesmo e construir uma marca pessoal valiosa e autêntica não é um exercício supérfluo de vaidade na empresa, no mercado ou nas redes sociais. Esse é um enorme engano. Não é para aparecer bem nas redes sociais e alimentar o seu ego.

É, sim, uma atitude de vida. Uma atitude de libertação buscando o que eu chamo de "encaixe perfeito" para você. Isso acontece quando você se sente plenamente realizado com o que faz, quando usa todo seu talento e capacidade e ainda ganha dinheiro com isso.

Isso elimina os problemas?

É claro que não. Esqueça os atalhos e as saídas fáceis. Todos temos problemas, dificuldades, atitudes destrutivas, desafios inesperados, medo, quedas, tropeços, desastres, fracassos. Mas a diferença é que, quando você está nesse "encaixe perfeito", quando está posicionado de forma a sentir-se pleno, quando você tem paixão pelo que faz, todas essas dificuldades são superadas de uma forma bem mais razoável.

Porque você enxerga propósito no que faz. E quando isso acontece, você passa a ver os tombos como aprendizados, as experiências negativas como oportunidades de ver outros prismas e as barreiras do caminho como degraus na sua escalada. Porque você compreende o significado disso tudo como substrato para lhe fortalecer.

Acredite que é possível.

Então, não interessa o seu mercado, não interessa o seu segmento, não interessa a sua profissão ou onde e como você opera, o que continua sendo altamente estratégico em marcas pessoais é **diferenciação**. É criar um monopólio temporário só seu para ser explorado. É pensar você como um empreendimento original, a partir da sua imagem, das suas atitudes e da sua obra numa coisa única que só você pode oferecer ao mercado.

É tornar-se diferente para dominar um tópico, para ser reconhecido em meio à multidão. É destacar-se dentre a sua concorrência. **É tornar-se a solução de um problema.** É ser a representação de um valor gerado, de uma transformação que só você encarna.

É isso que eu chamo de categorizar a si mesmo. Essa deve ser a grande meta, o seu maior objetivo como uma marca pessoal autêntica: encontrar o seu encaixe perfeito no seu nicho pessoal. Meta que deve virar sua obsessão de conquista e, ao mesmo tempo, sua mais nobre missão de vida.

Fuja dos iguais a você.

Jamais esqueça: como profissionais a tendência natural é se juntar aos iguais, é buscar referências naqueles que nos são semelhantes. Mas a força de uma marca está no oposto: em se afastar da categoria. Quanto mais você se assemelha aos profissionais que fazem coisas parecidas com você, mais complexo fica lhe enxergar e, consequentemente, contratá-lo. Você se enterra até o pescoço no meio da manada. E quando se está no meio da manada, você se torna uma commodity. E você sabe, commodities são produtos genéricos que a gente compra por quilo, por preço de mercado – justamente porque são todas iguais.

Marcas nasceram para criar desigualdade entre coisas aparentemente iguais. Nunca esqueça disso no seu trabalho de *branding*.

É aí que está o valor de uma marca pessoal. **Ser diferente e parecer diferente é o poder que as marcas têm para nos permitir fazer escolhas.** Marcas tornam as nossas vidas como consumidores mais fáceis porque criam essa sensação de desequilíbrio e diferenciação entre as coisas. Esse efeito de marca tanto pode servir para nos unir em torno de alguma coisa na qual acreditamos e pertencemos, ou, ao contrário, para que pareçamos únicos.

O desejo de pertencer.

Tome esse exemplo do poder das marcas: quando as pessoas vão ao estádio de futebol assistir ao seu time do coração, todas estão vestindo a camisa do seu time como um uniforme. É como se todas aquelas milhares de pessoas formassem instantaneamente uma irmandade unida por uma marca. Todos querem ficar iguais para dizer ao mundo que pertencem àquilo, à mesma causa, à mesma paixão. Estão no estádio torcendo pelo mesmo time, é bom estar igual a todos os outros porque ali existe um sentido de marca de pertencimento. Sentimento que une em oposição ao time rival e a todos os outros times do mundo. Ou seja, torno-me igual para pertencer, para ser diferente de todo o resto com o qual eu não me identifico.

Ele é como eu!

Quando você viaja para um país diferente e encontra alguém na rua vestindo a camisa do seu time, lá do seu estado natal, parece que você encontrou um irmão. Você é capaz de abraçá-lo mesmo sem o conhecer, porque a marca do time os une num mesmo significado. Ele é como você, porque comunga da mesma paixão.

Ninguém é como eu!

Agora quando o mesmo sujeito, escolhe uma marca muito exclusiva de carro, de um carro caríssimo, por exemplo, que ninguém tem, o que ele quer dizer? Ele quer dizer exatamente o contrário: eu sou único, sou exclusivo, ninguém é como eu. Estando com aquela marca exclusiva é como se ele gritasse ao mundo: ninguém tem (ou poucos têm) o que eu tenho, ou, traduzindo melhor, ninguém é tão fodão como eu sou.

Esse efeito das marcas na sociedade.

O que interessa aqui é que são dois efeitos opostos e poderosos de marca que criam significados distintos. Pertencimento ou Exclusividade. E se você observar a maioria dos movimentos em sociedade, na comunicação das grandes causas, o *branding* trabalha com esses dois polos opostos, criando significado em torno deles.

Uma nova atitude em torno de uma bandeira social que nos une momentaneamente; ou o combate a uma lógica que nos ameaça; ou as tensões em grupos sociais do tipo "nós contra eles"; ou a busca por uma mudança cultural que só obtém sucesso se excluir a outra; ou a ideia de que somos todos iguais como seres humanos, mas ao mesmo tempo em que somos também únicos e diferentes como indivíduos. Se você observar com atenção, vai constatar essa dualidade em quase tudo no *branding*: exclusividade ou pertencimento.

Memórias dos tempos primitivos.

Isso vem lá dos sentimentos mais profundos e inconscientes do nosso cérebro primitivo, quando pertencer a um grupo significava sobrevivência em meio às feras da Savana Africana, origem dos nossos antepassados. Ou seja, ser visto como covarde – que colocaria todo o grupo em risco – se tornava uma sentença de morte por exclusão.

Então, os grupos se formavam baseados em pertencimento e exclusão. Ser exclusivo poderia estar relacionado com a ideia de estar no seleto grupo dos caçadores, dos heróis, das pessoas idolatradas pelo grande grupo social. Uns poucos que seriam venerados pela sua coragem e desprendimento para com a sobrevivência do grupo. Referências, ícones, pessoas a serem respeitadas, seguidas por todos no grande grupo.

Ou estar excluído, à margem desse pequeno grupo de bravos, e pertencer à grande massa dos indefesos que precisam de ajuda daquele grupo seleto de heróis. Ou ser excluído de ambos e pertencer ao grupo dos párias, dos covardes que esperam a morte à margem de tudo.

Ainda vivemos sob a égide das percepções.

O nosso cérebro ficou impregnado e até hoje mostra resquícios desses agrupamentos primitivos na colaboração e na reciprocidade entre os seres humanos. E que esse jogo de percepções entre grupos e suas marcas podem valorizar, mitificar ou demonizar e destruir. Que pode abrir ou fechar portas, que pode acolher ou excluir, que pode levantar ou derrubar impiedosamente a partir de percepções e significados gerados.

Ninguém segue produtos. Seguimos ideias.

A gente pode não se dar conta, mas tanto no mundo das marcas corporativas quanto das marcas pessoais, a lógica segue mais ou menos a mesma. Porque as pessoas não querem seguir produtos e sim, ideias. Ou seja, a relação é filosófica. A gente pode comprar produtos, mas o que fortalece a relação é o significado que a marca evoca em cada um de nós. É isso que dá liga e sustenta a relação entre marca e os seus públicos.

Todos buscamos significado.

As pessoas seguem marcas há milênios e o ser humano continua se reunindo em torno de três grandes fontes de união: a marca dos

princípios de um líder; a marca de uma **ideia**; ou a marca do **significado que diferencia** um grupo de pessoas. Isso não mudou.

Onde está a razão de tudo isso?

Está no significado da marca. No que ela representa nas nossas mentes. Todo o poder está aí. Entender-se como um empreendimento e se pensar como marca pessoal exige que você trabalhe essa singularidade, para que o mercado o perceba com significado. É isso que vai ajudar as pessoas a lhe compreenderem como "uma categoria de si mesmo", como proprietário ou proprietária de um "tópico", como uma marca forte realmente diferenciada e autêntica.

Mas se essa diferenciação de marca pessoal e essa força de significado que ela evoca é crítica para a compreensão lá fora no mercado, eu garanto a você que ela é muito mais poderosa e definitiva para você mesmo, **para que você possa se reconhecer na frente do espelho e se enxergar com significado**.

Então, quanto mais nítida for a compreensão desse significado lá fora, no mercado, mais diferenciada e valiosa se torna a sua marca pessoal. E quanto mais vívida for a compreensão do significado da sua Obra para você mesmo, mais possibilidades de você se realizar como profissional e como ser humano.

Obra e realização pessoal.

Nestes últimos anos tenho me dedicado muito a refletir sobre o porquê de tudo isso. Sobre o porquê de todo esse frenesi de uma imensa massa de pessoas que vão desde aquelas muito bem-intencionadas e dispostas que buscam a excelência, o desenvolvimento pessoal, o sucesso profissional, a autoridade no que fazem, o reconhecimento nas suas carreiras e profissões, até aquelas que só querem o brilho imagético nas redes sociais, esse remédio caro para a doença egoica que se nutre da autoveneração da própria imagem. E tudo isso ainda tensionado pela corrida enlouquecida pelos milhões nessa nossa nova indústria que já tem os seus barões, como foram os Ford ou os Rockfeller da história americana ou os Chateaubriand ou os Matarazzo no Brasil.

Então é comum, na Internet, se dizer que Fulano fez 6 em 7, e rapidamente ser diminuído pelo interlocutor que cita Ciclano que fez 8 em 7. E as pessoas se apresentam como faixas marrons e faixas pretas. Como "Gigantes" e seus troféus. Medalhas brilhando no peito que ofuscam seus olhos de pobre coitado faixa-branca. Que pena. (Perdoe-me a ironia)

A corrida dos ratos.

Você sabe que isso é um processo sem fim. Você entrou na gaiola e ela gira com seu peso e não para mais. E quanto mais forte você corre, mais ela gira e você nunca chega a lugar nenhum, apenas aumenta sua estafa com tudo isso.

Porque se você voltou para casa, depois do enorme esforço de anos de dedicação na internet e conquistou só alguns tantos mil reais na sua conta, você não é nada perto do que conquistou um milhão. E este, passa a não ser muita coisa se comparado ao fodão que fez uma dezena de milhões que, por sua vez, não é páreo ainda para o "pica galáctica dos fodões" que já fez uma centena de milhões ensinando outros fodões e serem mais fodões ainda.

Você me compreende? Isso não tem fim. Parece que é o céu, sem limites, mas, na verdade, pode ser um buraco sem fundo se você ficar se comparando o tempo todo com os que estão na sua frente nessa corrida dos ratos.

E esse negócio não para por aí. Porque ele gera um enorme fascínio das pessoas por esses vencedores do mercado. Pelos "*big* fodões" de hoje. E essa admiração gera, em muitos casos, uma verdadeira veneração. E dessa veneração vem toda uma enorme indústria do "sucesso faça você mesmo", do "seja você também", do "conquiste agora", do "faça os seus milhões". Uma indústria milionária a partir de grandes gurus, magos, mestres, professores e mentores e uma multidão que os sustenta.

Pirâmides de fragilidades.

Uma indústria que em alguns casos se assemelha ao golpe das pirâmides financeiras. Uns poucos, nos topos de algumas pirâmides, formando outros, que formam outros, que por sua vez formam outros tantos lá embaixo, na base. Então temos um negócio de ensinar a ensinar a ensinar que vai se fragilizando à medida que a pirâmide vai atingindo seus milhares e milhões lá embaixo. Os coitados dos faixa-brancas que pagam a conta.

No meu tema, *personal branding*, por exemplo, vejo isso claramente. As pessoas não querem saber sobre o assunto só para se beneficiarem dele, construindo uma trajetória sólida de marca pessoal em direção à sua própria realização. Elas, antes de construírem a sua própria marca pessoal, querem promover um curso rápido para formarem outros profissionais – que por sua vez já estão lançando uma mentoria para formarem outros.

Em vez de entrarem de cabeça se aprofundando no assunto para, realmente, tornarem-se autoridades naquilo e serem profissionais muito bem-preparados, essas pessoas querem partir rápido para formar outros mentores. Num final de semana você é um aluno raso, um aprendiz engatinhando no tema, no mês seguinte você já é mentor ensinando outras pessoas. Então o que acontece é uma pirâmide de fragilidades que se retroalimenta dessa mediocridade.

Não interessa o quê, lance primeiro. Depois a gente vê.

O sujeito é incentivado a lançar um curso antes de ter pensado sobre o tema do curso. Vende sem ainda tê-lo preparado. Faz um lançamento de alguma coisa que já foi vendida por uma bela narrativa e um eficaz tráfego pago, sem ter ainda definido muito bem o que será. Isso é incrível.

Uma fórmula eficaz de fazer que, não necessariamente, tem a ver com o quê, mas com a fórmula em si. Não importa o que se vende, desde que seja seguida a fórmula. E que o próprio método se torna piramidal: uns ensinando aos outros a ensinarem aos outros a ensinarem aos outros. O que você pode esperar disso?

Despeito. Puro despeito de quem ainda não chegou lá.

Eu sei muito bem o que você está pensando nesse momento. É despeito desse cara! Está falando isso porque não ganhou os seus milhões. Porque ainda não fez sucesso. Porque não deu certo. Porque não venceu. É isso? Será que é? E então, voltamos ao ponto de onde partimos nesse capítulo.

Por que tudo isso?

Eu não sei você, respeito seja lá o que você pense sobre isso. Acredite. Não sou nem quero ser o dono da verdade quando se trata do que é realização para cada um. Mas eu espero um pouco mais da minha vida além do dinheiro que gosto de ganhar pelo meu trabalho. E não quero aqui ser piegas. Não me compreenda mal. Pois todos nós precisamos do dinheiro. Eu e você precisamos pagar as contas, crescer, obter conforto, acesso à cultura, ter prazer, conquistar. Todos trabalhamos e queremos prosperar materialmente porque isso é fundamental nas nossas vidas em sociedade. Eu não tenho nada contra isso. Na verdade, trabalho muito também por isso.

Mas, como diz o filósofo Cortella, a gente precisa bem mais do que isso. A gente precisa do essencial nas nossas vidas. E essencial é ter saúde, amor, respeito, paz de espírito e, para mim, realização pessoal. A gente precisa daquilo que proporcione significado às nossas jornadas insanas madrugadas adentro e finais de semana exaustivos. A gente precisa de algo que possa dar significado à nossa falta de tempo para com a gente mesmo, que justifique e dê sentido às nossas ausências para com aqueles que a gente ama. E essencialmente, a gente precisa daquilo que proporcione sentido às nossas vidas.

Pergunte-se por quê?

Se você se perguntar o porquê da sua busca pessoal nesse momento e da sua intensa jornada, que muitas vezes lhe leva à exaustão, certamente, numa resposta rápida e óbvia, você dirá que é porque você precisa. Muita gente diz isso, eu sei. Eu mesmo já me peguei pensando assim.

Se a gente insistir na pergunta e devolver um novo "por quê?" isso vai lhe obrigar a pensar sobre o que é mesmo esse seu "porque preciso". E talvez você responda que é por conta do seu empréstimo imobiliário em trinta anos ou porque você não terminou ainda o financiamento do carro, as duas pensões que você paga, por conta das suas dívidas, por conta do filho que está chegando e que trará mais despesas e outros tantos compromissos que parecem não ter fim nas nossas vidas.

Mas, se eu voltar a insistir em lhe perguntar sobre o porquê dessas aquisições e compromissos, certamente, como a maioria das pessoas, você dirá que tudo isso é para obter mais conforto a você e os seus. Que tudo isso é para que você possa dar à sua família uma vida melhor que a sua. Para que eles tenham acesso à cultura, dignidade, para que eles possam crescer como pessoas de bem, para que eles possam sustentar suas famílias, para que eles sejam profissionais reconhecidos etc.

Vida em *looping*.

Então, com essas respostas, até aqui, parece que tudo tem uma certa lógica que nos acostumamos. Qual seja: trabalhamos muito durante muitos anos para pagar contas, adquirir coisas, prosperar e para desfrutar alguma coisa em vida (se der). Trabalhamos para nós e, também, para dar às nossas famílias a mesma condição ou (sempre que possível) melhores oportunidades que as nossas. Por quê? Para que eles façam a mesma coisa pelos seus filhos. Por quê? Para que eles repitam tudo isso com os seus e por aí vão-se os anos e as vidas. E, às vezes, em anos de vidas medíocres, sofridas, sem nenhum significado, esperando o infarto chegar. O caminho dos ratos da classe média.

Agora pare comigo e pense.

Será que é para isso que vivemos da forma que vivemos? Para reproduzir essa lógica por gerações? Será que é por isso que levantamos da cama todo o dia? Será que é para isso que enfrentamos 16, 18 horas de jornada diária de trabalho? Será que é para isso que sacrificamos férias, descanso e prazer? Faz sentido para você?

Para mim não faz. E se você for insistente (e chato) como estou sendo aqui e continuar a escavar mais algumas camadas em você mesmo se questionando mais alguns "por quês?", você certamente chegará a algo mais valioso, mais profundo, mais necessário e muito mais essencial para as nossas vidas: **realização pessoal**. Encontrar significado naquilo que faz e entender sua passagem aqui na terra. Sentir-se vivo enquanto estiver vivo. Quanto vale isso para você?

O dinheiro sustenta, mas não responde.

Você pode ganhar muito dinheiro. Você pode obter muito sucesso. Muito mesmo. Estrondoso. Você pode ter se tornado o fodão dos fodões. Você pode ter todas as medalhas e troféus que puder conquistar. Você pode ter milhões de seguidores e tudo que o dinheiro puder lhe conceder (o que é ótimo para quem o tem, sem dúvida).

Mas tem uma hora na vida – se ainda não chegou, vai chegar – que mesmo com tudo isso que você conquistou ou, apesar de tudo isso, a grande pergunta será: por quê? O que eu conquistei mesmo? O que de verdade eu construí? O que de verdade eu transformei? **O que de verdade é a minha obra?** Onde está a minha assinatura na obra que me permita dizer que fui autêntico? O que mesmo eu realizei?

Onde está a minha autenticidade?

Aí que entra o sentido de realização pessoal, que é maior do que qualquer outra coisa. O sentido do seu legado pessoal. O significado que você deu à sua caminhada de vida. A marca que você deixou nas pessoas. **A transformação que você operou em quem estava ao seu redor. A diferença que você fez. O tópico que você construiu para lhe representar.** A marca que você deixa no mundo.

A "escola" que você criou com a maestria técnica no que você faz. A obra da sua vida que permanece além de você. O conhecimento de fazer que você compartilhou. As pessoas que você pegou com a mão e elevou acima de você. O tanto de transformação positiva que você causou no mundo.

Enfim, a obra que se confunde com a sua história. A obra que se confunde com a sua vida, com os seus gestos, com suas atitudes. A obra que se confunde com tudo que você disse, publicou, sustentou. A obra que ficou impregnada em você.

E nessa hora, não tem plateia, não tem público, não tem câmeras, nem edição, nem algoritmo para justificar nada. Nenhum recurso extra a não ser você mesmo e o significado que você construiu para a sua vida através da sua marca pessoal.

Então, a necessária autenticidade em *personal branding* não é sobre ficar rico e famoso, mas sobre os fundamentos que podem levá-lo a ter consciência da sua potência interior, que podem levar você ao reconhecimento e que, por sua vez, quem sabe dele possa vir a sua recompensa monetária.

Porque autenticidade é sobre se compreender como indivíduo com limitações, fragilidades, passivos, deficiências e vulnerabilidades a serem trabalhadas – que todos nós temos. É sobre tomar consciência da sua imensa potencialidade interior como profissional e como o maravilhoso ser humano que você é.

É sobre compreender o que lhe impede de crescer como você sonha.

É sobre compreender o que lhe derruba na vida e o que eleva e impulsiona.

É sobre compreender a controlar o seu gênio que, por vezes, pode mostrar você menor do que realmente é ou poderia ser.

É sobre escutar o eco que você causa no entorno e os reflexos em você.

É sobre conseguir calar os demônios internos.

É sobre compreender-se na sua totalidade com tudo que ela traz.

É sobre ter mais paz interior consigo mesmo.

É sobre se encontrar, de verdade.

É sobre compreender o olhar diverso do outro sobre nós.

É sobre compreender que você acaba sendo resultado das experiências que proporciona.

É sobre compreender que você não cresce sozinho e que todos precisamos uns dos outros.

É sobre compreender que você só cresce quando ajuda mais gente a crescer.

É sobre obter sentido de transformação com o que você faz.

É sobre transformar a sua angústia, dor e insatisfação em força positiva para a sua marca.

É sobre criar boa vontade nas pessoas em torno de você.

É sobre diminuir o atrito das suas relações.

É sobre a busca de mais leveza e fluidez na sua vida.

É sobre encontrar o seu encaixe justo e perfeito no mercado profissional e na vida.

É sobre fazer seu nome abrir portas e impulsionar você em direção aos seus sonhos.

Então, não é sobre a ânsia de chegar.

Nem é sobre buscar atalhos para encurtar o caminho. Mas sobre encontrar aprendizado até mesmo nos percalços, nas dificuldades da sua própria caminhada.

É sobre você dar sentido e significado à sua história.

É sobre você deixar a sua marca pessoal no mundo.

É sobre você fazer alguma diferença no seu entorno.

Enfim, é você em paz, sozinho com você mesmo, na frente do espelho. Realizado com o significado e o sentido que você deu à sua vida.

É nisso que eu acredito.

Boa transformação.

BIBLIOGRAFIA

ARIELY, Dan. *A (honesta) verdade sobre a desonestidade. Como mentimos para todo mundo, especialmente para nós mesmos*. Rio de Janeiro: Sextante, 2021.

BARROS, Clovis de. *Shinsetsu. O poder da gentileza*. São Paulo: Planeta, 2018.

BRABANDERE, Luc de. *O lado oculto das mudanças. A verdadeira inovação requer mudança de percepções*. São Paulo: Campus / Elsevier, 2006.

BROWN, Brené. *A coragem de ser imperfeito – Como aceitar a própria vulnerabilidade, vencer a vergonha e ousar ser quem você é*. Rio de Janeiro: Sextante, 2013.

BUSHIDÔ, Nikko. *Sun Tzu. A arte da guerra. Os treze capítulos originais*. São Paulo: Jardim dos Livros, 2007.

COLLINS, Jim. *Empresas feitas para vencer*. São Paulo: HSM, 2013.

CORTELLA, Mário Sérgio. *Qual é a tua Obra – Inquietações propositivas sobre gestão, liderança e ética*. São Paulo: Vozes, 2007.

GLADWELL, Malcolm. *Blink – A decisão num piscar de olhos*. São Paulo: Rocco, 2005.

GOLEMAN, Daniel. *Foco. A atenção e seu papel fundamental para o sucesso*. São Paulo: Objetiva, 2014.

GREENE, Robert. *Maestria*. Rio de Janeiro: Sextante, 2013.

KOFMAN, Fred. *Liderança & propósito. O novo líder e o real significado do sucesso*. Rio de Janeiro: Harper Collins, 2018

LEAL, Ana Luiza. *Toda empresa quer ter uma boa história. Algumas são mentira*. Revista Exame. 23 de outubro de 2014.

LEWIS, Michael. *O Projeto Desfazer – A amizade que mudou a nossa forma de pensar*. Rio de Janeiro: Intrínseca, 2017.

LEWIS, Sarah. *O poder do fracasso. Como a capacidade de enfrentar adversidades e de superar é fundamental para o sucesso*. Rio de Janeiro: Sextante. 2015.

NORDSTRON, Kjell A.; RIDDERSTRALE, Jonas. *Funky Business – Talento que movimenta capitais*. São Paulo: Makron Books, 2001.

PETRY, Jacob. *Poder & manipulação – Como entender o mundo em 20 lições extraídas de* O Príncipe, *de Maquiavel*. Barueri: Faro Editorial, 2016.

RAMPERSAD, Hubert K. *O DNA da sua marca pessoal – Um novo caminho para construir e alinhar uma marca vencedora*. São Paulo: Elsevier, 2008.

ROCCHICCIOLI, Gian Franco. *Ebbinghaus*. São Paulo: Livros de Safra, 2010.

RONSON, Jon. *Humilhado – Como a era da internet mudou o julgamento público*. São Paulo: Best-Seller, 2015.

TALEB, Nassin Nicholas. *Antifrágil – Coisas que se beneficiam com o caos*. Rio de Janeiro: Best Business. 2014

WHITFIELD, John. *O poder da reputação. Aprenda a construir e usar sua imagem para ser bem-sucedido no ambiente de trabalho*. Rio de Janeiro: Best Business, 2014.

Outras publicações de Arthur Bender pela Editora Integrare

Personal Branding

Construindo sua marca Pessoal

Com comparações práticas às regras do marketing, Arthur mostra que é possível a qualquer pessoa criar e fortalecer a sua marca pessoal, e tornar-se único em um mercado tão competitivo. Basta saber onde você quer chegar.

ISBN 978-85-99362-41-9
Número de páginas: 272
Formato: 16x23cm

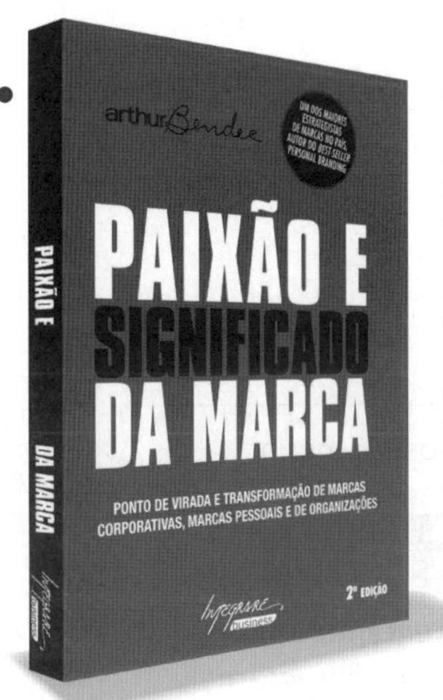

Paixão e significado da Marca

Ponto de virada e transformação de marcas corporativas, marcas pessoais e de organizações

Neste livro, Arthur Bender mostra por que a emoção se tornou um ativo valioso para a sociedade e como ela impacta o consumo e os relacionamentos. Por que a emoção passou a ser um ponto vital para a sustentabilidade e a perpetuação de valor de marcas e organizações. E por que PAIXÃO pode ser o Santo Graal para o sucesso de profissionais e para a geração de valor de carreiras.

ISBN 978-85-8211-036-2
Número de páginas: 272
Formato: 16x23cm

Contatos do Autor

Instagram: @arthur.bender
LinkedIn: arthurbender
YouTube: Arthur Bender
E-mail: arthurbender@keyjump.com.br
Contato para palestras – WhatsApp: (51) 99467-6236

Conheça as nossas mídias

www.editoraintegrare.com.br
www.facebook.com/integrare
www.instagram.com/editoraintegrare